아키텍트
첫걸음

아키텍트 첫걸음
아키텍처 설계 기본 원칙부터 실무 적용까지

초판 1쇄 발행 2025년 7월 28일

지은이 요네쿠보 다케시 / **옮긴이** 조다롱 / **감수** 서준호 / **펴낸이** 전태호
펴낸곳 한빛미디어(주) / **주소** 서울시 서대문구 연희로2길 62 한빛미디어(주) IT출판 2부
전화 02-325-5544 / **팩스** 02-336-7124
등록 1999년 6월 24일 제25100-2017-000058호 / **ISBN** 979-11-6921-413-1 93000

책임편집 박지영 / **기획·편집** 김민경
베타리더 김동우, 김아름, 남상균, 손계원, 이대상, 이석곤, 윤명식, 전현준, 최치영
디자인 표지 박정화, 박정우 내지 박정우 / **전산편집** 강창효
영업마케팅 송경석, 김형진, 장경환, 조유미, 한종진, 이행은, 김선아, 고광일, 성화정, 김한솔 / **제작** 박성우, 김정우

이 책에 대한 의견이나 오탈자 및 잘못된 내용은 출판사 홈페이지나 아래 이메일로 알려주십시오.
파본은 구매처에서 교환하실 수 있습니다. 책값은 뒤표지에 표시되어 있습니다.
한빛미디어 홈페이지 www.hanbit.co.kr / 이메일 ask@hanbit.co.kr

アーキテクトの教科書(Architect no Kyokasho : 8477-7)
© 2024 Takeshi Yonekubo

Original Japanese edition published by SHOEISHA Co.,Ltd.
Korean translation rights arranged with SHOEISHA Co.,Ltd. through Botong Agency
Korean translation copyright © 2025 by Hanbit Media, Inc.

이 책의 한국어판 저작권은 Botong Agency를 통한 저작권자와의 독점 계약으로 한빛미디어(주)가 소유합니다.
저작권법에 의해 보호를 받는 저작물이므로 무단 복제 및 무단 전재를 금합니다.

지금 하지 않으면 할 수 없는 일이 있습니다.
책으로 펴내고 싶은 아이디어나 원고를 메일(writer@hanbit.co.kr)로 보내주세요.
한빛미디어(주)는 여러분의 소중한 경험과 지식을 기다리고 있습니다.

아키텍처 설계 기본 원칙부터 실무 적용까지

아키텍트 첫걸음

요네쿠보 다케시 지음
조다롱 옮김
서준호 감수

지은이 · 옮긴이 · 감수자 소개

지은이 요네쿠보 다케시(米久保剛)

기업 시스템 구축 전문 SI 회사와 기술 컨설팅 회사를 거쳐, 2008년부터 주식회사 덴츠종합연구소에서 시스템 아키텍트(SA)로 활동하고 있다. 여러 대형 SI 프로젝트에서 아키텍트 경험을 쌓았으며, 현재는 자사 프로덕트 개발의 리드 아키텍트로 재직 중이다. 전문 분야는 애플리케이션 아키텍처 설계와 테스트 주도 개발(TDD)이며, '모든 이해관계자가 행복해지는 소프트웨어 개발'을 목표로 오늘도 노력하고 있다.

덴츠종합연구소 기술 블로그 : https://tech.dentsusoken.com
X(트위터) : https://x.com/tyonekubo (@tyonekubo)
note : https://note.com/yonekubo

옮긴이 조다롱

경영학과 예술학을 공부하고 다양한 온라인 서비스 분야에서 10년 넘게 기획자로 활동해 왔다. 일본 유학 경험을 바탕으로 대학원에서 일본언어문화를 전공하며 번역 작업을 병행하고 있다. 서울 정릉동의 '지하서재'에서 인문학 강좌를 기획하고 진행하는 등 다양한 영역에서 활동하고 있다.

개인페이지 : jiha-seojae.com/chodarong

감수자 서준호

서울대학교 컴퓨터공학과를 졸업한 후 국내 주요 IT 기업에서 다양한 개발 경험을 쌓았다. 네이트온 개발팀에서 시작하여 이후 여러 스타트업에서 CTO로 활동하며 창업과 기술 리더십을 경험했다.
현재는 협업 플랫폼 JANDI의 기술 개발을 총괄하고 있으며, 대규모 서비스 개발 경험과 창업 노하우를 바탕으로 팀 커뮤니케이션 솔루션 분야에서 기술 혁신을 이끌고 있다. AI 시대에 발맞춰 차별화된 AI 서비스도 준비하고 있다. 더 나은 협업 환경을 만들어가는 것이 목표다.

추천사

이 책은 레거시 시스템과 IT 인력 부족으로 어려움을 겪고 있는 일본 업계의 현실과 이를 극복하기 위한 글로벌 IT 전략을 다룬 도입부가 특히 인상적이었습니다. 국내 사례에만 머물지 않고 해외 기업들의 대응 방식까지 살펴볼 수 있어 독자의 시야를 넓혀줍니다.

최근 변화의 조짐이 보이긴 하지만, 여전히 SI 기반의 온프레미스 구축형 사업에 머물러 있는 국내 기업 현실, 특히 유능한 IT 인재들이 레거시 시스템 유지보수 업무에만 집중되고 있는 상황을 타개하는 데 실질적인 도움이 될 것입니다.

저자는 기업 시스템을 SoE와 SoR로 구분하고, 아키텍트가 모든 것을 직접 구축하기보다는 각 시스템의 특성에 맞춰 커스터마이징을 최소화하고 표준화된 개발 방식을 따르며, SaaS를 적극 활용하는 등 지속 가능한 설계를 해야 한다고 강조합니다.

이 책은 훌륭한 아키텍트가 되기 위한 자질과 기본적인 설계 방식, 원칙, 패턴, 그리고 필요한 역량까지 체계적으로 설명하고 있어 아키텍트를 위한 교과서라 불러도 손색이 없습니다. 이 책을 출발점으로 삼아 실패와 성공의 경험을 쌓아간다면, 누구나 함께 일하고 싶어하는 아키텍트로 성장할 수 있을 것입니다.

정성권, LG유플러스 CIO, 『마이크로서비스 아키텍처 구축』 역자

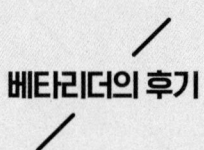
베타리더의 후기

아키텍처는 오케스트라의 지휘자와 같습니다. 단순한 손동작 하나로도 음이 달라질 수 있듯이, 설계와 분석에 따라 프로젝트의 결과도 달라질 수 있습니다. 이 책은 아키텍트로서 알아야 할 전반적인 기술과 능력을 담고 있으며, 특히 구체적이고 풍부한 경험에 기반한 조언이 인상적입니다. 훌륭한 아키텍트의 조언을 곁에서 직접 듣는 듯한 느낌을 주는 이 책으로 아키텍트로서의 첫걸음을 시작하세요.

김동우, 스타트업 개발 PM

비즈니스 요구사항 분석부터 시스템 개발까지의 전 과정을 체계적으로 정리해 놓은 책입니다. 실제로 아키텍트가 시스템을 분석하고 설계하는 과정을 예시를 들어 설명하는 점이 특히 인상적이었습니다. 현업에서 늘 고민하고 생각해 왔던 핵심 포인트들이 책에 담겨 있어서 놀랐습니다. 아키텍트뿐만 아니라 신입 개발자에게도 큰 도움이 될 것입니다.

김아름, 쿠팡페이

아키텍처는 바라보는 관점에 따라 다양하게 정의될 수 있는 분야입니다. 이 책은 저자의 풍부한 경험을 바탕으로 아키텍처를 체계적으로 설명하며, 독자가 스스로의 시각을 정립하는 데 좋은 길잡이가 되어줍니다. 실무에서 마주할 수 있는 고민들을 구체적인 사례와 함께 다루고 있어 이해하기 쉽고 실용적입니다. 단계별로 구성된 내용과 친절한 설명 덕분에 누구나 자연스럽게 아키텍트의 사고방식을 익힐 수 있습니다. 아키텍처 설계의 흐름을 처음 접하는 분들뿐만 아니라, 자신의 역할과 관점을 확장하고 싶은 개발자에게도 도움이 될 것입니다.

남상균, 데이터라이즈

아키텍트는 여러 기술적 기둥 위에서 전체를 조율하는 역할이라고 생각합니다. 이 책은 기술적 기둥에서 아키텍트로 수행해야 하는 것을 파악할 수 있게 보여줍니다. 아키텍트를 막연하게 고민하면서 부분적인 기술들은 배울 수 있겠지만, 사고 과정은 배우기 쉽지 않습니다. 현장의 경험으로 아키텍트의 사고 과정을 따라갈 수 있게 보여주는 것이 이 책의 가장 큰 매력입니다. 꼭 아키텍트를 희망하지 않아도 다른 영역의 일을 좀 더 이해하고, 내가 맡은 단계의 일을 더 나은 수준의 협업으로 만들고 싶은 모든 개발자가 읽기에 충분한 책입니다.

손계원, 보이노시스

이 책은 추상적이고 어려운 아키텍처 주제를 프로젝트에서의 활용 비유와 실제 사례를 통해 쉽게 풀어서 설명해 줍니다. 아키텍처에 입문하는 분들이 부담 없이 읽을 수 있고, 곳곳마다 코드 예제가 포함되어 있어 이해하기 쉽습니다. 다만 코드는 자바와 자바의 웹 서비스 위주로 설명되어 있어서, 다른 언어에 익숙하다면 다소 생소할 수 있습니다. 이론뿐만 아니라 실제 프로젝트에서 마주칠 수 있는 상황과 문제 해결 방법을 중심으로 내용을 전개하고 있으며, 클린 아키텍처, 마이크로서비스, 도메인 주도 설계(DDD) 등 최근 소프트웨어 아키텍처 트렌드도 잘 반영하고 있어 실무자뿐 아니라 학생에게도 도움이 될 것 같습니다.

이대상, 에스원

아키텍트가 되고 싶은 모든 개발자를 위한 최고의 첫걸음!

『아키텍트 첫걸음』은 아키텍트가 알아야 할 모든 핵심 내용을 체계적으로 담은 입문서입니다. 아키텍트의 역할부터 설계, 구현, 테스트, 성장 방법까지 한 권으로 정리되어 있어, 개발자에서 아키텍트로 도약하려는 분들에게 더없이 훌륭한 가이드가 될 것입니다. '내가 설계한 시스템을 제대로 구현하고 운영하며 성장하고 싶다'라고 생각하는 개발자에게 이 책을 강력히 추천합니다.

이석곤, (주)아이알컴퍼니 부설연구소 수석

이 책은 아키텍트가 알아야 할 모든 핵심 내용을 체계적으로 담은 완벽한 입문서입니다. 아키텍트의 역할부터 설계, 구현, 테스트, 성장 방법까지 한 권으로 정리되어 있어 개발자에서 아키텍트로 도약하려는 분들에게 좋은 가이드가 될 것입니다. 이 책의 가장 큰 장점은 아키텍트의 사고방식을 기초부터 차근차근 익힐 수 있다는 점입니다. 아키텍처 설계 패턴부터 구현, 품질 보증까지 실무의 흐름을 따라가며, 초보자도 쉽게 이해할 수 있도록 다양한 사례를 들어 친절하게 설명합니다.

윤명식, EnterpriseDB 수석 솔루션 컨설턴트

적절한 예시를 통해 아키텍트로서 어떤 고민을 해가며 좋은 사례들을 시스템에 접목해 볼 것인가를 고민해 보는 지점들이 이 책의 장점인 것 같습니다. 시스템 개발까지 고려하는 아키텍트의 특성상 다양한 고민 영역들까지도 책에 잘 담겨 있어서 모든 개발자가 꼭 읽어보길 추천합니다.

전현준, 전 핀테크 스타트업 CTO

아무리 훌륭한 아키텍처라도 고객의 상황과 요구사항에 맞지 않으면 의미가 없다는 생각을 하던 중, '아키텍트는 잘 듣고 이해하는 사람이 되어야 한다'는 저자의 메시지가 깊이 와닿았습니다. '아키텍처는 목적이 아니라 수단'이라는 문구처럼, 기술적 완성도보다 고객의 실제 문제 해결과 가치 창출이 우선이라는 점에 깊이 공감했습니다. 아키텍트의 진정한 역할이 무엇인지 다시금 생각해보게 만드는 의미 있는 책이었습니다. 설계에 관심 있는 분이라면 꼭 일독을 권합니다.

최치영, 하만 커넥티드 서비시즈

옮긴이의 말

늘 다니던 길을 지도나 위성 사진으로 확인하면 머릿속으로 그려보았던 모습과 다름을 발견할 때가 있습니다. 평소 그렸던 세계는 나의 발이 닿았던 제한적인 공간에 경험했던 시점의 기억을 덧붙여 헤아린 것이겠지요. 자신이 가지고 있던 정보를 조합하여 상상해 냈던 전체의 지형도 개인의 창의성과 독창성이 발현된 산물로서 의미가 있습니다. 그렇지만 많은 사람의 안내자가 되어야 하거나, 긴 시간이 걸리는 여정을 설계할 때는 시야를 넓혀 조망할 필요가 있습니다. 이처럼 개발에서는 아키텍트가 그렇게 전체를 이해하고 인도하는 역할을 한다고 할 수 있습니다.

이 책은 소프트웨어 아키텍처라는 방대한 주제를 성실하게 안내하는 입문서입니다. 아키텍처의 기본 개념과 용어, 아키텍트가 현장에서 다루는 다양한 설계 도구와 테스트 전략뿐 아니라, 실제 역할 수행 과정까지 체계적으로 정리하고 있습니다. 아키텍트가 되고자 하는 개발자가 아키텍처 전반을 이해하도록 돕고, 자신의 개발 지식과 경험을 통합적으로 저장할 틀을 설계하는 방법을 알려준다는 점에 이 책의 강점이 있습니다.

이론서인 만큼 특정 사례의 구현 중심으로 구성된 실전 개발서와는 성격이 조금 다를 수 있습니다. 저자는 지식을 단순히 나열하지 않고, 독자 스스로 책을 읽으며 사고와 이해를 통해 지식이 완성될 수 있도록 곁에서 자신의 경험담을 공유해주듯 이야기합니다. 개념을 차곡차곡 쌓아가는 구조로 구성되어 있어 차근차근 읽어 나가면 아키텍트의 세계와 그 역할에 대한 지식이 완성된 것을 발견할 수 있을 것입니다.

이 책의 진짜 힘은 기술적인 내용을 넘어 사고방식에 대해 이야기한다는 점입니다. 우리는 개별적인 기술이나 단편적인 지식에는 익숙하지만, 이를 통합하고 추상화하여 사고하는 일에 낯설고 때로는 두려움마저 느낍니다. 그러나 아키텍트는 바로 그 '추상'을 다룹니다. 변화하는 환경 속에서 주어지는 문제는 다르고, 미지의 새로움이 있을 수 있습니다. 상황에 맞는 정답을 찾기 위해 문제를 단순화하고 구조화해야 하는데, 이 책은 이를 위한 추상의 능력을 갖추도록 유도하고 있습니다. 즉, 아키텍트는 구체적인 기술을 아는 것을 넘어서 이를 정리하고 통합적으로 이해하는 것이 중요하다고 강조하고 있습니다. 추상과 구체는 상반된 개념이지만, 아키텍팅은 그 사이를 넘나들며 문제의 본질을 포착하고 설계라는 형태로 풀어내는 작업이기 때문입니다.

이 책은 아키텍트를 위한 책이지만, 자신의 생각의 파편을 정리하는 방법을 깨우쳐주는 책이기에 인생의 구조화를 이해하는 데도 도움이 될 것 같습니다. 좋은 책의 번역을 맡겨주시고 많은 도움을 주신 한빛미디어 관계자분들에게 감사드립니다. 자연스럽게 읽히면서도 정확한 문장으로 번역하기 위해 최선을 다했습니다. 이 책을 읽는 분들의 지평이 넓어지는 데 저의 노력이 조금이나마 도움이 되었으면 합니다. 부디 이 책이 한 개발자에게 작은 발걸음이지만, 아키텍트로서 위대한 도약일 수 있기를 바랍니다.

조다롱

감수자의 말

'모든 아키텍트의 시작'

생성형 AI는 날마다 더 똑똑해지고 있고, 소프트웨어는 이제 더 이상 개발자들만의 전유물이 아닙니다. 모든 비즈니스가 '소프트웨어 중심'으로 재편되고 있다고 해도 과언이 아닙니다. 이런 흐름 속에서 자연스럽게 드는 질문이 있습니다.

"아키텍트는 도대체 무슨 일을 해야 하나요?"
저는 바로 이 질문에서 아키텍트의 역할이 시작된다고 생각합니다.

이 책은 단순히 설계 패턴이나 기술적인 내용을 설명하는 데 그치지 않습니다. 실무 고민, 복잡한 현실, 시대가 요구하는 아키텍처적 사고방식에 대해 이야기합니다. 감수자로서 이 책을 처음 접했을 때 가장 인상 깊었던 부분은 '어질리티'와 '변화 대응력'에 대한 인사이트였습니다. 급변하는 시장과 끊임없이 달라지는 요구에 민첩하게 대응하면서도, 기술 부채를 관리하고, 더 나아가 기술과 비즈니스의 접점을 설계하는 일, 이것이 바로 아키텍트의 핵심 역량이라고 느꼈습니다.

이제 아키텍처는 단순히 '구조를 잘 만드는 기술'이 아닙니다. 기업의 전략과 팀의 생존을 좌우하는 핵심 역할이 되었습니다.

이 책이 여러분에게 '왜', '무엇을', 그리고 '어떻게' 설계해야 하는지를 다시 한 번 고민해 보는 계기가 되기를 바랍니다. 특히 아키텍트를 꿈꾸는 주니어 개발자, 기술 리더로 성장하고픈 시니어, 그리고 기술과 경영 사이에서 고민하는 분들께 이 책을 꼭 추천하고 싶습니다. 감수를 맡으며 저 또한 많은 인사이트를 얻었습니다. 그리고 다시 한번 깨달았습니다. **"좋은 아키텍처는 결국 좋은 대화에서 시작된다."** 이 책이 여러분에게 좋은 동반자가 되어줄 수 있기를 진심으로 바랍니다.

서준호

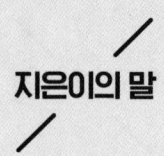

지은이의 말

아키텍트라는 역할에 관심을 가지고 이 책을 선택해 주신 여러분께 감사드립니다. 아키텍트의 일은 범위가 넓고 도전적입니다. 하지만 그만큼 보람도 큽니다. 이 책이 여러분의 여정에 작은 이정표가 되기를 바랍니다. 아키텍트의 세계에 한 걸음 다가가거나 앞으로 그 길을 걸어보고 싶다는 마음이 생긴다면, 저자로서 더없이 기쁠 것입니다.

한 컨퍼런스에 참여한 것을 계기로, 아키텍트라는 주제를 책으로 정리해 보자는 제안을 받았습니다. 처음 쓰는 책이라 낯설고 어려운 점도 많았지만, 함께해 준 동료들과 주변의 응원이 큰 힘이 되었습니다. 이 자리를 빌려 감사의 마음을 전합니다.

어릴 적, 컴퓨터에 BASIC 코드를 한 줄 한 줄 입력하던 경험이 결국 지금의 저를 만들었다고 생각합니다. 그때의 즐거운 몰입이 지금까지도 이어지고 있다는 점에서, 기술을 좋아한다는 마음 하나로도 충분히 시작할 수 있다는 것을 말씀드리고 싶습니다.

언젠가 현장이나 컨퍼런스에서 여러분을 만나, 아키텍처에 대해 함께 이야기 나눌 수 있기를 기대합니다.

요네쿠보 다케시

이 책에 대하여

지금은 기술이 빠르게 발전하며, 새로운 가치를 지닌 소프트웨어를 신속하게 사용자에게 제공하는 기업이 성공하는 시대입니다. 그에 따라 소프트웨어의 근간인 아키텍처architecture가 점점 중요해지고 아키텍처를 설계하는 아키텍트architect의 역할도 더욱 주목받고 있습니다.

초보 IT 개발자가 자신의 기술력으로 수익을 내고 싶다면, 아키텍트를 목표로 하는 것이 가장 좋은 선택일 수 있습니다. 아키텍트로 일하려면 폭넓은 지식과 경험이 필요합니다. 시중에 아키텍처 관련 책들이 많지만, 대부분 특정 주제를 깊이 다루는 고급자용 책이라 처음 접하는 분들에게는 부담스러울 수 있습니다. 아키텍팅의 전체적인 흐름과 핵심을 쉽게 이해할 수 있는 '입문서'는 많지 않은 편입니다.

이 책은 필자가 아키텍팅을 처음 공부할 때 이런 책이 있었으면 좋겠다는 생각으로 썼습니다. 아키텍팅을 중심으로 설계, 테스트 등 소프트웨어 엔지니어링 전반의 내용을 함께 다뤘습니다.

이 책은 아키텍팅의 기초를 다지는 데 중점을 두어, 각 주제를 깊이 있게 다루기보다는 전체적인 이해에 초점을 맞추었습니다. 따라서 이 책만으로 아키텍트의 모든 역량을 갖출 수는 없지만, **아키텍팅이라는 세계를 탐험할 때 지도가 될 만한 책**을 목표로 집필했으므로 앞으로 아키텍트가 되겠다거나 이 분야를 깊이 이해하고 싶은 분에게는 틀림없이 도움이 될 것입니다.

소프트웨어 개발에는 여러 어려움이 있지만, 동시에 흥미롭고 즐거운 과정입니다. 이 책 곳곳에서 제가 중요하게 생각한 관점들을 발견하신다면 더없이 기쁠 것입니다.

책의 구성

이 책은 총 여섯 장으로 구성되어 있습니다.

1장 '아키텍트가 하는 일'에서는 아키텍처의 중요성을 먼저 다루고, 아키텍트가 맡아야 할 역할과 직무를 살펴봅니다.

2장 '소프트웨어 설계'에서는 이 책의 주제인 아키텍팅에 대해 본격적으로 이야기하기 전에, 소프트웨어 설계에 얽힌 중요한 개념과 원칙을 정리합니다.

3장 '아키텍처 설계'와 **4장 '아키텍처 구현'**에서는 아키텍팅 활동을 순차적으로 다룹니다. 3장에서는 먼저 아키텍처의 정의와 전체적인 모습을 제시한 후, 아키텍처 드라이버[1]에 따라 아키텍처를 선정하는 흐름을 상세히 살펴봅니다.

4장에서는 아키텍처를 소스 코드로 구현할 때 필요한 공통 기반의 개발을 다룹니다. 또한 개발 프로세스 표준화와 개발 규약도 정리합니다. 아키텍처에 대한 내용은 자칫 추상적인 이야기가 될 수 있으므로, 3장과 4장에서 구체적인 사례를 제시하여 독자들이 실질적으로 이해할 수 있도록 구성했습니다.

5장 '품질 보증과 테스트'에서는 실무에서 아키텍트가 깊이 관여하는 품질 보증과 테스트를 주제로 합니다. 개발 초기 단계부터 품질 완성도를 높이는 시프트 레프트$_{\text{shift left}}$ 방식과 테스트 전략을 다루고, 실제 각종 테스트를 할 때 중요한 사항이나 요령을 정리했습니다.

6장 '아키텍트의 학습과 성장'에서는 아키텍트로서 지향해야 할 인재상과 구체적인 학습 프로세스를 제시하며, 필자가 자신 있게 추천하는 좋은 도서도 함께 소개합니다.

특별 부록 '국내 아키텍트의 이야기'에서는 국내 아키텍트 4인의 경험담과 함께, AI 시대에 아키텍트가 어떤 역할을 맡아야 하는지에 대한 인사이트를 담았습니

---

1 옮긴이_ 드라이버(driver)란 설계의 근간이 되는 항목을 정제한 아키텍처 요구사항을 말합니다.

다. 이를 통해 오늘날 아키텍트에게 요구되는 역할과 역량을 구체적으로 살펴볼 수 있습니다.

대상 독자

이 책은 아키텍트를 목표로 하는 분들과 아키텍트 경험이 많지 않은 분들을 대상으로 합니다. 아키텍팅의 기초 지식을 체계적으로 학습하고, 실무에서 어려움을 겪을 때 참고서로 활용하시기 바랍니다.

신입 IT 엔지니어나 아키텍트를 꿈꾸는 학생들에게도 유용합니다. 소프트웨어 아키텍처의 본질과 아키텍트의 실제 업무를 이해하여 향후 커리어 방향을 설정하는 데 도움이 될 것입니다.

예제 코드

이 책의 예제 코드는 다음 링크에서 다운로드할 수 있습니다.

- *https://www.hanbit.co.kr/src/11413*

또한 다음 환경에서 정상적으로 동작하는 것을 확인했습니다.

- OS: Windows 11 Home 23H2, macOS Sonoma 14.4
- Java : OpenJDK 17(Amazon Coretto 17)

코드 실행 방법

4장에서 소개한 Spring Security 기반의 샘플 프로그램은 Spring Boot 애플리케이션으로 실행할 수 있습니다. 이를 실행하려면 Java가 설치된 상태여야 하며, 환경변수 `JAVA_HOME`이 설정되어 있어야 합니다. 설치 방법은 부록 데이터의 `README.md` 파일을 참고해 주시기 바랍니다.

다음 명령어를 실행하면 웹 애플리케이션이 실행됩니다.

> 리스트 0.0.1 Spring Boot 애플리케이션 실행

```
// Windows일 때
> .\gradlew.bat bootRun
// macOS일 때
% ./gradlew bootRun
```

웹 애플리케이션 실행 후, 웹 브라우저에 다음 URL을 입력합니다.

http://localhost:8080/hello

로그인 화면이 나타나면, [표 0.1]에 제시된 사용자 ID 중 하나를 선택하고, 선택한 ID의 비밀번호를 입력합니다.

표 0.1 샘플 애플리케이션의 사용자

사용자 ID	비밀번호	역할
user	user	EMPLOYEE
admin	admin	ADMIN

목차

지은이 · 옮긴이 · 감수자 소개 ·· 4
추천사 ··· 5
베타리더의 후기 ·· 6
옮긴이의 말 ··· 9
감수자의 말 ··· 11
지은이의 말 ··· 12
이 책에 대하여 ··· 13

1장 아키텍트가 하는 일

1.1 오늘날의 소프트웨어 개발 환경 ··· 24
    1.1.1 유니콘 기업의 부상 ·· 24
    1.1.2 DX(디지털 전환)와 그 해결 과제 ··· 26
    1.1.3 DX 시대의 IT 전략 ·· 27
1.2 어질리티: 변화에 대한 적응 능력 ··· 30
    1.2.1 두 가지 속도 ·· 30
    1.2.2 어질리티 저하 요인 ··· 31
1.3 아키텍처의 중요성 ··· 33
    1.3.1 거대한 진흙 덩어리 ··· 33
    1.3.2 내부 품질 개선을 위한 방침 ··· 35
1.4 아키텍트 ·· 36
    1.4.1 아키텍트 정의 ·· 36
1.5 아키텍처 설계의 과거와 현재 ·· 40
    1.5.1 2000년대의 시대적 배경과 아키텍처 설계 트렌드 ······················ 40
    1.5.2 2020년대의 시대적 배경과 아키텍처 설계 트렌드 ······················ 42

목차

1.6 아키텍트의 자질 ·· 45
    1.6.1 아키텍트가 갖춰야 할 능력과 사고방식 ························ 45

2장   소프트웨어 설계

2.1 소프트웨어 개발 프로세스 ·· 50
    2.1.1 소프트웨어 개발 프로세스의 전체 구조 ························ 50
    2.1.2 소프트웨어 개발 작업 ·· 51
2.2 소프트웨어 설계의 추상화 레벨 ···································· 57
    2.2.1 네 가지 추상화 레벨 ·· 57
    2.2.2 네 가지 추상화 레벨의 구체적인 예시 ························ 61
2.3 소프트웨어 설계 원칙과 실천 방법 ································ 64
    2.3.1 설계 원칙 ·· 64
    2.3.2 SOLID 원칙 ·· 64
    2.3.3 실천 방법 ·· 82
    2.3.4 기타 주요 사항 ··· 83
2.4 설계 패턴 ·· 87
    2.4.1 패턴 ·· 87
    2.4.2 디자인 패턴 ·· 88
    2.4.3 아키텍처 스타일과 아키텍처 패턴 ····························· 90

3장   아키텍처 설계

3.1 아키텍처 설계의 주요 개념 ··· 94
    3.1.1 아키텍처의 정의 ··· 94

3.1.2 아키텍처 설계 작업 …………………………………… 96
3.2 아키텍처 드라이버의 핵심 사항 …………………………… 100
    3.2.1 아키텍처 드라이버 ……………………………………… 100
    3.2.2 제약 ……………………………………………………… 101
    3.2.3 품질 속성 ……………………………………………… 102
    3.2.4 품질 속성 적용 사례 ………………………………… 107
    3.2.5 품질 속성 시나리오 …………………………………… 108
    3.2.6 영향력 있는 기능 요구사항 ………………………… 109
    3.2.7 그 외 영향을 미치는 요소 ………………………… 111
3.3 시스템 아키텍처 선정 …………………………………… 113
    3.3.1 아키텍처 선정 시 주요 고려 사항 …………………… 113
    3.3.2 시스템 아키텍처 검토 ………………………………… 114
    3.3.3 분산형 아키텍처의 대표적 설계 패턴 ……………… 118
    3.3.4 서비스 분할 …………………………………………… 122
    3.3.5 서비스 분할의 사례 연구 …………………………… 128
3.4 애플리케이션 아키텍처 선정 …………………………… 134
    3.4.1 애플리케이션 아키텍처 검토 ………………………… 134
    3.4.2 레이어드 아키텍처 …………………………………… 135
    3.4.3 파이프라인 아키텍처 ………………………………… 140
    3.4.4 마이크로커널 아키텍처 ……………………………… 142
    3.4.5 애플리케이션 아키텍처의 사례 연구 ……………… 146
3.5 아키텍처의 비교 평가 …………………………………… 147
    3.5.1 비교 평가 매트릭스를 활용한 트레이드오프 분석 … 147
    3.5.2 아키텍처 의사 결정 기록 …………………………… 149
3.6 아키텍처 문서화 ………………………………………… 152
    3.6.1 아키텍처 기술서 ……………………………………… 152
    3.6.2 아키텍처 모델 ………………………………………… 154

목차

4장　아키텍처 구현

4.1 구현 단계에서 아키텍트의 역할 ···················· 162
　　4.1.1 애플리케이션 기반 구축 ···················· 162
　　4.1.2 애플리케이션 개발 플로 구축 ············ 164
4.2 개발 프로세스 표준화 ······························· 166
　　4.2.1 문서 표준화 ···································· 166
　　4.2.2 기능 명세서 표준화 ························· 167
　　4.2.3 설계서 표준화 ································ 174
4.3 유스케이스 중심의 아키텍처 구현 ··············· 176
　　4.3.1 유스케이스 선정 ······························ 176
　　4.3.2 유스케이스 구현 ······························ 179
4.4 애플리케이션 기반 구현 ···························· 182
　　4.4.1 애플리케이션 기반 공통 기능 ············ 182
　　4.4.2 인증 ·· 183
　　4.4.3 승인 ·· 185
　　4.4.4 세션 관리 ······································· 187
　　4.4.5 오류 처리 ······································· 189
　　4.4.6 로깅 ·· 192
　　4.4.7 보안 ·· 193
　　4.4.8 트랜잭션 제어 ································· 194
　　4.4.9 데이터베이스 접근 ··························· 197
4.5 애플리케이션 개발 준비 ···························· 202
　　4.5.1 개발자용 문서 정비 ························· 202
　　4.5.2 개발 규약 ······································· 203
　　4.5.3 절차서 ··· 204

　　　　4.5.4 구현 참고 자료 ·· 206
　　4.6 구성 관리 및 CI/CD ·· 208
　　　　4.6.1 구성 관리 ·· 208
　　　　4.6.2 CI/CD ·· 211

5장　품질 보증과 테스트

　　5.1 아키텍트와 품질 보증을 위한 작업 ································ 214
　　　　5.1.1 품질 보증과 테스트 ·· 214
　　　　5.1.2 시프트 레프트 ·· 215
　　　　5.1.3 테스트 유형 ·· 216
　　　　5.1.4 테스트 전략 ·· 217
　　5.2 기능 테스트 자동화 ·· 220
　　　　5.2.1 기능 테스트 자동화에서의 테스트 전략 ····················· 220
　　　　5.2.2 단위 테스트 ·· 221
　　　　5.2.3 통합 테스트 ·· 226
　　　　5.2.4 E2E 테스트 ·· 228
　　　　5.2.5 테스트 전략 검토 시 고려사항 ································ 232
　　5.3 성능 테스트 ·· 241
　　　　5.3.1 성능 테스트 개요 ·· 241
　　　　5.3.2 단일 기능 성능 테스트 ·· 242
　　　　5.3.3 부하 테스트 ·· 245
　　　　5.3.4 장기 실행 테스트 ·· 250
　　　　5.3.5 확장성 테스트 ·· 251

6장 아키텍트의 학습과 성장

- 6.1 아키텍트로 성장하려면 ········· 256
  - 6.1.1 아키텍트의 인재상 ········· 256
  - 6.1.2 성장의 길 ········· 258
  - 6.1.3 일을 대하는 방식 ········· 261
- 6.2 효과적인 학습 방법 ········· 263
  - 6.2.1 인풋 ········· 263
  - 6.2.2 아웃풋 ········· 266
- 6.3 좋은 책에서 배운다 ········· 270
  - 6.3.1 추천 도서 ········· 270
  - 6.3.2 애플리케이션 설계 ········· 270
  - 6.3.3 아키텍처 설계 ········· 271
  - 6.3.4 품질 보증과 테스트 ········· 273
  - 6.3.5 독서법 ········· 274

특별 부록 국내 아키텍트의 이야기

- AI 시대, 아키텍트에게 요구되는 역할 변화와 필요한 역량 ········· 276
- 실행력 있는 아키텍트가 되기까지 ········· 280
- 나의 아키텍트에 대한 고찰 ········· 285
- 요즘도 아키텍트가 필요한가요? ········· 291

- 찾아보기 ········· 297

1장

아키텍트가 하는 일

chapter 1

1.1 오늘날의 소프트웨어 개발 환경

1.1.1 유니콘 기업의 부상

마이크로소프트 CEO인 사티아 나델라^{Satya Nadella}가 "모든 비즈니스는 소프트웨어 비즈니스가 되어가고 있다"[1]고 말한 것이 2015년의 일입니다. 실제로 2010년대는 숙박 공유 서비스 에어비앤비^{Airbnb}와 승차 공유 서비스 우버^{Uber}같은 소프트웨어 기반의 혁신적인 스타트업들이 등장해 크게 성장하며 유니콘 기업으로 불리게 되었습니다.

[표 1.1]은 2023년 10월 기준으로 평가액 상위 10개의 유니콘 기업을 정리한 것입니다. 이 자료는 〈The Complete List Of Unicorn Companies〉[2]를 바탕으로 필자가 작성한 것으로, 여기서 평가액은 수익, 현금 흐름 예측, 자산, 유사 기업과의 비교 등을 통해 산출된 기업 가치를 나타냅니다. 여기에는 동영상 공유 서비스인 틱톡^{TikTok}을 운영하는 ByteDance, ChatGPT GPT-4와 같은 AI를 개발한 OpenAI, 그리고 IT 기술을 활용하여 혁신적인 금융 서비스를 제공하는 핀테크^{fintech} 기업이나 기업 대상으로 IT 서비스를 제공하는 회사들이 포함되어 있습니다. 이들 대부분은 소프트웨어를 기반으로 핵심 사업을 운영하거나, 소프트웨어 자체를 경쟁력의 원천으로 삼고 있습니다.

---

1 https://news.microsoft.com/speeches/satya-nadella-convergence-2015/
2 https://www.cbinsights.com/research-unicorn-companies

일본에는 유니콘 기업의 조건을 충족하는 회사가 많지는 않지만, 딥러닝 등 AI 기술을 보유한 프리퍼드 네트웍스Preferred Networks, 뉴스 애플리케이션을 운영하는 스마트뉴스Smart News, 그리고 인사노무관리 서비스 SaaS를 제공하는 스마트에이치알SmartHR 같은 회사들이 유니콘 기업의 대표적인 사례로 꼽힙니다.[3]

사티아 나델라는 2019년에 "이제 모든 기업이 소프트웨어 기업이다"[4]라며 다시 한번 언급했습니다. 소프트웨어를 통해 혁신적인 서비스나 제품을 만들어 내거나, 사업 혁신에 성공한 기업이 시장에서 경쟁우위를 점하며 주도권을 확보하는 흐름은 더욱 뚜렷하게 나타나고 있습니다.

표 1.1 유니콘 기업 TOP 10 (2023년 10월 기준)

기업	평가액 (단위: 10억$)	국가	업종
ByteDance	$225	중국	미디어·엔터테인먼트
SpaceX	$150	미국	우주산업
SHEIN	$66	싱가포르	소비재·소매
Stripe	$50	미국	금융 서비스
Databricks	$43	미국	엔터테인먼트
Revolut	$33	영국	금융 서비스
Epic Games	$31.5	미국	미디어·엔터테인먼트
Fanatics	$31	미국	소비재·소매
OpenAI	$29	미국	엔터프라이즈 테크(비즈니스 사용자 대상)
Canva	$25.4	호주	엔터프라이즈 테크(비즈니스 사용자 대상)

---

[3] 옮긴이_ 중소벤처기업부에서 발표한 2022년 국내 유니콘 기업 중에서, 2025년 1월 CB Insights가 인정하는 한국의 유니콘 기업으로는 비바리퍼블리카(토스), 컬리, 무신사, 직방, 버킷플레이스(오늘의집) 등이 있습니다.

[4] https://www.satellitetoday.com/innovation/2019/02/26/microsoft-ceo-every-company-is-now-a-software-company/

1.1.2 DX(디지털 전환)와 그 해결 과제

이와 같은 상황은 스타트업 기업에만 국한된 이야기가 아닙니다. 기존 기업들도 치열한 비즈니스 경쟁에서 살아남기 위해 IT 전략을 재검토해야 하는 상황에 놓여 있습니다.

일본 경제산업성이 2018년에 공표한 『DX 리포트』[5]에 따르면 "모든 산업에서 새로운 디지털 기술을 활용해 이전에 없던 새로운 비즈니스 모델을 구축하는 신규 진입자들이 등장하며 판도가 바뀌어 가고 있어서, 각 기업은 경쟁력을 유지하고 강화하기 위해 디지털 전환digital transformation(DX)을 신속히 추진해야 한다"고 언급했습니다.

DX라는 단어가 유행처럼 번지면서 정의가 모호한 채 남용되는 경우도 적지 않습니다. 이에 대해 일본 경제산업성은 2020년에 발표한 『DX 리포트 2(중간 요약)』[6]에서 이를 세 가지 단계로 나누어 설명합니다.

- 디지타이제이션Digitization : 아날로그 및 물리적 데이터를 디지털 데이터로 변환하는 과정
- 디지털라이제이션Digitalization : 개별 업무와 제조 프로세스를 디지털화하는 과정
- 디지털 트랜스포메이션Digital Transformation : 조직 간 협업이나 전반적인 업무 및 제조 프로세스를 디지털화하고, 고객 중심의 가치 창출을 목표로 사업과 비즈니스 모델을 혁신하는 과정

반드시 이 순서로 진행해야 하는 것은 아니지만, 디지타이제이션과 디지털라이제이션은 디지털 트랜스포메이션을 실행하기 위한 중요한 기반이 됩니다. 그러나 안타깝게도 많은 기업이 이 기반을 준비하는 단계에서 그치고, 디지털 트랜스포메이션으로는 나아가지 못하는 것이 현실입니다.

이 과정에서 큰 걸림돌 중 하나는 기업 내 IT 인재가 부족하다는 것입니다. 많은 기업이 외부 서비스나 솔루션 제공업체에 의존하는 경향이 있어, 내부적으로 IT

---

[5] 『DX 리포트: IT 시스템 '2025년의 절벽' 극복과 DX의 본격적인 추진』
[6] 『DX 리포트 2(중간 요약)』

인재를 육성하거나 확보하는 데 어려움을 겪는 경우가 많습니다. 이렇게 SI 업체와 같은 벤더vendor**7**에 의존하는 경우, 기업 내부에서 IT 인재를 육성하거나 확보하는 일이 쉽지 않은 상황이 지속됩니다.

IT 인재가 양적으로나 질적으로 부족한 상황에서 이들이 보유한 리소스의 대부분은 기존 시스템의 유지보수에 투입되게 될 것입니다. 그렇다면, 왜 기업에서는 새로운 시스템을 개발하는 것도 아닌 기존 시스템을 보수하고 운용하는 데 리소스를 투입하는 것일까요?

오랜 기간 가동된 시스템은 그 내부 구조가 블랙박스처럼 되어 버립니다. 구조를 섣불리 변경하면 문제가 발생할 수 있어 복사와 붙여넣기로 비슷한 기능을 덧붙이거나 if문으로 조건 분기를 추가하여 패치를 적용하는 등 임시방편 조치를 반복하기 쉽습니다. 이러한 과정이 오랜 세월 쌓인 결과로, 시스템은 점점 더 복잡해지고 관리가 어려운 상태, 즉 '레거시 시스템'이 되어 버리고 마는 것입니다.

1.1.3 DX 시대의 IT 전략

앞서 언급했듯, 귀중한 IT인재의 다수가 레거시 시스템의 유지보수 업무에 지나치게 몰려 있는 것이 현실입니다. 이러한 상황을 극복하고 디지털 트랜스포메이션을 실현하기 위해, 기업은 IT 전략을 재검토해야 합니다. 기업의 IT 전략은 그 목적과 특성에 따라 **SoE**system of engagement(고객과의 연결을 강화하는 IT 시스템)와 **SoR**system of record(기업 활동에 관한 정보를 기록하기 위한 IT 시스템)로 나눌 수 있습니다. 이와 더불어 최근에는 비전문가 주도 개발, 즉 **시민 개발**citizen development에 대한 관심이 높아지고 있습니다.

---

7 옮긴이_ 벤더는 제품이나 서비스를 제공하는 판매 회사를 뜻하며, IT 분야에서는 시스템 구축이나 운영을 외부에 맡기는 경우가 많아 SI나 클라우드 서비스를 제공하는 외부 업체를 의미하는 용어로 쓰입니다.

☑ SoE 영역

오늘날 비즈니스 환경에서 고객과 만나는 접점에 있는 시스템은 매우 중요합니다. 얼마나 훌륭한 고객 경험을 제공하는지가 고객층 확대와 리텐션(고객 유지)에 직접적인 영향을 미치며, 프로덕트와 서비스의 성공 여부를 가르기 때문입니다.

이러한 시스템은 자사 비즈니스에 경쟁 우위를 가져다줄 수 있기 때문에 핵심 인재를 투입해야 합니다. 다만 이 영역에서는 무엇이 정답인지 초기 단계에서는 알 수 없는 경우가 많습니다. 따라서 가설 검증형 접근법과 애자일 개발 방식을 통해 시행착오를 거치며 점진적으로 개선해 나가야 합니다.

☑ SoR 영역

SoR 영역에서는 **ERP**enterprise resource planning(기업 경영 자원을 통합 관리하는 기법이나 소프트웨어)와 **SaaS**software as a service(클라우드 기반으로 제공되는 소프트웨어)의 활용이 더욱 확대될 것입니다.

먼저 ERP의 경우 '자사의 업무 방식에 맞게 ERP 패키지를 조정한다'는 목표 아래, 표준 파라미터 설정만으로는 커스터마이징이 부족하다고 판단해서 별도의 애드온 개발을 진행하는 경우가 많습니다. 이에 따라 상당한 인력과 비용이 추가 개발에 투입되며, 실제 가동 후에도 추가 프로그램에 대한 유지보수 비용이 계속 발생하기도 합니다. 이러한 상황에서 앞으로의 DX 시대에는 ERP의 표준 기능을 그대로 활용하고 자사 업무 프로세스를 업계 표준에 맞추는 **Fit to Standard**의 사고방식이 요구됩니다.

SaaS의 활용도 빠르게 확대되고 있습니다. 경비 정산이나 근로 관리와 같은 특정 업무 영역별로 SaaS 형태로 제공되는 애플리케이션이 다양해지고 있으며, 최근에는 뛰어난 UI/UX를 제공하는 경우가 많아 사용자의 업무 효율뿐만 아니라 EXemployee experience(직원 경험) 향상에도 기여하고 있습니다. 코로나 이후 변화된 업무 환경에서는 직원 만족도를 고려한 접근도 중요해졌습니다.

한편, SoR 영역에서도 자사의 핵심 경쟁력을 강화할 수 있는 업무 활동이 존재합니다. 예를 들어 물류 회사의 경우 경쟁사보다 더 효율적이고 빠르게 상품을 배송할 수 있도록 설계된 운영 시스템이 이에 해당합니다. 이러한 핵심 활동에 대해서는 개별 시스템을 개발해 ERP와 연동하는 것이 현명한 결정이 될 것입니다.

☑ 시민 개발

최근 IT 인재 부족으로 인해, 비개발자 직원들이 주축이 되는 시민 개발이 주목받고 있습니다. 특히 대표적인 로우코드 및 노코드 툴인 RPA$^{\text{robotic process automation}}$(사람이 컴퓨터에서 수행하는 정형적인 업무 처리를 기록하고 자동화하는 시스템)와 Power Platform의 발전이 이러한 흐름을 가능하게 합니다.

정부는 정보 교육에 힘을 쏟아 왔으며, 초등학교부터 코딩 교육을 도입하는 등 구체적인 정책을 시행하고 있습니다. 이러한 변화로 이제 사회생활을 시작하는 신입 인재들은 비개발자더라도 높은 수준의 IT 리터러시^{literacy}를 갖출 것으로 기대되며, 기업 입장에서는 이를 활용하지 않을 이유가 없습니다.

과거 EUC$^{\text{end user computing}}$(최종 사용자가 직접 컴퓨팅 작업을 수행하는 방식)라는 개념이 유행하던 시기가 있었습니다. 당시에는 오피스 제품의 매크로와 같은 제한적인 도구만 활용할 수 있었지만, 이제는 IT 인프라와 기술이 크게 발전하면서 현장에서 활용할 수 있는 수단이 훨씬 다양해졌습니다. 이에 따라 현업 사용자가 기술을 능동적으로 활용하는 것이 더욱 중요해졌으며, 특히 디지타이제이션과 디지털라이제이션을 현장에서 주도적으로 추진하는 일은 시민 개발의 중요한 역할이 되었습니다. 이와 같은 변화는 디지털 트랜스포메이션을 실현하는 하나의 동력이 될 수 있습니다.

1.2 어질리티: 변화에 대한 적응 능력

1.2.1 두 가지 속도

오픈AI가 개발한 대화형 AI ChatGPT[8]는 2022년 11월 출시된 후 불과 2개월 만에 1억 사용자를 돌파했습니다. 이후 다양한 서비스에 ChatGPT 기능이 탑재되거나, 기업의 내부 업무에 활용되면서 폭발적으로 보급되었습니다. 이처럼 시시각각 새로운 기술이 등장하고, 상황이 끊임없이 변화하는 비즈니스 환경에서는 이를 뒷받침하는 소프트웨어의 속도가 매우 중요합니다.

☑ 시장 출시 속도

새로운 서비스나 프로덕트를 기획했다면, 이를 얼마나 빠르게 고객에게 제공할 수 있느냐가 비즈니스의 성공을 좌우합니다. 서비스 출시가 늦어지면 경쟁사에 선수를 빼앗겨 시장 점유율을 잃을 수 있습니다. 또한 처음부터 고객이 만족할 완벽한 제품을 제공하는 것이 어렵다는 점을 고려한다면 긴 시간 동안 불필요한 기능 개발에 리소스를 투자하기보다 **MVP**minimum viable product(고객에게 실용적인 최소한의 가치를 제공하는 제품)를 먼저 시장에 내놓고, 고객의 반응을 지켜보며 제품이나 서비스의 방향을 수정해 나가는 것이 더욱 합리적인 접근법입니다.

---

[8] *https://openai.com/chatgpt*

☑ 변화에 대응하는 속도

서비스나 제품을 출시한 후에는 세밀한 방향 수정을 반복하면서, 새로운 기능을 추가하거나 기존 기능을 개선해 고객의 니즈를 충족시키는 것을 목표로 합니다. 서비스나 제품이 고객을 만족시키고 특정 시장에 잘 부합된 상태를 마켓 용어로는 **PMF**product market fit(제품 시장 적합성)라고 하는데, 이는 서비스와 프로덕트의 성공을 위한 열쇠가 됩니다.

이처럼 민첩한 실험과 개선을 가능하게 만드는 소프트웨어의 변화 대응 속도가 바로 어질리티agility입니다. 출시 주기를 월 단위에서 주 단위로, 주 단위에서 일 단위로 점차 단축해야 하며, 서비스에 따라서는 하루에도 여러 번 배포가 이루어질 수 있습니다.

1.2.2 어질리티 저하 요인

짧은 출시 주기 내 소프트웨어를 지속적으로 개선하려면 일정한 개발 생산성을 유지해야 합니다. 하지만 실제 소프트웨어 개발에서는 출시가 거듭될수록 생산성이 떨어지는 모습을 보이게 됩니다.

[그림 1.1]은 처음 출시 당시의 생산성을 100%로 기준 잡고, 출시가 반복될수록 개발 생산성이 어떻게 변화하는지를 나타낸 그래프입니다.

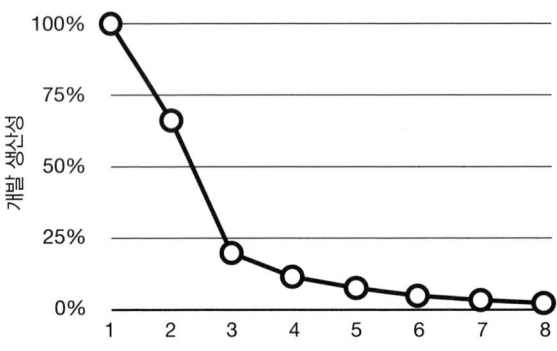

그림 1.1 출시 회차별 개발 생산성[9]

소프트웨어의 규모가 커지면서 복잡도가 증가하기 때문에 생산성이 점차 감소하는 것은 어느 정도 불가피합니다. 하지만 이를 감안하더라도, 허용할 수 없을 정도로 심각한 생산성 저하가 발생하는 경우가 있습니다.

이렇게 대규모 생산성 저하를 초래하는 주요 원인 중 하나가 바로 **기술 부채**technical debt입니다. 기술 부채는 급한 문제를 해결하기 위해 사용한 임시방편 해결책으로 인해 미래에 발생할 수 있는 잠재적 개선 비용을 의미합니다. 구체적으로는 여기저기 중복된 로직이나 지나치게 복잡한 조건 분기문 같은, 이른바 나쁜 코드가 이에 해당합니다.

시장 투입 속도를 우선시한 나머지 기술 부채 문제를 간과하고 개발을 진행하면, 이후 출시 단계에서 큰 대가를 치러야 할지도 모릅니다. 상황에 따라 어느 정도 기술 부채를 감수해야 할 때도 있지만, 이는 반드시 관리 가능한 범위로 제한해야 합니다. 상환이 불가능한 수준의 부채가 되어 옴짝달싹 못 하는 상태에 빠져서는 안 됩니다.

다시 말해, 소프트웨어의 어질리티를 유지하려면 변화에 유연하게 대응할 수 있는 코드여야 합니다. 그렇다면 그런 코드는 어떻게 작성할 수 있을까요?

---

9 「클린 아키텍처」 (인사이트, 2019)

1.3 아키텍처의 중요성

1.3.1 거대한 진흙 덩어리

실용적인 소프트웨어는 복잡한 구조물이어서 그 규모가 커질수록 복잡도가 더욱 증가합니다. 하나의 프로그램에 모든 처리를 기술하는 것은 실질적으로 불가능하기 때문에 여러 구성 요소로 나누어 처리합니다. 구성 요소의 단위는 사용하는 프로그래밍 언어에 따라 다르지만, 객체 지향 언어에서는 주로 클래스^{class} 단위로 분할합니다.

분할한 구성 요소들 사이에는 일종의 관계가 형성됩니다. [그림 1.2]는 UML^{unified modeling language}[10] 클래스 다이어그램의 예시입니다. '일반 회원'은 '회원'의 한 종류로 상속 관계에 있으며, '회원'은 배송처로서 '주소' 하나를 가진다는 관계를 확인할 수 있습니다. 또한 직사각형으로 표현된 클래스들을 연결하는 관계선의 화살표 방향에 따라 의존 관계가 설정되어 있습니다.

---

[10] 옮긴이_ UML은 시스템 구성 요소의 속성, 동작, 관계를 시각적으로 표현하여 설계 구조를 명확히 전달하고자 만든 모델링 언어입니다. [그림 1.2]는 그중 하나인 클래스 다이어그램입니다.

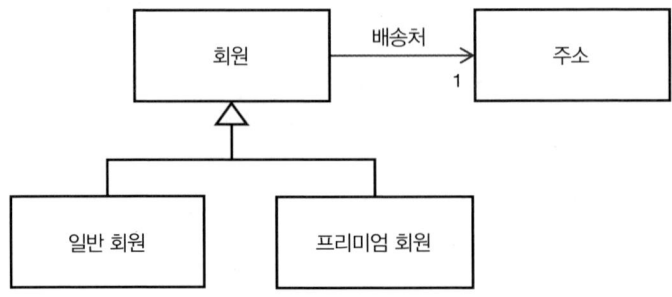

그림 1.2 UML 클래스 다이어그램

소프트웨어의 구성 요소가 많아질수록 의존 관계 역시 늘어나며 전체적인 복잡도가 높아지는 것은 어렵지 않게 상상할 수 있습니다. 만약 아무런 고려 없이 무작정 분할해 간다면 [그림 1.3] 같이 구성 요소 간의 의존 관계가 복잡하게 얽히게 되어 '거대한 진흙 덩어리$^{Big\ Ball\ of\ Mud}$'로 불리는 안티패턴$^{anti-pattern}$에 빠질 수 있습니다. 이는 흡사 스파게티 코드$^{spaghetti\ code}$라고 불리는 상태와도 유사하며, 이러한 상황에서 사양 변경에 대응하려 할 경우 다음과 같은 문제가 발생할 수 있습니다.

- 어떤 프로그램을 수정해야 할지 특정하기 어렵다.
- 같은 수정을 여러 군데에서 반복해야 한다.
- 수정한 내용이 다른 기능에 예기치 않은 영향을 줄 수 있다.

그러나 이러한 성능 저하^{degrade}를 피하려고 기존 코드를 단순히 '복사 & 붙여넣기'로 수정하는 패치워크식 대응을 반복하면, 이 역시 코드의 복잡도를 키우는 또 다른 원인이 되어 악순환에서 벗어나기 어려워집니다.

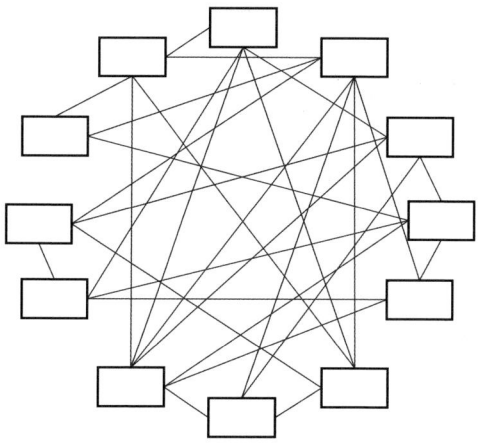

그림 1.3 거대한 진흙 덩어리 패턴

1.3.2 내부 품질 개선을 위한 방침

경험이 풍부한 개발자라면 의존 관계가 복잡하게 얽힌 나쁜 코드 상태를 피하고 좋은 코드를 작성할 수 있습니다. 하지만 프로덕트의 코드 품질이 개발자 개인의 역량에 의존하는 것은 바람직하지 않습니다. 누가 작성하든 일관되게 좋은 코드가 유지될 때 비로소 소프트웨어가 진정한 어질리티를 갖추었다고 할 수 있습니다.

이러한 어질리티를 확보하려면, 변화에 쉽게 대응할 수 있도록 코드의 유지보수성과 확장성을 높여 소프트웨어의 내부 품질을 향상시키는 것이 중요합니다. 이를 가능하게 하는 핵심이 바로 일관된 방침과 체계적인 구조이며, 이것이 소프트웨어 아키텍처입니다.

1.4 아키텍트

1.4.1 아키텍트 정의

복잡한 구조물인 소프트웨어에서는 아키텍처의 적절한 설계가 무엇보다 중요합니다. 이를 제대로 수행하기 위해서는 소프트웨어 개발 전반에 걸친 폭넓은 지식과 경험이 필요하며, 이런 역할을 전담하기 위한 전문 직종으로 아키텍트가 존재합니다.

먼저, 아키텍트라는 직종에 대한 표준적인 정의부터 살펴보겠습니다.

☑ 일본에서 정의하는 IT 아키텍트

〈IT 스킬 표준 V3 2011〉[11]에서는 IT 아키텍트를 다음과 같이 설명합니다.

- 비즈니스 및 IT 과제를 분석하고, 그 결과를 바탕으로 솔루션을 설계하여 정보 시스템 요건으로 재정의한다.
- 하드웨어 및 소프트웨어 관련 기술(애플리케이션 기술, 방법론 등)을 활용해 고객의 비즈니스 전략을 지원할 수 있도록 정보 시스템 전반의 정합성과 일관성을 유지하는 IT 아키텍처를 설계한다.
- 설계된 아키텍처가 해당 과제에 대한 솔루션으로 적합한지 확인하고, 후속 개발 및 도입이 원활하게 이루어질 수 있는지도 함께 점검한다.

---

[11] 일본 정보처리진흥기구

- 솔루션을 구성하기 위해 정보 시스템이 갖추어야 할 기준을 명확히 정의하며, 실현 과정에서 발생할 수 있는 기술적 리스크도 사전에 평가한다.

또한 아키텍트를 애플리케이션 아키텍처applications architecture, 통합 아키텍처integration architecture, 인프라 아키텍처infra architecture라는 세 가지 전문 분야로 나눕니다.

그런데 최근에는 물리적인 서버 기기나 네트워크 기기를 활용하면서 인프라를 구축하는 경우가 줄어들고, 대신 클라우드 환경에서 시스템을 구축하는 사례가 많아졌습니다. 통합 분야 역시 클라우드 벤더가 제공하는 서비스를 활용하는 경우가 늘고 있습니다. 이에 따라, 실무에서는 이러한 전문 분야 간의 경계가 점점 허물어지고 있으며, 이전보다 훨씬 더 광범위한 지식이 아키텍트에게 요구됩니다.

☑ 아키텍트의 주요 직무

IT 아키텍트의 역할은 조직의 규모와 산업에 따라 다양하지만, 넓게는 전사 정보화 전략 수립 과정에서부터 기획 단계까지 적극적으로 참여하는 것을 포함합니다. 그중에서도 핵심은 기업의 비즈니스 목표와 IT전략을 효과적으로 연결하기 위한 최적의 기술 아키텍처를 설계하고 구현하는 일입니다.

이를 위해 시스템 간 연계 구조, 데이터 흐름, 인프라 구성, 보안 요소 등 다양한 관점을 고려해야 하며, 기술적 전문성과 더불어 커뮤니케이션 능력도 중요한 역량으로 요구됩니다.

COLUMN

도메인 주도 설계에서의 도메인 분석

도메인 주도 설계domain-driven design(DDD)는 『도메인 주도 설계』(위키북스, 2011)에서 제안된 소프트웨어 설계 사상이자 설계 방법론입니다. 소프트웨어 개발이 매우 복잡하고 어려움을 겪는 일이 잦은 이유는 개발 대상이 되는 도메인business domain(사업 활동 또는 업무 영역) 자체가 본질적으로 복잡성complexity을 가지고 있기 때문이라고 할 수 있습니다. 이러한 복잡성을 해결하기 위해 개발자와 도메인 전문가 간의 논의를 통해 얻어진 지식을 바탕으로 도메인 모델을 구축하고, 이를 중심으로 소프트웨어 개발을 진행하는 것이 도메인 주도 설계의 핵심 사고방식입니다.

도메인 주도 설계는 전략적 설계strategic design와 전술적 설계tactical design로 나뉩니다. 전략적 설계는 시스템을 어떻게 분할하고 통합할지에 대한 전체적인 방향을 제시합니다. 기업 전체의 비즈니스 모델은 너무 거대하고 복잡하기 때문에 분해하여 다룰 필요가 있습니다. 사업 전체를 하나의 도메인으로 간주한다면 그 중에서도 기업의 성공에 핵심적인 역할을 하는 중요한 영역이 있을 것입니다. 이를 핵심 도메인core domain이라 하며, 나머지 서브 도메인과 구별합니다. 바로 이 핵심 도메인이 IT 리소스를 집중 투자할 가치가 있는 중요한 영역입니다.

과거에도 대규모 업무 시스템에서는 서브시스템을 나누는 작업이 일반적이었습니다. 그러나 이 같은 방식이 도메인 주도 설계의 기준에 따라 적절하게 서브 도메인을 분리하는 것과 항상 일치하는 것은 아닙니다. 도메인 주도 설계에서는 도메인 모델이 이해관계자 간에 공통 언어로 통용되는 유비쿼터스 언어ubiquitous language의 범위를 **경계 지어진 컨텍스트**bounded context로 부르며, 이 단위를 기준으로 서브 도메인을 나눕니다. 반면 기존 방식의 서브시스템 분리는 분할 단위가 지나치게 커서, 결과적으로 단일 구조로 된 **모놀리스[12]** 시스템

---

[12] 옮긴이_ 모놀리스(monolith)는 라틴어 어원으로 '하나(mono)의 돌덩이(lithus)'를 뜻하며, 모든 기능이 단일 코드에 포함된 구조를 의미합니다. 3.3절에서 모놀리식 아키텍처의 구조와 특징을 자세히 다룹니다.

으로 구축되는 경우가 많았습니다. 모놀리스가 반드시 문제라고 할 수는 없지만, 필요 이상으로 소프트웨어의 규모가 커지고 구조가 복잡해지면 레거시 시스템을 초래할 위험이 있으므로 주의가 필요합니다.

현행 시스템을 분석해 기업 전체의 도메인을 시각화하면, [그림 1.4]와 같이 다양한 계층의 도메인 구성이나 영역이 뒤섞여 혼잡한 모습을 보이는 경우가 흔합니다. 이는 ERP와 같은 패키지 소프트웨어가 개별적 요구에 맞춰 과도하게 커스터마이징된 결과이거나, 적절한 서브 도메인 분리가 이루어지지 않은 레거시 시스템에서 기인한 문제입니다. 이처럼 뒤섞인 정보를 체계적으로 정리하는 작업은 IT 아키텍트의 중요한 역할 중 하나입니다. 이를 통해 미래의 이상적인 시스템 설계를 구상하고, 전략적 정보화 기획을 추진할 수 있는 기반을 마련할 수 있습니다.

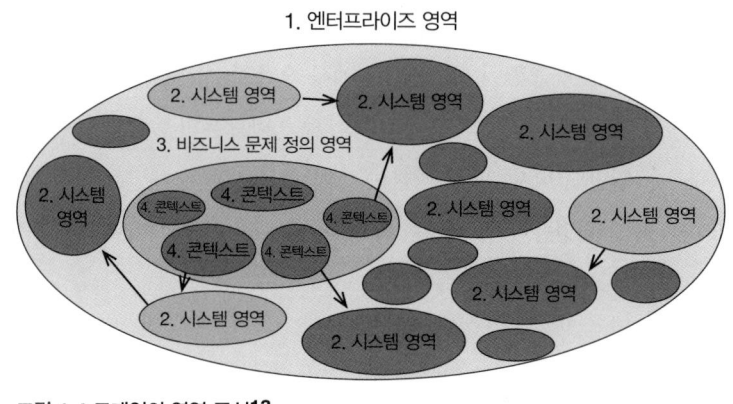

그림 1.4 도메인의 영역 구성[13]

---

13 『전략적 모놀리스와 마이크로서비스』(에이콘출판, 2025)

1.5 아키텍처 설계의 과거와 현재

1.5.1 2000년대의 시대적 배경과 아키텍처 설계 트렌드

2000년대 초반, 필자가 개발자로 커리어를 시작했을 때와 지금을 비교해 보면 아키텍처 설계에서 고려해야 할 사항은 크게 달라졌습니다.

당시에는 기업의 업무 시스템이 메인프레임에서 오픈형 시스템으로의 전환되는 흐름이 있었습니다. 또한 인터넷의 폭발적 보급과 스마트폰의 등장으로 이커머스 사이트를 비롯해 일반 소비자 대상의 웹사이트가 새로운 판매 채널로 자리잡으며 중요한 역할을 하게 되었습니다. 이러한 배경 속에서 IT 기술과 아키텍처 측면에서는 다음과 같은 트렌드가 나타났습니다.

☑ 웹 애플리케이션과 SOA의 확산

2000년대에는 지금처럼 기술적 선택지가 많지 않았습니다. 초기에는 클라이언트 단말기에 설치된 업무용 애플리케이션이 데이터베이스 서버에 접근하는 클라이언트-서버 시스템이 주류였는데, 점차 웹 애플리케이션으로 전환되었습니다. 이러한 과정에서 Struts나 Ruby On Rails와 같은 웹 애플리케이션 프레임워크가 등장하여 큰 인기를 끌었습니다.

웹 애플리케이션은 '브라우저-AP서버-DB서버'의 3계층 구조를 취합니다. 이에 따라 애플리케이션 아키텍처도 이를 반영하여 'UI 계층-비즈니스 로직 계층-데이터베이스 계층'으로 구성된 3계층 아키텍처가 널리 적용되었습니다.

클라이언트-서버 시스템(C/S 시스템)과 웹 애플리케이션의 일반적인 아키텍처는 [그림 1.5]와 같습니다.

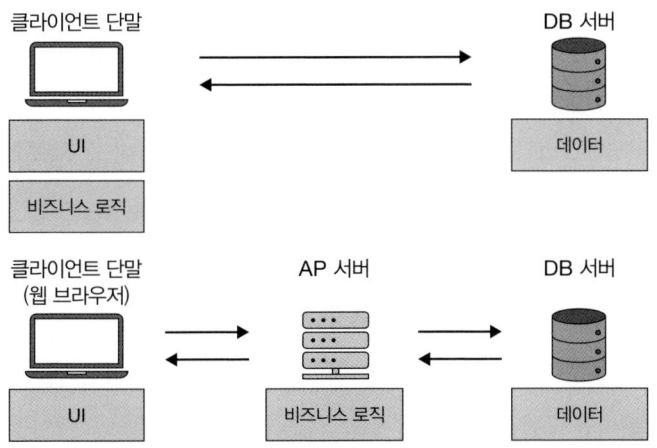

그림 1.5 클라이언트-서버 시스템(위)과 웹 애플리케이션(아래)

한편, 애플리케이션 통합 관점에서 기존 애플리케이션의 기능을 서비스 단위로 분리하고 이를 다양한 시스템에서 다시 사용할 수 있도록 구성하는 것을 목표로 한 SOA[service oriented architecture](서비스 지향 아키텍처)라는 설계 사상이 등장했습니다. 특히 SOA를 기반으로 한 애플리케이션 통합 플랫폼으로서 ESB[enterprise service bus]라는 미들웨어[middleware] 제품이 대기업을 중심으로 도입되었습니다.

Java를 활용한 엔터프라이즈 애플리케이션 개발에서는 Java EE가, SOA 서비스를 구현하는 프로토콜로는 SOAP[simple object access protocol](단순 객체 접근 프로토콜)가 표준으로 자리잡았습니다. 당시에는 업계에서 검증된 표준 방식을 따르는 것이 일반적이었고, 아키텍처 설계 역시 이를 준수하는 것이 최선으로 간주되었습니다. 그러나 표준이 지나치게 복잡하고 무거워지면서 개발 효율이 오히려 낮아지는 문제가 발생했습니다. 이러한 배경 속에서 Spring Framework와 같은 경량 컨테이너 애플리케이션 프레임워크가 등장했습니다.

1.5.2 2020년대의 시대적 배경과 아키텍처 설계 트렌드

2020년대에는 B2C(일반 소비자 대상)와 B2B(기업 대상)에서 매력적인 서비스를 얼마나 신속하게 제공할 수 있는지가 중요한 과제로 부상했습니다. 이에 따라 기업 내부에서는 백오피스 업무 시스템과 경영 가시화 도구 등 다양한 소프트웨어가 등장했으며, 이들 간에 긴밀한 연결이 이루어졌습니다.

2023년에는 생성형 AI가 큰 반향을 일으켰고, AI 관련 기술의 발전 속도는 더욱 빨라지고 있습니다. 서비스에 AI 기술을 적용하거나 통합한 사례와 이를 업무 개선에 활용한 사례도 꾸준히 증가하고 있습니다. 이와 같은 배경 속에서 IT 기술과 아키텍처 분야에서는 다음과 같은 트렌드가 두드러집니다.

☑ 클라우드의 등장과 확산

Amazon Web Services(AWS)는 2006년에 클라우드 서비스를 제공하기 시작했으며, 2011년 일본 기업들의 이용이 급격히 증가하기 시작했습니다. AWS 외에도 Microsoft Azure, Google Cloud Platform(GCP) 등의 주요 사업자가 클라우드 컴퓨팅 시장을 선도했습니다. 현재는 새로운 시스템을 도입할 때 **클라우드 퍼스트**cloud first라는 사고방식이 정착되어 이를 우선적으로 검토하는 경우가 많습니다.

애플리케이션 설계에서도 클라우드 환경 배포와 클라우드 서비스 업체가 제공하는 다양한 기능 활용을 기본 전제로 삼고 있으며, 이에 최적화된 아키텍처를 채택해야 한다는 **클라우드 네이티브**cloud native의 개념이 중요해지고 있습니다.

☑ REST API의 보급

REST REpresentational State Transfer는 HTTP 구조를 활용해 애플리케이션 간 데이터 통신을 간결하게 구현할 수 있도록 한 설계 원칙입니다. 이 원칙에 따라 만든 API를 REST API라고 하며, 구조가 단순하여 현재 가장 널리 사용되는 API 방식으로 자리잡았습니다. 특히 다양한 클라우드 서비스에서 REST API를 기본적으로 제공하면서 애플리케이션과 서비스 간 연동이 한층 수월해졌습니다.

☑ 마이크로서비스

마이크로서비스 아키텍처 microservice architecture는 여러 개의 독립적인 소규모 서비스를 조합하여 하나의 애플리케이션을 구성하는 설계 방식으로, 최근 이를 채택하는 사례가 점차 늘어나고 있습니다.

각 서비스 단위로 독립적인 개발과 배포가 가능하며, 필요한 경우 서비스 단위로 스케일링 scaling [14]을 수행할 수 있습니다. 또한 각 서비스에 적합한 기술을 개별적으로 선택해 적용할 수 있다는 점에서 많은 장점이 있습니다.

반면 분산 시스템이라는 특성상 복잡성이 증가하고, 그에 따라 발생하는 고유한 과제를 해결해야 한다는 점은 고려해야 합니다. 그럼에도 불구하고 마이크로서비스는 소프트웨어의 어질리티를 크게 향상시킬 수 있는 아키텍처로, 변화에 유연하게 대응해야 하는 현대의 개발 환경에서 충분히 검토할 만한 가치가 있습니다.

☑ 다양성

소프트웨어 코드를 작성하는 데 사용하는 프로그래밍 언어에는 Java나 C#과 같은 객체 지향 언어 object-oriented programming, Haskell이나 Clojure와 같은 함수형 언

---

14 옮긴이_ 스케일링은 원래 크기나 비율 조절을 뜻하는 용어로, 아키텍처 분야에서는 시스템의 처리 용량을 수요에 따라 확장하거나 축소하는 것을 말합니다. 5.3절 확장성 테스트와 함께 이 개념을 자세히 다룹니다.

어, Erlang과 같은 행위자 모델 기반 언어 등 다양하며, 각각 고유한 특성을 지니고 있습니다. 또한 객체 지향과 함수형의 특성을 결합한 하이브리드 언어도 계속해서 개발되고 있습니다.

데이터베이스 분야에서도 전통적인 관계형 데이터베이스 관리 시스템relational database management system뿐만 아니라, 열 기반 데이터베이스column-oriented database, 문서 기반 데이터베이스document-oriented database, 그래프 데이터베이스graph database 등 다양한 NoSQL 데이터베이스를 용도에 따라 선택할 수 있게 되었습니다.

프런트엔드 개발에서도 변화가 있었습니다. 과거에는 웹 애플리케이션 서버가 렌더링한 HTML을 웹 브라우저가 표시하고, jQuery 같은 JavaScript 라이브러리를 통해 클라이언트 동작을 구현했습니다. 그러나 최근에는 React와 Vue.js 같은 JavaScript 라이브러리를 활용한 SPAsingle page application 아키텍처가 주요 방식으로 자리 잡았으며, React와 Vue.js에 기반한 Next.js나 Nuxt같은 프런트엔드 프레임워크도 널리 사용되고 있습니다.

이처럼 애플리케이션 개발의 각 분야에서 활용할 수 있는 기술이 매우 다양해짐에 따라 상황에 맞는 기술을 선택하고 이를 적재적소에 활용하는 역량이 요구되고 있습니다.

1.6 아키텍트의 자질

1.6.1 아키텍트가 갖춰야 할 능력과 사고방식

변화에 유연하게 대응하는 소프트웨어는 고객에게 가치를 지속적으로 제공하면서 기업에는 경쟁 우위를 가져다줍니다. 이를 실현하려면 아키텍트가 다양한 기술을 평가하고 적절한 선택을 통해 아키텍처를 구축해야 합니다. 물론 이 작업은 만만치 않지만, 바로 그런 도전이야말로 아키텍트로서 보람을 느끼게 하는 이유가 되기도 합니다.

아키텍트로서 일을 진행하는 방법이나 구체적인 작업 절차는 3장과 4장에서 자세히 다루겠습니다. 이 장의 마지막에서는 아키텍트가 갖춰야 할 능력과 사고방식을 간단히 정리해 보겠습니다.

☑ 설계 능력과 코딩 실력

아키텍처 설계는 클래스 설계나 컴포넌트 설계와 비해 그 개념적 수준과 방향성을 설정하는 데 더 많은 검토가 필요하며, 고려해야 할 관점도 다릅니다. 그러나 아키텍처 설계와 하위 설계가 완전히 별개라고는 할 수 없습니다. 세부적인 설계 단계에서 적용된 원칙 중 아키텍처 수준에서도 충분히 활용할 수 있는 것들이 많기 때문입니다. 필자는 하위 설계 능력이나 코딩 실력이 부족한 개발자는 좋은 아키텍처를 설계하기 어렵다고 생각합니다.

기술 트렌드는 끊임없이 변화합니다. 과거에 좋은 패턴으로 여겨졌던 것이 시간이 흐르면서 안티패턴으로 평가받는 경우도 드물지 않기 때문에 설계 능력과 코딩 실력은 꾸준히 키워야 합니다.

☑ 추상화 능력

좋은 설계는 본질(추상)과 세부(구체)를 적절히 나누는 데서 시작됩니다. 문제 영역에서 중요한 본질적 요소, 그리고 그 외 대체 가능한 세부 사항을 구분함으로써, 소프트웨어에 유연성과 확장성을 부여할 수 있습니다. 이러한 설계 방식은 소프트웨어 구조 전반에 걸쳐 유효한 보편적인 원칙이며, 구조적 설계를 정의하는 아키텍처 단계에서도 그대로 적용됩니다.

구체적인 사례를 수집하고 이를 분석하여 일반화된 패턴과 방침을 도출하는 능력, 즉 추상화 능력은 매우 중요한 역량입니다. 그러나 고객이나 이해관계자와 대화할 때 추상적인 표현에만 의존한다면 대화가 겉돌기만 할 수 있습니다. 이때는 구체적인 예시를 들어 설명하는 것이 더 효과적입니다. 결국 추상적인 개념과 구체적인 세부 사항을 자유롭게 오가며 상황에 맞게 소통하는 능력이 아키텍트에게 필수적이라 할 수 있습니다.

☑ 비즈니스에 대한 이해

모든 기업 활동의 목적은 지속적으로 수익을 창출하는 것이며, 이를 위해 경영 전략과 IT 전략이 수립됩니다. IT 전략을 실행하여 기업에 이익을 가져다주는 소프트웨어의 초석이 되는 것이 바로 아키텍처입니다. 만약 아키텍트가 비즈니스에 대한 이해가 부족한 상태에서 아키텍처를 설계한다면, 우선순위를 잘못 설정하여 결국 유용하지 않은 아키텍처를 만들어질 수 있습니다.

그렇다면 아키텍트는 비즈니스에 대해 어느 정도까지 이해해야 할까요? 이는 아키텍트가 소속된 회사나 조직의 특성, 해당 조직의 문화와 분위기, 그리고 기대되는 역할에 따라 달라질 수 있습니다. 예를 들어, 사업체에 속한 아키텍트라면 그 사업의 내용이나 경쟁 우위 요소를 정확히 이해하고 있어야 합니다. 반면, SI 업체와 같은 IT 벤더에 소속된 아키텍트라면, 제공해야 하는 시스템의 고객이 매번 달라질 가능성이 높습니다. 이러한 경우 일반적인 업무 지식과 더불어 해당 업계에서 상용되는 업무 방식이나 관행, 규제 등을 이해하고 있는 것이 고객과 원활한 커뮤니케이션을 하는 데 도움이 될 것입니다.

그렇다고 해서 아키텍트가 비즈니스 전문가일 필요는 없습니다. 중요한 것은 비즈니스 전문가와 대화를 통해 소프트웨어 및 아키텍처에 필요한 핵심 정보를 효과적으로 이끌어 내는 능력입니다. 요컨대 아키텍트는 '잘 듣고 이해하는 사람'이 되어야 합니다.

☑ 호기심

반복되는 이야기지만, 소프트웨어를 구현하는 기술은 끊임없이 발전하고 있으며 그 변화 속도는 놀라울 정도로 빠릅니다. 어제의 베스트 프랙티스(모범 사례)가 오늘은 지양해야 할 사례로 바뀌는 세상 속에서 그러한 변화에 무뎌지지 않고 늘 열린 자세로 기술을 접하려는 태도는 지금 이 시대에 더욱 필요합니다.

아키텍트는 하나의 고정된 방식을 고집하기보다는 다양한 선택지를 비교·평가하고, 그중에서 최적의 방법을 선택할 줄 알아야 합니다. 이를 위해 늘 안테나를 세우고 정보를 수집하며, 흥미로운 기술이 있다면 시험삼아 간단한 코드 한 줄이라도 작성해 보는 능동적인 탐구 자세를 갖는 것이 좋습니다.

☑ 완벽주의보다 합리주의

많은 사람이 함께하는 대규모 소프트웨어 개발에서 각각의 코드가 완벽하게 작성된다면 이상적이겠지만 현실적으로 그렇게 되기는 어렵습니다. 소프트웨어에서 핵심적인 부분은 철저하게 코드 리뷰를 진행하되, 상대적으로 중요도가 낮은 부분은 때로는 과감히 생략할 줄 아는 결단력도 필요합니다.

아키텍처도 이와 마찬가지입니다. 모든 측면에서 완벽한 설계는 존재하지 않습니다. 해결해야 할 과제의 우선순위를 정하고, '적절히 우수한' 아키텍처를 목표로 삼아야 합니다. 아키텍처는 목적이 아니라 수단이라는 점을 분명히 이해하고, 그러한 인식을 바탕으로 합리적인 판단을 내리는 것 역시 아키텍트의 중요한 역할입니다.

2장 소프트웨어 설계

chapter 2

2.1 소프트웨어 개발 프로세스

2.1.1 소프트웨어 개발 프로세스의 전체 구조

아키텍처 설계는 소프트웨어 설계 작업 중 하나입니다. 여기서 설계란 구체적으로 무엇을 의미하며, 소프트웨어 개발 프로세스에서 어떤 위치에 있는지 살펴보겠습니다.

소프트웨어는 고객에게 편의를 제공하거나 고객의 문제를 해결하는 등 고객의 요구를 충족시키기 위해 개발됩니다. 소프트웨어 개발 프로세스는 고객의 구체화되지 않은 요구사항에서 출발하여 여러 단계를 거치면서 작동 가능한 소스 코드로 변환하는 일련의 활동을 의미합니다.

[그림 2.1]은 프로젝트의 작업 공정(단계)이 아니라 작업의 진행 흐름을 나타낸다는 점에 유의하기 바랍니다. 워터폴 waterfall 개발 프로세스에서는 이러한 활동이 순차적인 단계 그대로 진행되지만, 애자일 agile 개발 프로세스에서는 1주일에서 1개월 정도의 이터레이션 iteration 기간에 맞춰 유스케이스 use case [1] 단위로 실행됩니다.

---

1 옮긴이_ 유스케이스는 사용자의 관점에서 시스템 기능을 시나리오 형태로 표현한 것입니다. 4.2절에서 유스케이스를 표준화하는 기술 방식을 자세히 설명합니다.

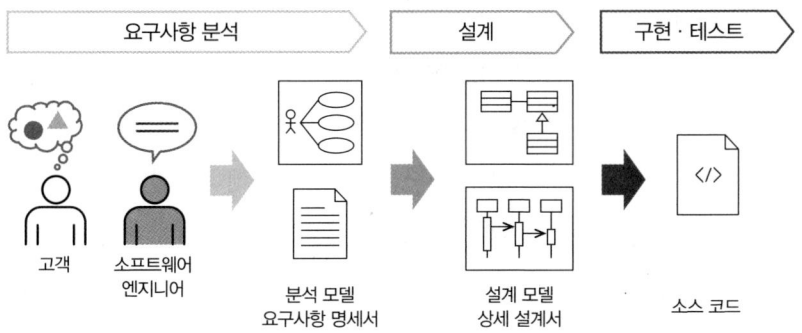

그림 2.1 소프트웨어 개발 프로세스

2.1.2 소프트웨어 개발 작업

각 단계에서 어떤 작업을 수행하고 대체로 어떤 결과물을 만드는지 확인해 봅니다.

☑ 요구사항 분석

요구사항 분석 단계에서는 고객의 현재 업무(As-Is)에 대해 인터뷰를 진행하고, 업무의 흐름과 업무 규칙을 정리한 후, 바람직한 모습(To-Be)을 설계합니다. 이 과정의 결과물로는 업무 흐름도 등이 작성됩니다.

To-Be의 새로운 업무 흐름을 실현하기 위해 소프트웨어가 사용자에게 제공해야 할 기능은 유스케이스 모델로 정의됩니다. 유스케이스 모델은 UML의 유스케이스 다이어그램과 유스케이스 기술서로 구성됩니다. 유스케이스 기술서는 유스케이스의 구체적인 동작을 체계적으로 정리한 문서입니다. 또한 다루고자 하는 업무의 주요 개념(주요 비즈니스 이벤트나 처리 대상 데이터)과 그 관계를 나타내는 개념 모델을 UML의 클래스 다이어그램을 사용하여 작성합니다.

이처럼 요구사항 분석 단계의 전반부에서는 대상 업무 영역을 분석하고, 업무상의 과제를 소프트웨어로 해결하는 관점에서 모델링을 수행합니다.

요구사항 분석 단계의 후반부에서는 각 유스케이스를 구현하기 위해 필요한 기능(화면, 각종 업무 산출물, 외부 시스템과의 인터페이스 등)을 정의합니다. 이렇게 결과물을 작성하는 작업을 '외부 설계'라고 부르기도 하지만, 이 책에서는 이를 소프트웨어와 외부 환경 간의 경계를 명확히 정리하고 고객이나 기타 이해관계자와 합의하는 과정으로 본다는 점에서 설계design가 아니라 명세화specification라고 정의합니다.

> **COLUMN**
>
> ### 요망, 요구, 요건
>
> 요구 공학requirements engineering에서는 소프트웨어의 요구를 세 가지 수준으로 나눕니다.[2] 시스템 도입 고객사가 설정한 상위 목표인 **업무 요구**, 실제로 시스템을 사용하는 사용자가 달성해야 할 목표인 **사용자 요구**, 이를 실현하기 위해 개발자가 시스템에 구현하는 **기능 요구**입니다. 이러한 요구는 시스템이 수행해야 할 동작으로 **소프트웨어 요구사항 명세서**software requirements specification(SRS)로 문서화됩니다.
>
> 요구를 영어로 표현하면 requirement인데, 이와 비슷한 의미를 가진 **요망, 요구, 요건**이라는 단어가 있습니다. 이들은 다음과 같이 구분할 수 있습니다.
>
> - **요망**은 시스템 도입의 배경이 되는 고객의 니즈와 기대를 의미합니다. 요청을 인터뷰하여 정리한 것이 업무 요구사항에 해당한다고 볼 수 있습니다.
> - **요구**는 요청을 구체화하여 사용자가 시스템을 통해 달성해야 할 목표를 정의한 것입니다. 이는 사용자 요구사항에 해당합니다.
> - **요건**은 요구사항 중 시스템에서 구현하기로 고객과 합의한 내용을 개발 관점에서 명확하고 구체적으로 정의한 것입니다. 이는 기능 요구사항에 해당합니다.

---

[2] 『성공적인 프로젝트 수행을 위한 소프트웨어 요구사항』(정보문화사, 2003)

• **요구사항 명세서**는 요건을 검증 가능한 수준으로 상세화하고 입출력 조건 등을 체계적으로 정리한 결과물입니다.

☑ 설계

설계 시에는 요구사항 분석 단계에서 정한 요구사항 명세를 프로그래밍 언어와 프레임워크, 라이브러리를 사용하여 구현하는 방법을 구체적으로 계획합니다.

만약 요구사항이 '콘솔에서 입력을 받아 인사말을 표시한다'는 단순한 경우라면 설계 없이 바로 코드를 작성할 수 있습니다. 하지만 실용적인 소프트웨어는 규모가 크고 구조도 복잡해서 그렇게 간단히 구현할 수 없습니다. 복잡한 대규모 시스템은 하나의 프로그램으로는 처리할 수 없어, 여러 구성 요소로 나누어 개발하게 됩니다.

[그림 2.2]는 UML의 협업 다이어그램 예시입니다. 구현해야 할 요구사항 A가 있다고 가정하고, 이를 구현하기 위해 프로그램을 X, Y, Z라는 세 개의 클래스로 나누었습니다. 클래스 Y가 a라는 처리를 담당하고, Z가 b라는 처리를 담당합니다. 이는 각 클래스가 수행해야 할 책임의 분담과 처리 순서를 나타냅니다.

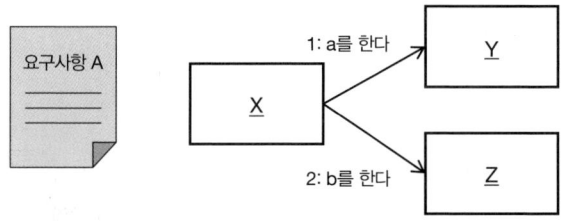

그림 2.2 협업 다이어그램

이처럼 설계 과정에서는 다음의 세 가지 사항을 검토하고 결정합니다.

- 구성 요소로 분할하는 방법
- 각 구성 요소에 대한 책임 할당
- 구성 요소 간의 상호작용(협력 방식)

설계한 결과를 설계 모델이나 상세 설계서 같은 문서로 남길지 여부는 채택된 개발 프로세스나 프로젝트의 방침에 따라 결정됩니다. 애자일 개발에서는 주로 문서를 작성하지 않으나, 이것은 설계를 하지 않는다는 뜻이 아닙니다. 예를 들어 CRC 카드(COLUMN 참조)라는 기법을 사용하거나 테스트 주도 개발을 통해 설계와 구현을 조금씩 동시에 진행하는 등 어떤 형태로든 설계 작업이 이루어집니다.

COLUMN

CRC 카드

CRC 카드는 클래스를 설계할 때 사용하는 모델링 기법으로 작은 카드를 이용해 클래스의 책임과 그 책임을 수행하기 위해 협력해야 하는 대상을 발견하는 데 사용됩니다.[3]

이 기법에 필요한 도구는 적당한 크기의 카드와 펜입니다. 카드는 [그림 2.3]처럼 세 개의 영역으로 나뉘어져 있으며, 상단 영역에 먼저 클래스 이름을, 왼쪽 하단 영역에는 클래스가 수행해야 할 책임을 작성합니다. 만약 클래스가 단독으로 책임을 수행할 수 없다면 정보를 얻거나 처리를 요청할 상대가 필요한데, 이때 오른쪽 하단 영역에 상호작용할 클래스를 나열합니다. 클래스^{class}, 책임^{responsibility}, 협력할 다른 클래스^{collaborator}의 머릿글자를 따서 CRC카드라고 부릅니다.

실제 작업에서는 여러 사람이 책상을 둘러싸고 카드를 배열하며 진행합니다. 각자가 담당할 클래스를 정하고 롤플레잉을 통해 설계를 발전시키는 과정에서 대화를 하는 중에 새로운 클래스를 발견하거나 책임을 적절하게 재배치하는 일이 자연스럽게 이루어집니다. 이러한 과정을 통해 모델을 정교하게 다듬

---

[3] 『The Elements of UML™ 2.0 Style』(Cambridge University Press, 2005)

을 수 있다는 점이 이 기법의 큰 장점입니다.

(클래스명) 주문	
(책임) 주문 금액 계산 결제 수단 지정 주문 확정 주문 취소	(협력할 클래스) 주문 명세 상품

그림 2.3 CRC 카드

☑ 구현 및 테스트

구현 및 테스트 단계에서는 설계에 따라 실제로 작동하는 소스 코드를 구현하고, 완성된 소프트웨어가 기능 요구를 충족하는지 테스트를 통해 검증합니다.

테스트와 관련하여 [그림 2.4]와 같은 V 모델을 본 적이 있을 것입니다.

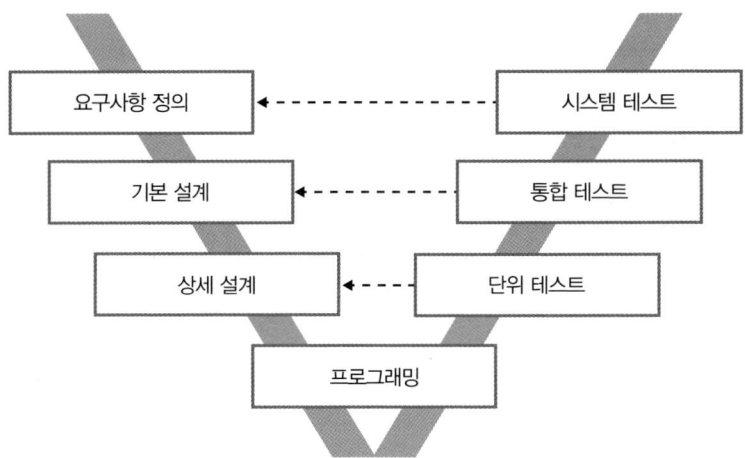

그림 2.4 V 모델

V 모델은 개발 단계와 그에 상응하는 테스트 단계를 연결한 모델입니다. 각 테스

트 단계의 목적과 검증할 수준을 보여줍니다. 다만 V 모델에서 단계의 구분 방식과 명칭은 표준화되어 있지 않으므로 주의해야 합니다. 예를 들어 단위 테스트가 프로그램 단위인지, 화면 단위인지, 아니면 기능 단위인지에 대한 기준은 기업이나 프로젝트마다 다를 수 있습니다.

중요한 것은 프로젝트에서 채택한 개발 프로세스에 맞춰 적절한 테스트 계획을 수립하는 것입니다. 워터폴이든 애자일이든 상관없이 초기 단계부터 테스트를 수행하는 **시프트 레프트** 접근법(5장 참조)이 효과적일 수 있습니다.

2.2 소프트웨어 설계의 추상화 레벨

2.2.1 네 가지 추상화 레벨

소프트웨어를 설계할 때는 추상화 레벨을 충분히 고려해야 합니다. 이 책에서는 [그림 2.5]와 같이 네 가지 추상화 레벨으로 나누어 살펴봅니다. 맨 아래 단계인 클래스 설계가 가장 상세한 수준이며, 위로 갈수록 추상도가 높아져 상위 레벨에서는 더 광범위한 설계를 다루게 됩니다.

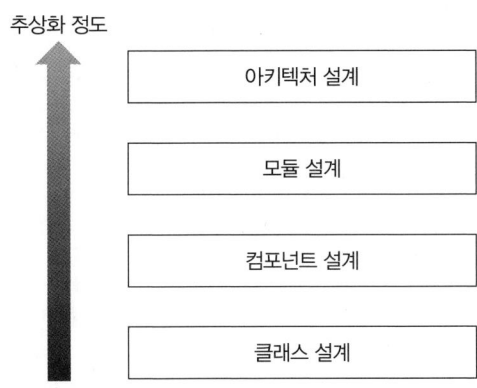

그림 2.5 설계의 추상화 레벨

☑ 클래스 설계

클래스 설계는 프로그램의 최소 단위가 되는 구성 요소를 설계하는 과정입니다.

현재 객체 지향 프로그래밍 언어가 널리 사용되고 있어, 이 책에서는 클래스를 중심으로 설명합니다. 다만 함수형 프로그래밍 언어를 사용하는 경우에는 해당 설계 단위를 함수로 간주하면 됩니다.

소스 코드는 일반적으로 하나의 클래스를 하나의 파일로 작성하며, 주로 파일 단위로 나누어 관리합니다.

☑ 컴포넌트 설계

컴포넌트 설계는 클래스 설계보다 높은 추상화 레벨에서 컴포넌트의 구성 방식과 협력 방식을 결정하는 과정입니다. 그렇다면 컴포넌트란 정확히 무엇을 의미할까요?

'컴포넌트'라는 용어는 자주 사용되지만, 통일된 정의가 있는 것은 아니며 문맥에 따라 다르게 쓰이기도 합니다. 이에 대해 SWEBOK V3.0[4]에서는 다음과 같이 정의하고 있습니다.

> *A software component is an independent unit, having well-defined interfaces and dependencies that can be composed and deployed independently. (소프트웨어 컴포넌트는 독립적인 단위로서 명확하게 정의된 인터페이스와 의존성을 가지며, 독립적으로 구성하고 배치할 수 있다.)*

이 책에서는 컴포넌트를 다음과 같이 정의합니다.

> **정의 ▸ 컴포넌트**
> 컴포넌트란 특정한 동작을 수행하는 책임을 가지며, 명확한 인터페이스로 정의된 소프트웨어의 구성 요소를 의미합니다. 여러 클래스로 구성되기도 합니다.

---

[4] https://ieeecs-media.computer.org/media/education/swebok/swebok-v3.pdf

Spring Framework와 같은 DI^{dependency injection} (의존성 주입) 컨테이너에서 관리 대상으로 설정되는 것들이 바로 컴포넌트의 대표적인 예시입니다. [그림 2.6]은 컴포넌트를 나타내는 UML 클래스 다이어그램의 예시를 보여줍니다. 여기서 OrderRepository라는 인터페이스를 구현한 OrderRepositoryImpl 클래스가 컴포넌트의 실체입니다. 하지만 이 클래스만으로 모든 처리를 수행하지 않고, 일부 작업을 HelperA와 HelperB라는 다른 클래스에 위임하여 전체 작업을 완료합니다.

이처럼 여러 클래스가 모여 하나의 컴포넌트가 됩니다.

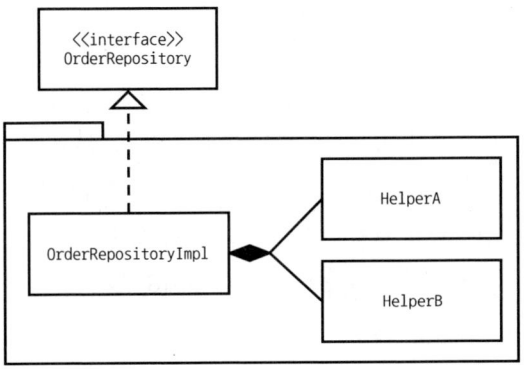

그림 2.6 컴포넌트 예시

컴포넌트가 명확한 인터페이스를 가진다는 것은 목적에 따라 구현 클래스를 쉽게 대체할 수 있다는 뜻입니다. 예를 들어, OrderRepository 인터페이스를 사용하는 OrderService라는 클래스가 있다고 해 봅시다. 이 OrderService를 테스트할 때는 실제 클래스인 OrderRepositoryImpl 대신 OrderRepositoryStub라는 테스트용 스텁^{stub}으로 대체할 수 있습니다.

일반적으로 소스 코드에서는 컴포넌트를 구성하는 클래스들을 패키지^{package}나 네임스페이스^{namespace} 단위로 그룹화하여 한곳에 모아 관리합니다.

☑ 모듈 설계

모듈 설계는 시스템을 구성하는 모듈 구조를 결정하는 설계입니다. 모듈이란 컴포넌트의 집합체를 말합니다. 컴포넌트는 특정한 동작을 제공하지만, 단독으로는 소프트웨어 사용자에게 의미 있는 기능을 제공할 수 없습니다. 유스케이스 실행에 필요한 기능을 제공하기 위해 관련된 컴포넌트를 모아 조직화한 구조가 바로 모듈입니다.

소스 코드 관점에서 보면, 여러 컴포넌트와 클래스를 포함하는 패키지 트리 구조 전체를 모듈로 이해할 수 있습니다.

☑ 아키텍처 설계

아키텍처 설계는 가장 추상적인 설계 단계입니다. 소프트웨어 구조라는 관점에서 마이크로서비스 아키텍처와 같은 시스템 전체의 구조나 레이어드 아키텍처와 같은 애플리케이션의 기본 구조를 검토하고 결정합니다. 또한 하위 설계에 영향을 미치는 시스템 전체의 원칙과 정책을 정하는 일도 아키텍처 설계의 중요한 역할입니다. 아키텍처 설계의 구체적인 내용은 3장에서 자세히 다루겠습니다.

COLUMN

컴포넌트와 모듈

컴포넌트와 모듈에는 다양한 해석과 정의가 존재합니다. 예를 들어, 마틴 파울러(Martin Fowler)는 블로그 글[5]에서 다음과 같이 설명합니다.

> *I consider a component as a particular form of module. I define modules as a division of a software system that allows us to modify*

---

[5] martinFowler.com, "Software Component"
https://martinfowler.com/bliki/SoftwareComponent.html

a system by only understanding some well-defined subsets of it - modules being those well-defined subsets. Components are a form of module, with the additional property of independent replacement. (저는 컴포넌트를 모듈의 한 가지 유형으로 생각합니다. 모듈은 소프트웨어 시스템을 구성하는 일부 요소를 명확히 정의하여, 전체 시스템을 이해하지 않아도 특정 부분만으로 시스템을 변경할 수 있도록 만든 것입니다. 컴포넌트는 모듈의 한 유형으로, 독립적으로 대체할 수 있는 특성을 추가로 갖추고 있습니다.)

즉 세분화 정도나 추상화 레벨의 차이로 컴포넌트와 모듈을 구분하는 것이 아니라 독립적으로 대체할 수 있는 특성이 있는지 여부가 핵심입니다. 컴포넌트의 대표적인 유형으로는 JAR나 DLL과 같은 라이브러리, 그리고 REST나 RPC를 통해 호출되는 서비스가 있습니다. 이렇게 컴포넌트는 라이브러리든 서비스든, 특정 동작을 독립적으로 제공할 수 있다는 점이 중요한 특징입니다.

한편 모듈을 코드의 물리적 분할 단위로 보고, 컴포넌트를 실행 시 논리적 단위로 구분하는 관점도 있습니다. 그 외에도 사용하는 언어나 프레임워크에 따라 컴포넌트와 모듈이라는 용어에 특정한 정의를 부여하는 경우도 존재합니다.

따라서 이 두 용어를 접할 때는 문맥에 따라 어떤 의도로 사용되고 있는지를 정확히 파악하는 것이 중요합니다.

2.2.2 네 가지 추상화 레벨의 구체적인 예시

소프트웨어 설계의 네 가지 추상화 레벨을 이해하기 위해 구체적인 예시를 함께 살펴보겠습니다. 한 기업의 판매 업무를 지원하는 시스템을 개발한다고 가정해 보겠습니다.

가장 상위 레벨의 아키텍처 설계에서는 주문, 재고, 출하를 각각 마이크로서비스로 시스템을 구성하고 서비스 간의 연동 방식을 정합니다. 또한 각 서비스의 내부 구조로는 레이어드 아키텍처를 채택하는 방침을 세웁니다. [그림 2.7]은 이와 같은 설계를 시각화한 예시입니다.

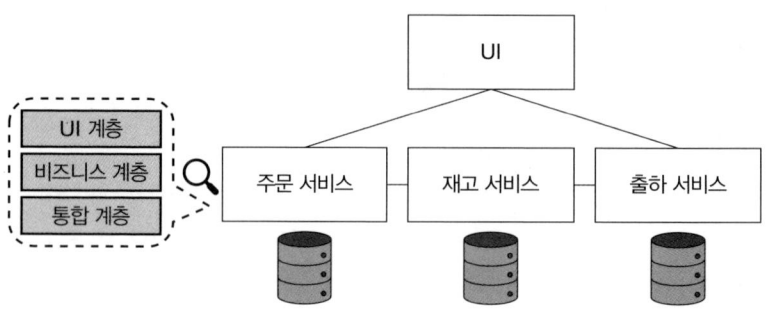

그림 2.7 아키텍처 설계 예시

다음은 모듈 설계입니다. 마이크로서비스 아키텍처에서는 그 특성상 각 서비스를 물리적으로 분리된 독립 모듈로 구성하여 개별적으로 배포하는 방식이 기본적인 구조입니다. 반면 모놀리스 방식으로 개발한다면 [그림 2.8]과 같이 하나의 애플리케이션 안에서 주문, 재고, 출하 기능을 논리적인 모듈 단위로 나누어 구성합니다. [그림 2.8]에는 모듈 구조만 나타나 있지만, 각 모듈 간의 연동 방식(API 연계인지, 메시징인지 등)도 함께 결정해야 합니다.

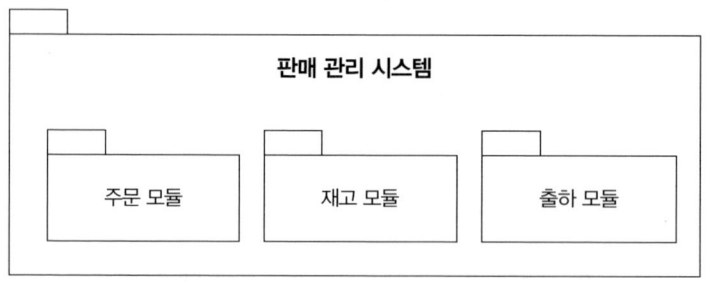

그림 2.8 모듈 설계 예시

컴포넌트 설계에서는 예를 들어 '주문 등록' 유스케이스를 구현하기 위해 필요한 컴포넌트를 도출하고 이들 간의 상호작용을 설계합니다. [그림 2.9]는 로버스트니스 다이어그램robustness diagram**6**이라는 표기법으로 표현한 예시입니다.

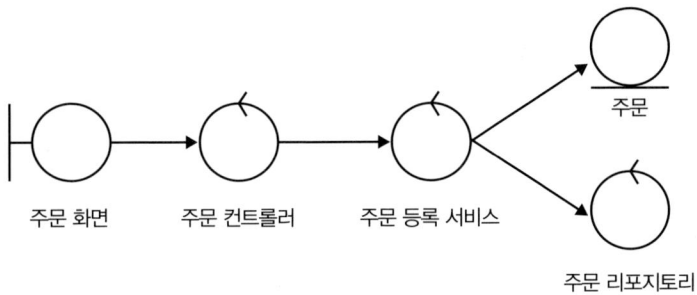

그림 2.9 컴포넌트 설계 예시

클래스 설계에서는 각 컴포넌트를 클래스로 분할하고, 여러 클래스가 협력하여 컴포넌트의 책임을 구현할 수 있도록 설계합니다. 예를 들어 [그림 2.9]의 주문 리포지토리repository 컴포넌트를 더 세분화하여 클래스 다이어그램으로 표현하면 앞서 제시한 [그림 2.6]과 같은 결과를 얻게 됩니다.

---

6 『Applying Use Case Driven Object Modeling With UML』 (Addison-Wesley Professional, 2001)

2.3 소프트웨어 설계 원칙과 실천 방법

2.3.1 설계 원칙

앞서 2.1절에서 소프트웨어 설계를 구성 요소로 나누고 각 구성 요소에 책임을 할당하며, 구성 요소 간의 상호작용을 결정하는 행위라고 설명했습니다. 이어서 2.2절에서는 소프트웨어 설계의 네 가지 추상화 레벨을 살펴보았습니다.

설계의 품질은 소프트웨어의 내부 품질을 좌우합니다. 설계를 신중하게 하지 않으면, 1장에서 소개했던 '거대한 진흙 덩어리' 패턴에 빠져 심각한 기술 부채를 떠안을 위험이 있습니다. 이러한 위험을 방지하고 좋은 설계를 만들려면 어떻게 해야 할까요? 업계의 훌륭한 선구자들이 발견한 설계 원칙을 활용하는 것이 가장 효과적인 방법입니다. 여기서 말하는 설계 원칙이란 소프트웨어를 설계할 때 일반적으로 지켜야 할 지침을 뜻합니다.

2.3.2 SOLID 원칙

SOLID 원칙은 로버트 C. 마틴이 2000년에 발표한 논문 〈Design Principles and Design Patterns〉에서 정리한 객체 지향 설계 원칙의 머릿글자를 조합해 만들어졌습니다. 이후 동일 저자가 집필한 저서[7]에서도 다시 소개되었습니다.

이 원칙은 [표 2.1]에 소개된 다섯 가지로 구성되며, 이제 각 원칙을 자세히 알아보겠습니다.

표 2.1 SOLID 원칙

약어	영문 표기	원칙
SRP	Single Responsibility Principle	단일 책임 원칙
OCP	Open-Closed Principle	개방-폐쇄 원칙
LSP	Liskov Substitution Principle	리스코프 치환 원칙
ISP	Interface Segregation Principle	인터페이스 분리 원칙
DIP	Dependency Inversion Principle	의존성 역전 원칙

☑ 단일 책임 원칙(SRP)

클래스를 변경하는 이유는 단 하나뿐이어야 한다.

단일 책임 원칙(SRP)은 클래스가 오직 하나의 명확한 역할(책임)을 가져야 한다는 원칙입니다. 만약 여러 역할을 맡으면, 클래스가 비대해지고 질이 낮아지거나 비효율적인 코드가 될 가능성이 있습니다. 또한 해당 클래스에 의존하는 다른 클래스의 수도 늘어나 의존 관계가 복잡해질 위험도 있습니다. 따라서 객체 지향 설계에서는 하나의 역할을 맡는 작고 독립적인 클래스로 나누는 것을 기본으로 합니다(그림 2.10).

---

[7] 『클린 소프트웨어: 애자일 원칙과 패턴, 그리고 실천 방법』(제이펍, 2017)

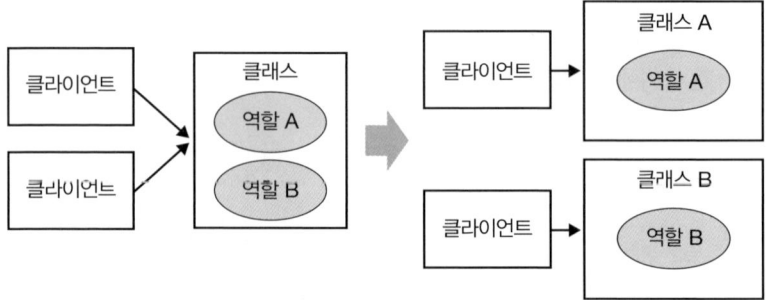

그림 2.10 단일 책임 원칙(SRP)에 따른 클래스 분할

SRP는 매우 단순한 원칙처럼 보이지만, 각 클래스의 역할을 어느 정도까지 세분화하여 정의해야 하는가에 대한 고민이 생깁니다. 극단적으로 각 클래스가 하나의 인스턴스instance 변수와 하나의 메서드method만 가지도록 분할하면 문제가 없지 않겠느냐고 생각할 수도 있습니다. 하지만 실제로 그리 간단한 문제가 아닙니다.

여기서 중요한 것은 클래스를 사용하는 클라이언트(다른 클래스)의 관점에서 설계를 고려해야 한다는 점입니다. 클라이언트는 자신이 수행해야 할 작업을 완수하기 위해 클래스에 특정 역할을 요청합니다. 이 요청 자체가 바로 클래스에 요구되는 역할입니다.

구체적인 사례로 살펴보겠습니다. [리스트 2.3.1]은 하루의 근태 실적을 나타내는 Java 코드 샘플입니다. WorkRecord 클래스는 날짜, 출퇴근 시간 등 필요한 정보를 생성자에서 입력받고, 초과근무시간을 계산하는 calcOvertimeHours 메서드와 초과근무수당을 계산하는 calcOvertimePay 메서드를 제공합니다.

리스트 2.3.1　SRP 적용 전 코드

```
// src/main/java/sample/chap02/srp/before/WorkRecord.java
// 근태 실적
public record WorkRecord(LocalDate date, boolean isHoliday,
                         LocalDateTime clockIn, LocalDateTime
                         clockOut, Grade grade) {
```

```java
    private static final int STANDARD_WORK_HOURS = 8; // 표준 근로 시간
    private static final int BREAK_TIME = 1; // 휴식 시간
    // 초과근무시간 계산
    public int calcOvertimeHours() {
        // 휴식 시간을 고려하여 근무시간을 계산
        int hours =
            (int) Duration.between(clockIn, clockOut)
                    .minusHours(BREAK_TIME)
                    .toHours();

        // 휴일은 모두 초과근무로 처리
        if (isHoliday()) {
          return hours;
        }
        // 표준근로시간보다 짧은 경우는 초과근무 없음
        if (hours <= STANDARD_WORK_HOURS) {
            return 0;
        }
        // 초과근무시간 계산(1시간 미만은 버림)
        long overtime = Math.max(hours - STANDARD_WORK_HOURS, 0);
        return (int) overtime;
    }
    // 초과근무수당 계산
    public int calcOvertimePay() {
        return calcOvertimeHours() * grade().hourlyRate();
    }
}
```

SRP의 관점에서 코드의 문제점을 살펴보겠습니다.

직원의 초과근무시간은 급여 계산 유스케이스에서 초과근무수당을 계산하는 데 사용될 뿐 아니라, 직원의 노동환경을 체크하는 유스케이스에서도 참조될 가능성이 높습니다. 그러나 초과근무수당을 실제로 계산하는 로직 자체는 급여 계산 유스케이스에만 필요한 기능입니다.

다시 말해, WorkRecord 클래스는 초과근무수당 계산과 노동환경 체크라는 서로

다른 두 가지 역할을 모두 떠맡고 있습니다. 이 샘플 정도의 코드 양이라면 가독성이 크게 떨어지지는 않겠지만 급여 계산 유스케이스에 사양 변경이 발생한다면 어떨까요? 예를 들어, 초과근무수당 계산에 필요한 정보가 생성자 인자에 추가된다면 이러한 변경 사항은 본래 관련이 없는 노동환경 체크 처리 프로그램에도 영향을 미치게 됩니다.

SRP를 적용하면 초과근무수당 계산을 별도의 클래스로 분리할 수 있으며, 그 결과 [리스트 2.3.2] 같이 됩니다.

리스트 2.3.2 SRP 적용 후 코드

```java
// src/main/java/sample/chap02/srp/after/WorkRecord.java
// 근태 실적
public record WorkRecord(LocalDate date, boolean isHoliday,
                        LocalDateTime clockIn, LocalDateTime
                        clockOut) {
  // 생성자 인수에서 Grade 삭제
  // 또, calcOvertimePay 메서드 삭제. 그 외 수정 사항 없음
}


// src/main/java/sample/chap02/srp/after/OvertimePayCalculator.java
// 초과근무수당 계산 클래스
public class OvertimePayCalculator {
  // 초과근무수당 계산
  public int calcOvertimePay(int overtimeHours, Grade grade) {
    return overtimeHours * grade.hourlyRate();
  }
}
```

SRP 정의에서 '클래스를 변경하는 이유'는 해당 클래스가 사용되는 유스케이스나 관련된 사용자[actor 8]의 관점에서 생각하면 명확해집니다.

---

8 옮긴이_ 유스케이스에서 '사용자(actor)'는 유스케이스의 행위자, 즉 업무를 수행하는 주체를 의미합니다. 3.6절 아키텍처 문서화, 4.2절 개발 프로세스 표준화에서 그 역할과 구체적인 사례를 확인할 수 있습니다.

☑ 개방-폐쇄 원칙(OCP)

소프트웨어의 구성 요소(클래스, 모듈, 함수 등)는 확장에는 개방(Open)되어 있고, 수정에는 폐쇄(Closed)되어 있어야 한다.

개방-폐쇄 원칙(OCP)은 확장성과 관련이 깊으며, 기존 코드를 수정하지 않고도(폐쇄), 새로운 동작을 추가하여 확장할 수 있도록(개방) 설계하는 데 활용되는 원칙입니다.

[리스트 2.3.3] 예시로 살펴보겠습니다. 이 코드에서는 초과근무수당 계산을 위해 OvertimePayCalculator 클래스의 calcOvertimePay 메서드에서 switch 조건문을 사용하여 분기 로직을 구현합니다. 예를 들어, 일반 직원은 휴일 초과근무수당을 20% 가산하여 계산하고, 관리직은 초과근무수당이 지급되지 않도록 처리합니다.

리스트 2.3.3 OCP 적용 전 코드

```java
// src/main/java/sample/chap02/ocp/before/OvertimePayCalculator.java
// 초과근무수당 계산 클래스
public class OvertimePayCalculator {
  // 초과근무수당 계산
  public int calcOvertimePay(WorkRecord workRecord, Grade grade) {
    return switch (grade) {
      case Regular ->
          (int)(workRecord.calcOvertimeHours() * grade.hourlyRate() *
          (workRecord.isHoliday() ? 1.2 : 1)); // 휴일은 20% 가산
      case Manager -> 0; // 관리직은 초과근무수당 없음
    };
  }
}
```

만약 관리직도 휴일 초과근무수당을 지급하도록 하는 사양 변경이 발생한다면, 조건 분기 로직을 수정해야 합니다. 하지만 OCP를 적용하면 이러한 사양 변경이 있어도 OvertimePayCalculator의 코드를 수정하지 않고 동작을 확장할 수 있

습니다.

먼저 OvertimePayCalculator는 [리스트 2.3.4]와 같이 변경됩니다. 원래 있던 조건 분기는 제거하고 대신 OvertimePayPolicy라는 인터페이스를 이용해 계산을 수행합니다.

리스트 2.3.4 OCP 적용 후 코드①

```java
// src/main/java/sample/chap02/ocp/after/OvertimePayCalculator.java
// 초과근무수당 계산 클래스
public class OvertimePayCalculator {
    // 초과근무수당 계산
    public int calcOvertimePay(WorkRecord workRecord, Grade grade) {
        var policy = OvertimePayPolicyFactory.of(
                workRecord.isHoliday(), grade);
        return (int)(workRecord.calcOvertimeHours() * grade.hourlyRate() *
                policy.paymentRate());
    }
}

// src/main/java/sample/chap02/ocp/after/OvertimePayPolicy.java
// 초과근무수당 지급 정책
public interface OvertimePayPolicy {

    double paymentRate();
}
```

인터페이스의 구체적인 구현 객체를 생성하는 팩토리 클래스[9]는 [리스트 2.3.5]에 나와 있습니다. 기존의 조건 분기는 OvertimePayPolicyFactory 클래스의 of 메서드로 이동하였으며, 여기서 Grade에 해당하는 OvertimePayPolicy 객체를 생성합니다. 초과근무수당 지급률에 대한 구체적인 규칙은 RegularGradeOvertimePayPolicy 클래스와 ManagerGradeOvertimePayPolicy 클래스에 구

---

[9] 옮긴이_ 팩토리 클래스(factory class)는 객체 생성을 전담하는 클래스로, 생성 책임을 분리하여 기존 코드를 수정하지 않고도 새로운 구현체를 추가할 수 있어 OCP를 실현하는 데 기여합니다.

현되어 있습니다.

만약 새로운 사양이 추가되어 예를 들어 전문직이라는 새로운 등급에 대해 초과근무수당 정책을 추가해야 할 경우에도, 대응하는 구체 클래스를 작성하고 팩토리 클래스의 조건 분기만 수정하면 확장할 수 있는 구조로 설계를 만들어 낼 수 있습니다.

리스트 2.3.5 OCP 적용 후 코드②

```java
// src/main/java/sample/chap02/ocp/after/OvertimePayPolicyFactory.java
// 초과근무수당 정책 팩토리
public class OvertimePayPolicyFactory {

  public static OvertimePayPolicy of(boolean isHoliday, Grade grade) {
    return switch (grade) {
      case Regular -> new RegularGradeOvertimePayPolicy(isHoliday);
      case Manager -> new ManagerGradeOvertimePayPolicy(isHoliday);
    };
  }
}

// src/main/java/sample/chap02/ocp/after/RegularGradeOvertimePayPolicy.java
public class RegularGradeOvertimePayPolicy implements OvertimePayPolicy {

  private boolean isHoliday;

  public RegularGradeOvertimePayPolicy(boolean isHoliday) {
    this.isHoliday = isHoliday;
  }

  @Override
  public double paymentRate() {
    return isHoliday ? 1.2 : 1; // 휴일은 20% 가산
  }
}
```

```java
// src/main/java/sample/chap02/ocp/after/ManagerGradeOvertimePayPolicy.java
public class ManagerGradeOvertimePayPolicy implements OvertimePayPolicy {

  private boolean isHoliday;

  public ManagerGradeOvertimePayPolicy(boolean isHoliday) {
    this.isHoliday = isHoliday;
  }

  @Override
  public double paymentRate() {
    return isHoliday ? 1 : 0; // 휴일 초과근무 지급
  }
}
```

그런데 수정할 대상이 바뀌었을 뿐, 확장을 위해서는 코드 수정이 불가피한 것 아니냐는 의문이 들었을 수 있습니다. 네, 충분히 일리가 있습니다.

하지만 OCP의 핵심은 수정 과정을 완전히 없애는 것이 아니라 변경이 적은 안정적인 코드와 변경이 잦은 불안정한 코드를 분리하는 데 있다는 점에 주목할 필요가 있습니다. 안정적인 코드를 보호하기 위해서는 불안정하고 구체적인 구현(특정 클래스나 메서드 같은)에 직접 의존하기보다 이들을 일반화한 추상적인 개념에 의존하는 방식으로 설계하는 것이 좋습니다(그림 2.11).

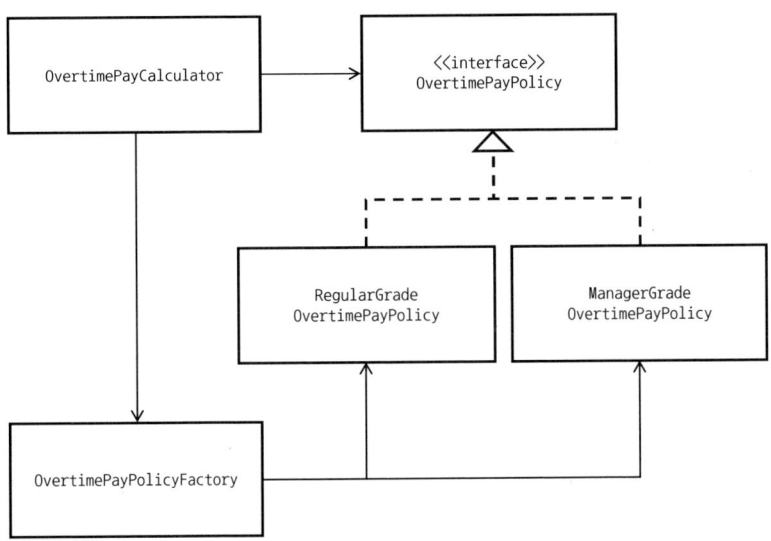

그림 2.11 OCP 적용 후 클래스 다이어그램

이러한 구조를 도입함으로써 사양 변경 시 수정을 제한된 범위 내에서 처리할 수 있습니다. 수정 범위가 축소된다는 것은 테스트 범위 역시 줄어든다는 것을 의미합니다. 예를 들어, 이 사례에서는 수정이 필요한 OvertimePayPolicyFactory의 조건 분기 로직과 OvertimePayPolicy 구현 클래스의 로직에 대해 유닛 테스트를 수행하면 동작의 정확성을 보장할 수 있습니다(단, 여기서 보장이란 언급된 유닛 테스트 범위에 한정된 것으로, 사용자 수용 테스트와 같은 상위 테스트는 별개의 문제로 고려해야 합니다).

☑ 리스코프 치환 원칙(LSP)

파생형은 기본형을 대체할 수 있어야 한다.

리스코프 치환 원칙(LSP)은 기본형(부모 클래스)을 사용하여 작성된 모든 프로그램이 프로그램의 동작을 변경하지 않고도 기본형을 파생형(자식 클래스)으로 치환 가능해야 한다는 원칙입니다. 객체 지향 언어의 추상 클래스abstract class[10]나 인터페이스를 사용해 설계하면 이런 원칙이 잘 지켜질 것처럼 보입니다. 하지만 실제로는 LSP를 위반하는 경우가 발생합니다.

구체적인 예를 살펴보겠습니다. [리스트 2.3.6]은 티켓 관리 도구에서 사용되는 코드의 일부라고 가정합니다. 추상 클래스 Ticket의 하위 클래스subclass로 BugTicket과 StoryTicket이 존재합니다. Ticket에는 포인트 수를 기준으로 견적을 내는 estimate 메서드가 있으며, 사전 조건precondition(메서드가 호출되기 전 만족되어야 하는 조건)으로 포인트 수가 양의 정수임을 요구하는데 이는 어설션assertion문을 통해 선언됩니다. Java에서 어설션은 assert 키워드 뒤에 오는 boolean 식을 평가하고, 그 결과가 참이 아니면 AssertionError를 발생시킵니다.

이제 파생 클래스 StoryTicket이 estimate 메서드를 오버라이드override[11]하면서 자체적인 사전 조건을 추가했다고 가정해 봅시다. StoryTicket은 포인트 수가 피보나치 수인지 여부를 추가로 확인합니다. 참고로, 애자일 개발에서는 작업량을 상대적으로 추정할 때 피보나치 수열을 단위로 사용하는 경우가 많습니다.

리스트 2.3.6   LSP를 위반한 코드①

```java
// src/main/java/sample/chap02/lsp/Ticket.java
public abstract class Ticket {

  protected int point;

  public void estimate(int point) {
    assert point >= 1: "견적은 양의 정수(포인트)여야 한다";
    this.point = point;
  }
}
```

---

[10] 옮긴이_ 추상 클래스는 메서드의 이름과 형식만 정의하고, 실제 동작은 이를 상속한 자식 클래스가 구현합니다. 이러한 구조는 자식 클래스가 상위 클래스의 역할을 제대로 수행하는지 판단하는 기준이 되며, LSP 준수 여부를 검토하는 데 활용됩니다.

[11] 옮긴이_ 오버라이드는 파생 클래스가 기본 클래스에서 이미 제공하는 메서드를 자신의 목적에 맞게 재정의 하는 것을 말합니다.

```java
    // 기타 메서드는 생략
}

// src/main/java/sample/chap02/lsp/BugTicket.java
public class BugTicket extends Ticket {

}

// src/main/java/sample/chap02/lsp/StoryTicket.java
public class StoryTicket extends Ticket {

  private static final Set<Integer> FIBONACCI_NUMBERS =
    Set.of(1, 2, 3, 5, 8, 13, 21);
  @Override
  public void estimate(int point) {
    assert FIBONACCI_NUMBERS.contains(point):
      "견적 포인트는 피보나치 수여야 한다";
    super.estimate(point);
  }
}
```

이 코드로 인해 어떤 문제가 발생하게 될까요? [리스트 2.3.7]과 같은 메서드가 있다고 가정해 봅시다. Ticket 클래스의 클라이언트가 Ticket이 정한 사전 조건(포인트 수는 양의 정수여야 한다)을 충족한다고 하더라도, 만약 피보나치 수가 아닌 값(예: 4)이 StoryTicket에 전달되면 AssertionError가 발생하여 프로그램이 중단됩니다.

리스트 2.3.7 LSP를 위반한 코드②

```java
// src/main/java/sample/chap02/lsp/LspViolationSample.java
// 일괄적으로 견적을 수행하는 메서드
public void estimateAllTickets(List<Ticket> tickets, int estimationPoint) {
  // estimationPoint = 4 이고 티켓이 StoryTicket인 경우,
  // AssertionError 가 발생!
```

```
    tickets.forEach(it -> it.estimate(estimationPoint));
}
```

이러한 오류를 발생시키지 않고 LSP를 지키려면, 기본형에서 정한 사전 조건을 파생형이 강화해서는 안 된다는 점을 알 수 있습니다. 반대로 사후 조건 postcondition(메서드 실행 후 반드시 만족되어야 하는 조건)은 약화해서는 안 되며, 불변 조건invariant(항상 만족되어야 하는 객체의 상태 조건)은 반드시 유지되어야 합니다.

따라서 LSP를 준수하고 기본형과 파생형을 올바르게 다루려면 애플리케이션 내에서 이들이 올바르게 작동하도록 보장하는 조건(사전, 사후, 불변)을 명확히 정의할 필요가 있습니다.

☑ 인터페이스 분리 원칙(ISP)

> 사용하지 않는 메서드에 대한 의존을 클라이언트에게 강요해서는 안 된다.

인터페이스 분리 원칙(ISP)은 하나의 큰 인터페이스를 각 클라이언트가 실제로 필요로 하는 기능만 담아 더 작고 명확한 인터페이스들로 분리하자는 설계 원칙입니다.

구체적인 예를 들어 보겠습니다. [리스트 2.3.8]은 티켓 관리 도구를 예로 든 샘플입니다. 이 예에서는 Ticket이 추상 클래스가 아니라 인터페이스로 정의되어 있으며, 다섯 개의 추상 메서드를 포함하고 있습니다. 이를 구현한 클래스들로는 BugTicket, StoryTicket, IssueTicket이 있습니다.

리스트 2.3.8 ISP 적용 전 코드

```java
// src/main/java/sample/chap02/isp/before/Ticket.java
public interface Ticket {
    // 티켓 시작
```

```java
    void start();
    // 티켓 종료
    void close();
    // 담당자 할당
    void assign(String assignee);
    // 견적
    void estimate(int estimationPoint);
    // 실적 기록
    void record(int actualPoint);
}

// src/main/java/sample/chap02/isp/before/BugTicket.java
public class BugTicket implements Ticket {
    // 구현은 생략
}

// src/main/java/sample/chap02/isp/before/StoryTicket.java
public class StoryTicket implements Ticket {
    // 구현은 생략
}
// src/main/java/sample/chap02/isp/before/IssueTicket.java
public class IssueTicket implements Ticket {

    @Override
    public void estimate(int estimationPoint) {
        throw new UnsupportedOperationException();
    }

    @Override
    public void record(int actualPoint) {
        throw new UnsupportedOperationException();
    }

    // 다른 구현은 생략
}
```

요구사양에 따라 과제 티켓에 대해서는 견적이나 실적 기록을 처리하지 않는 것으로 가정합니다. 이에 따라 IssueTicket 클래스의 estimate 및 record 메서드는 UnsupportedOperationException를 발생시키도록 구현되어 있습니다.

티켓 관리 도구에 과제 티켓만을 다루는 기능이 있다고 상상해 봅시다. 이런 경우, 해당 기능에서는 IssueTicket만 취급하기 때문에 estimate 메서드나 record 같은 메서드는 불필요하고, 인터페이스에 포함되어 있다는 점이 오히려 방해가 될 수 있습니다.

참고로 Ticket 인터페이스를 사용하는 클라이언트 코드가 IssueTicket의 특성을 고려하지 않고 estimate나 record 메서드를 호출하면 예기치 않은 예외가 발생하게 되며, 이는 LSP 위반 사례로 해석할 수 있습니다.

ISP를 적용하여 인터페이스를 분리하면 [리스트 2.3.9]와 같이 됩니다.

리스트 2.3.9 ISP 적용 후 코드

```java
// src/main/java/sample/chap02/isp/after/Ticket.java
public interface Ticket {
    // 티켓 시작
    void start();
    // 티켓 종료
    void close();
    // 담당자 할당
    void assign(String assignee);
}

// src/main/java/sample/chap02/isp/after/Estimatable.java
public interface Estimatable {
    // 견적
    void estimate(int estimationPoint);
    // 실적 기록
    void record(int actualPoint);
}

// src/main/java/sample/chap02/isp/after/BugTicket.java
public class BugTicket implements Ticket, Estimatable {
```

```java
    // 구현은 생략
}

// src/main/java/sample/chap02/isp/after/StoryTicket.java
public class StoryTicket implements Ticket, Estimatable {
    // 구현은 생략
}

// src/main/java/sample/chap02/isp/after/IssueTicket.java
public class IssueTicket implements Ticket {
    // 구현은 생략
}
```

estimate 및 record 메서드를 Ticket 인터페이스에서 분리하고, 견적과 실적 기록을 수행하는 새로운 인터페이스 Estimatable로 정의했습니다. 이 인터페이스는 버그 티켓이나 스토리 티켓처럼 해당 기능이 필요한 클래스에만 적용됩니다.

이로써 BugTicket과 StoryTicket 클래스는 Ticket과 Estimatable 인터페이스를 모두 구현하고, IssueTicket 클래스는 Ticket 인터페이스만 구현하는 구조로 변경되었습니다.

인터페이스를 분리해 둔 덕분에 이후 견적이나 실적 기록에 대한 사양이 변경되어 Estimatable 인터페이스를 수정하게 되더라도, IssueTicket 클래스나 그와 관련된 클라이언트 코드는 영향을 받지 않게 됩니다.

앞서 살펴본 원칙과 비슷하지요? 맞습니다. 인터페이스 분리 원칙(ISP)은 처음에 다루었던 단일 책임 원칙(SRP)과 밀접한 연관이 있습니다.

☑ 의존성 역전 원칙(DIP)

　a. 상위 모듈은 하위 모듈에 의존해서는 안 된다. 두 모듈 모두 '추상'에 의존해야 한다.

b. '추상'은 구현의 세부 사항에 의존해서는 안 된다. 구현의 세부 사항이 '추상'에 의존해야 한다.

의존성 역전 원칙(DIP)은 SOLID 원칙 중에서도 다른 네 가지보다 더 높은 추상 레벨에서 이해해야 하는 원칙입니다. 컴포넌트나 모듈을 분할할 때 그들 사이의 의존 관계를 어떻게 설정할지, 즉 관계 구조 자체를 설계 대상으로 다루기 때문입니다.

OCP(개방-폐쇄 원칙)를 설명할 때 예로 들었던 초과근무수당 계산 클래스를 다시 떠올려보겠습니다. [그림 2.12]의 클래스 다이어그램은 OvertimePayCalculator, OvertimePayPolicy, RegularGradeOvertimePayPolicy, ManagerGradeOvertimePayPolicy를 상위 컴포넌트와 하위 컴포넌트로 구분한 구조를 보여줍니다. 여기서 컴포넌트는 Java의 패키지와 동일하다고 봐도 무방합니다.

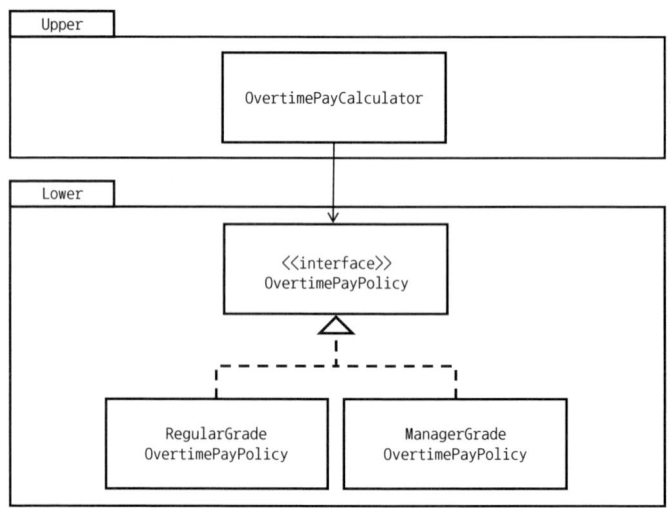

그림 2.12 DIP 적용 전의 클래스 다이어그램

이렇게 분할하면 상위에서 하위로 의존이 발생합니다. 예를 들어, OvertimePayCalculator가 OvertimePayPolicy를 사용해 초과근무수당을 계산하는 것은 이 프로그램의 상위 정책에 해당하며, RegularGradeOvertiemPayPolicy나 ManagerGradeOvertimePayPolicy가 제공하는 구체적인 계산 규칙은 구현의 세부 사항에 해당합니다. 이때 이 두 컴포넌트 간의 관계는 어디까지나 상대적인 것으로, 상황이나 관점에 따라 상위와 하위의 구분은 달라질 수 있습니다.

그러나 일반적으로는 상위 정책에 비해 하위 구현의 세부 사항이 더 자주 바뀌고 불안정하기 마련입니다. DIP는 이러한 구조에서 상위 모듈이 하위 변경의 영향을 받지 않으려는 동기에서 출발한 것입니다. DIP를 적용하여 컴포넌트를 분할하고 배치하면 [그림 2.13]과 같은 구조가 됩니다.

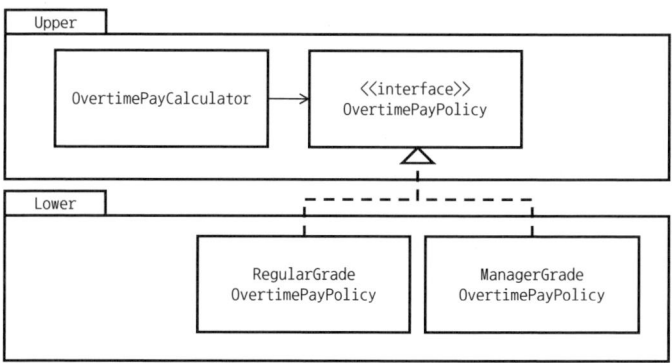

그림 2.13 DIP 적용 후 클래스 다이어그램

여기서 중요한 점은 OvertimePayPolicy를 상위 컴포넌트 쪽에 배치했다는 점입니다. 이로 인해 컴포넌트 간 의존 관계의 방향이 하위에서 상위로 역전되었습니다. 이 구조를 통해 상위 컴포넌트는 하위 컴포넌트의 존재를 전혀 의식하지 않고도 독립적으로 개발과 테스트를 진행할 수 있게 됩니다. 이 접근법은 클린 아키텍처clean architecture와 헥사고날 아키텍처hexagonal architecture 등 애플리케이션 아키텍처의 기초가 됩니다. 다양한 아키텍처 스타일에 대해서는 3장에서 자세히 다룹니다.

2.3.3 실천 방법

데이빗 스콧 번스타인이 집필한 책[12]에서는 설계 원칙을 준수하며 코드 품질을 개선하기 위해 제시된 실천 방법을 따르기를 권장합니다. 이 책에서는 실천 방법을 다음과 같이 정의하고 있습니다.

- 대부분의 경우에 가치가 있는 것
- 배우기 쉽고, 가르치기도 쉬운 것
- 복잡한 사고 과정 없이도 실행할 수 있을 만큼 단순한 것

이제 책에서 소개하는 실천 방법 중 하나인 클린 코드를 살펴보겠습니다.

☑ 클린 코드

클린(CLEAN) 코드는 각 글자가 나타내는 다섯 가지 코드 품질 기준을 충족함으로써 소프트웨어의 내부 품질을 높이는 것을 목표로 하는 실천 방법입니다.

- **C**ohesive (응집성)
- **L**oosely Coupled (느슨한 결합)
- **E**ncapsulated (캡슐화)
- **A**ssertive (단정적)
- **N**onredundant (비중복)

응집성Cohesive은 컴포넌트나 모듈에 포함된 구성 요소들이 기능적으로 서로 연관되고, 하나의 목적을 중심으로 정돈된 상태를 의미합니다. 즉, 필요한 것만으로 꽉 차 있고 불필요한 요소는 배제된 상태를 연상할 수 있습니다. 응집도가 높은 코드는 밀접하게 관련된 구성 요소가 모여 하나의 책임을 완수하는 구조를 갖습니다.

---

[12] 『Beyond Legacy Code: Nine Practices to Extend the Life (and Value) of Your Software』 (Pragmatic Bookshelf, 2015)

이러한 특성은 SOLID 원칙 중 단일 책임 원칙(SRP)과 긴밀하게 연결되어 있다고 할 수 있습니다.

느슨한 결합 Loosely coupled은 간접적인 의존성을 의미하며, 객체 지향 설계에서는 추상 클래스와 인터페이스를 통해 구현됩니다. 이는 SOLID의 개방-폐쇄 원칙(OCP)에서 추상화를 통해 확장성을 확보하려는 접근 방식과 같은 맥락에 있습니다.

캡슐화Encapsulated는 클라이언트가 관심을 가질 필요가 없는 세부 사항을 숨기는 것을 의미합니다. 클라이언트가 요구하는 것(What)과 이를 구현하는 방법(How)을 분리하면 코드 간 결합도가 낮아집니다. 기본적으로 내부 데이터를 감추고, 필요한 동작만 외부에 공개되도록 설계해야 결합도를 효과적으로 낮출 수 있습니다.

단정적Assertive이라는 것은 필요한 데이터와 동작을 한 곳에 보유하고 있어, 객체가 다른 객체에 과도하게 의존하지 않고 자신의 책임을 다할 수 있는 상태를 의미합니다.

비중복Nonredundant은 동일한 코드가 여러 곳에서 중복되지 않도록 하는 것을 뜻합니다.

이러한 코드 품질은 상호 연관되어 있으며, 하나의 품질을 개선하면 다른 품질도 자연스럽게 함께 개선된다고 알려져 있습니다. CLEAN이라는 기억하기 쉬운 단어로 구성되어 있으니, 이를 항상 염두에 두고 설계에 적극적으로 반영해 봅니다.

2.3.4 기타 주요 사항

이제까지 좋은 설계를 위한 원칙과 함께 적용하면 유용한 실천 방법들을 살펴보았습니다. 마지막으로 설계에 참고가 될 만한 몇 가지 사항을 덧붙여 소개합니다.

☑ 두 종류의 로직

소프트웨어의 동작을 구성하는 코드는 크게 핵심 로직과 프로세스 로직 두 가지로 나눌 수 있습니다.

먼저, 주문 등록 유스케이스에서 비즈니스 로직의 예를 살펴봅시다. '할인이나 배송료를 포함한 주문 금액 계산'과 같은 처리는 주문 객체의 동작으로 구현될 것입니다. 이렇게 업무에 대한 지식과 규칙을 직접적으로 담고 있는 코드가 핵심 로직입니다. 이는 비즈니스 로직 중에서도 **도메인 로직**domain logic이라고 불립니다.

반면 '주문 금액을 계산하고 결제 수단의 유효성을 확인한 후, 재고를 배정하고 마지막으로 주문을 등록하는' 일련의 흐름은 주문 등록 서비스의 동작으로 구현됩니다. 이와 같이 일련의 업무 처리 절차를 나타내는 것이 프로세스 로직입니다. 이는 비즈니스 로직 중에서도 **애플리케이션 서비스 로직**application service logic이라고 불리며, 여러 도메인 객체 간 동작을 적절히 조율하는 조정자 역할을 합니다.

일반적으로, 핵심 로직과 프로세스 로직의 역할을 명확히 분리하여 설계하면 코드의 가독성이 향상됩니다. 이러한 분리는 비즈니스 로직 계층뿐만 아니라, 모든 계층과 추상화 레벨에서도 동일하게 적용할 수 있습니다.

예를 들어 프레젠테이션 계층을 살펴보면, 클라이언트 요청을 처리하는 컨트롤러controller는 프로세스 로직에 해당합니다. 컨트롤러는 비즈니스 로직 계층의 서비스가 제공하는 핵심 로직을 호출하고, 화면 렌더링에 필요한 핵심 로직은 뷰view가 담당합니다. 이때 서비스 자체는 프로세스 로직으로 동작하지만, 컨트롤러 관점에서는 내부 구현이 숨겨져 있어 서비스를 핵심 로직을 제공하는 컴포넌트로 간주하게 됩니다(그림 2.9).

☑ 프랙탈 구조

단일 책임 원칙(SRP)에 따라 소프트웨어의 구성 요소에 단일 역할을 부여하면 코드의 응집도가 높아집니다. 그 결과 구성 요소 간 불필요한 의존관계가 줄어들고 결합도는 낮아집니다.

클래스 레벨에서 보면 응집도가 높다는 것은 클래스가 자신의 역할을 수행하는 데 필요한 변수와 메서드만 포함하고 불필요한 요소는 포함하지 않다는 뜻입니다. 또한 핵심 로직을 담당하는 클래스와 프로세스 로직을 담당하는 클래스가 존재합니다.

컴포넌트 레벨로 추상화 레벨을 높여 생각해 보면, 응집도가 높은 컴포넌트는 그 역할을 수행하기 위해 필요한 클래스만으로 구성되며 불필요한 클래스는 포함되지 않습니다. 마찬가지로 컴포넌트도 핵심 로직을 담당하는 컴포넌트와 프로세스 로직을 담당하는 컴포넌트로 나뉩니다.

추상화 레벨을 더욱 높여 모듈 레벨이나 아키텍처 레벨로 확장해도 동일한 원리가 적용됩니다. 이러한 점에서 소프트웨어는 프랙탈 구조fractal structure**13**를 취하고 있다고 볼 수 있습니다(그림 2.14).

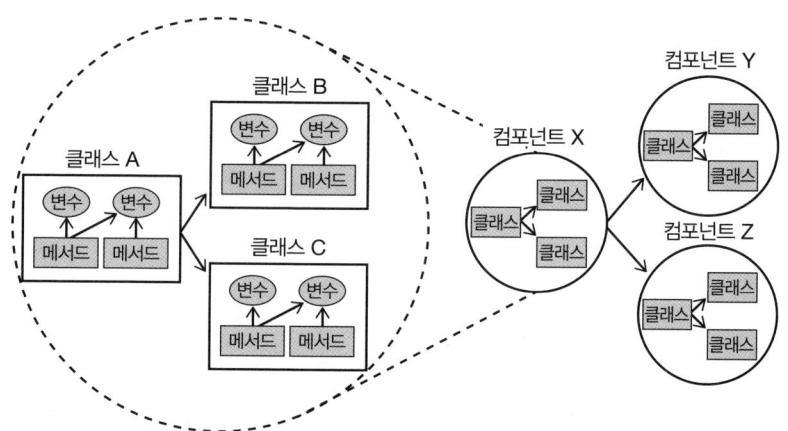

그림 2.14 소프트웨어의 프랙탈 구조

---

13 옮긴이_ 프랙탈은 일부의 작은 조각이 전체와 비슷하게 반복되는 기하학적 형태를 말하며, 이러한 자기 유사성(self-similarity)은 개발 구조에서도 하위 구조가 상위에 반복되는 방식으로 나타납니다.

이는 SOLID와 같은 클래스 수준 설계 원칙이 상위 추상화 레벨에서도 확장 가능하다는 점을 보여줍니다. 이를 위해서는 각 설계 원칙의 표면적인 실천 방법을 넘어, 그 본질을 이해하고 이를 일반화하여 사고할 수 있는 능력이 중요합니다.

2.4 설계 패턴

2.4.1 패턴

패턴이란 소프트웨어 설계 과정에서 자주 접하게 되는 문제에 대한 해결책이나 설계 접근 방식을 재사용 가능한 형식으로 정리한 것입니다. 이 분야의 선구자로 꼽히는 GoF가 집필한 『Design Patterns: Elements of Reusable Object-Oriented Software』[14]은 디자인 패턴 분야의 고전으로 다음과 같이 패턴을 정의합니다.

> 디자인 패턴은 객체 지향 시스템에서 중요하면서도 반복적으로 나타나는 설계 방식을 체계적으로 정리하고, 그에 이름을 붙이고 설명과 평가를 덧붙인 것이다.

패턴은 단순히 설계에만 한정되지 않고 분석과 구현, 더 나아가 개발 프로세스나 조직에 이르기까지 소프트웨어 개발 전반에서 발견되었으며, 이러한 내용은 다양한 문헌으로 정리되어 체계화되었습니다.

이번 절에서는 설계와 관련된 패턴들 중 디자인 패턴, 아키텍처 스타일, 그리고 아키텍처 패턴을 다뤄보겠습니다.

---

[14] 『GoF의 디자인 패턴: 재사용성을 지닌 객체지향 소프트웨어의 핵심요소(개정판)』 (프로텍미디어, 2021)

2.4.2 디자인 패턴

디자인 패턴이라고 하면 GoF의 디자인 패턴이 가장 널리 알려져 있습니다. [표 2.2]와 같이 '생성 패턴', '구조 패딘', '행동 패턴'의 세 가지로 분류되며, 총 23개의 패턴이 존재합니다.

표 2.2 GoF의 디자인 패턴

분류	패턴	
생성 패턴	• Abstract Factory 패턴 • Factory Method 패턴 • Singleton 패턴	• Builder 패턴 • Prototype 패턴
구조 패턴	• Adapter 패턴 • Composite 패턴 • Facade 패턴 • Proxy 패턴	• Bridge 패턴 • Decorator 패턴 • Flyweight 패턴
행동 패턴	• Chain of Responsibility 패턴 • Interpreter 패턴 • Mediator 패턴 • Observer 패턴 • Strategy 패턴 • Visitor 패턴	• Command 패턴 • Iterator 패턴 • Memento 패턴 • State 패턴 • Template Method 패턴

2.3절에서 SOLID 원칙을 설명할 때 사용된 초과근무수당 계산 예시는 사실 GoF의 디자인 패턴을 활용한 구조이기도 합니다.

이 예시에서는 개발-폐쇄 원칙(OCP)를 적용하여 코드에 확장성을 부여했으며, 그 결과 클래스 다이어그램은 [그림 2.15]와 같이 구성되었습니다.

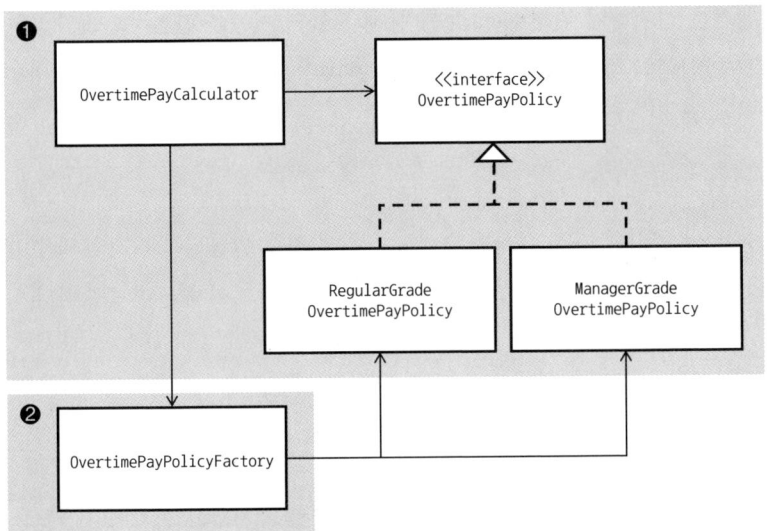

그림 2.15 OCP 적용 후의 클래스 다이어그램

❶이라고 음영 표기된 부분은 **Strategy 패턴**을 따릅니다. Strategy 패턴은 인터페이스를 도입하여 구체적인 알고리즘을 클라이언트로부터 분리합니다. 이를 통해 클라이언트가 추상에만 의존하고, 구현 세부 사항에는 영향을 받지 않게 만들어 알고리즘을 교체할 수 있는 유연성을 제공하는 것이 특징입니다.

또한 이 예에서 클라이언트인 OvertimePayCalculator는 OvertimePayPolicy 인터페이스의 구현 객체를 얻기 위해 OvertimePayPolicyFactory 클래스의 of 메서드를 호출하고 있습니다(❷라고 음영 표기된 부분). 이렇게 구체적인 객체 생성 방식을 추상화하여 클라이언트와 분리한 설계는 **Factory Method 패턴**을 적용한 사례에 해당합니다.

한 가지 더 살펴볼 점이 있습니다. 주문 등록 유스케이스 예에서 주문 컨트롤러 관점에서는 주문 등록 서비스 뒤에 있는 객체가 숨겨져 있다고 언급한 적이 있습니다. 이러한 구조는 **Facade(퍼사드) 패턴**이라고 합니다. Facade 패턴은 모듈을 구성하는 개별 컴포넌트에 클라이언트가 직접 접근할 경우 모듈 간 결합도가 높아지는 문제를 방지하기 위해 Facade를 통해 모듈의 기능을 간접적으로 제공하는 구조를 말합니다. 'Facade'는 건축물의 정면 부분을 뜻하는 프랑스어로, 내부 구조를 감춘 채 겉으로 드러난 외형만을 통해 기능을 제공한다는 의미를 담고 있습니다.

이처럼 SOLID 원칙에 따라 설계를 수행하기 위해 자주 활용되는 디자인 패턴이 존재합니다. 이러한 패턴은 설계의 정석처럼 활용되므로 기억해 두면 좋습니다.

2.4.3 아키텍처 스타일과 아키텍처 패턴

아키텍처 설계 단계에서 반복적으로 등장하는 문제를 해결하기 위한 방식으로는 아키텍처 스타일과 아키텍처 패턴이 있습니다. 두 용어에 대해 엄밀한 일반적 정의는 없으며, 동의어처럼 사용되는 경우도 많습니다. 두 개념을 통틀어서 아키텍처 패턴으로 이해해도 큰 문제는 없지만, 설계 관점에 차이가 있기 때문에 이를 구분하여 이해하는 것이 더 좋은 접근입니다. 각각에 대해 살펴보겠습니다.

☑ 아키텍처 스타일

아키텍처 스타일은 소프트웨어 소스 코드의 구성 방식과 상호작용에 대한 '포괄적인 구조'로 정의됩니다. 이는 전체적인 방침을 정하는 개념으로, 아키텍처 패턴보다 더 높은 추상도를 가진 상위 개념으로 이해할 수 있습니다.

『소프트웨어 아키텍처 101』(한빛미디어, 2021)에서는 [표 2.3]에서 소개된 다양한 아키텍처 스타일을 소개합니다.

표 2.3 아키텍처 스타일

분류	아키텍처 스타일
모놀리식	• 레이어드(layered) 아키텍처 • 파이프라인(pipeline) 아키텍처 • 마이크로커널(microkernel) 아키텍처
분산형	• 서비스 기반(service-based) 아키텍처 • 이벤트 기반(event-driven) 아키텍처 • 공간 기반(space-based) 아키텍처 • 서비스 지향(service oriented) 아키텍처 • 마이크로서비스(microservice) 아키텍처

여기서 주의할 점은 이러한 아키텍처 스타일마다 세분화의 정도가 반드시 동일하지 않다는 것입니다. 오히려 어떤 스타일은 다른 스타일과 개념적으로 완전히 독립적이거나, 때로는 상반될 수도 있습니다. 따라서 하나의 아키텍처 스타일만을 선택해 소프트웨어 아키텍처의 방향성으로 삼기보다는 여러 스타일의 개념을 조합하여 아키텍처 방침으로 채택하는 것이 더욱 효과적일 수 있습니다.

예를 들어, 분산 시스템에서는 마이크로서비스 아키텍처를 기반으로 삼으면서도, 각각의 독립된 서비스는 레이어드 아키텍처^{layered architecture}의 구조를 따르고, 일부 서비스는 확장성을 고려해 마이크로커널 아키텍처^{microkernel architecture}의 개념을 적용하는 식입니다.

이중에 몇 가지 아키텍처 스타일은 4장에서 자세히 다루겠습니다.

☑ 아키텍처 패턴

아키텍처 패턴은 특정 문제를 해결하기 위한 구조적인 설계 방식입니다. 이는 아키텍처 방침을 구체적인 코드로 구현하는 과정에서 적용되며 2.2절에서 언급한 네 가지 추상적 레벨 등 모듈 설계나 컴포넌트 설계에 해당하는 영역까지 포괄합니다.

『엔터프라이즈 애플리케이션 아키텍처 패턴』(위키북스, 2015)에서는 다양한 아키텍처 패턴을 소개합니다. 특히, 3계층 아키텍처의 각 계층의 설계 방침이 되는 아키텍처 패턴들이 체계적으로 정리되어 있습니다. 예를 들어, 도메인 계층(비즈니스 로직 계층)에는 아래와 같은 패턴이 제시되어 있습니다.

- 트랜잭션 스크립트
- 도메인 모델
- 테이블 모듈
- 서비스 레이어

각각의 패턴은 장점과 단점을 가지고 있습니다. 트랜잭션 스크립트 패턴transaction script pattern은 일련의 비즈니스 로직을 절차적으로 기술하는 방식입니다. 명확하고 단순한 구조가 가장 큰 장점도 있지만 로직이 중복되기 쉽다는 단점도 있습니다.

한편 도메인 모델 패턴domain model pattern은 동작과 데이터를 통합한 객체 모델을 구축하여 비즈니스 로직을 표현하는 방식입니다. 이 패턴은 로직 중복을 방지할 수 있고, 복잡한 비즈니스 규칙도 표현하기 쉽다는 장점이 있지만, 설계 난이도가 높으며 단순한 문제에 대해서는 과도한 설계가 될 수 있다는 점을 유의해야 합니다.

이처럼 각 패턴의 특징을 충분히 파악한 후, 해결하고자 하는 문제의 성격에 맞게 적절한 패턴을 선택하여 활용하는 것이 설계의 품질을 좌우하는 요소가 됩니다.

3장

아키텍처 설계

chapter 3

3.1 아키텍처 설계의 주요 개념

3.1.1 아키텍처의 정의

이번 장에서는 아키텍처 설계의 진행 방식을 설명합니다. 먼저, 아키텍처란 무엇이며 어떤 목표를 지향하는지 명확히 정의해 보겠습니다.

ISO/IEC/IEEE 42010:2011[1]에서는 아키텍처를 다음과 같이 정의합니다.[2]

> **정의** **Architecture**
>
> fundamental concepts or properties of a system in its environment embodied in its elements, relationships, and in the principles of its design and evolution

> **정의** **아키텍처**
>
> 시스템이 처한 환경 속에서 시스템의 요소, 관계, 그리고 설계와 발전의 원칙에 따라 구체화된 시스템의 기본 개념과 특성

조금 더 풀어서 설명하면 다음과 같습니다.

시스템은 특정 과제를 해결하고 사용자에게 가치를 제공하는 것을 목표로 합니

---

[1] https://www.iso.org/obp/ui/es/#iso:std:iso-iec-ieee:42010:ed-1:v1:en
[2] 최신 규격인 ISO/IEC/IEEE 42010:2022가 아닌 정의가 더 명확한 이전 버전 인용

다. 이를 위해서는 미리 갖춰야 할 특성이 있습니다. 이런 특성을 구현하는 과정이 바로 아키텍처입니다. 아키텍처는 시스템의 여러 구성 요소와 그들 사이의 관계로 이루어집니다. 즉, 소프트웨어를 어떻게 설계하고 앞으로 어떻게 발전시킬지를 결정하는 기본 원리와 원칙이 바로 아키텍처입니다.

이 책에서는 아키텍처를 [그림 3.1]의 네 가지 측면에 맞춰 살펴봅니다. 아키텍처 설계 과정을 따라 각각을 순서대로 알아보겠습니다.

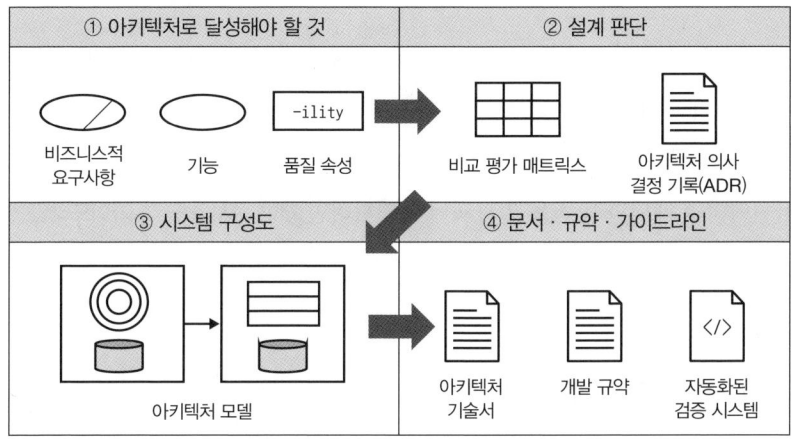

그림 3.1 아키텍처의 네 가지 측면

먼저, **아키텍처로 달성해야 할 것**에 대해 설명하겠습니다. 시작 단계부터 시스템이 누구를 위해, 어떤 목적으로 만들어지는지 구체화해야 합니다. 그렇지 않으면 아키텍처의 목적이 흔들릴 수 있고, 시스템이 기대한 대로 동작하지 않을 수 있기 때문입니다. 비즈니스적 요구사항과 그에 따라 도출된 기능 중 아키텍처에 영향을 미치는 요소를 선별하고 비기능적 요소 중에서도 품질에 영향을 주는 요소를 찾아냄으로써 아키텍처가 달성해야 할 목표를 명확히 설정합니다.

그 목표를 실제로 구현하기 위해 아키텍처를 구체적으로 선정하는 과정에서는 다양한 **설계 판단**을 내려야 합니다. 그래서 아키텍처를 '설계 과정에서 내려지는 일련의 선택들'로 보거나, '아키텍처는 트레이드오프trade-off'[3]라고 표현하기도 합니다. 아키텍처 선정에 이르게 된 판단의 근거나 이유는 기록으로 남기는 것이 중요합니다. 이렇게 기록한 것들이 향후 아키텍처를 발전시켜 나가는 과정에서 참고할 만한 자료가 되기 때문입니다.

여러 관점에서 이루어진 설계 판단의 결과로, 시스템이 어떤 구성 요소로 나뉘고 이들이 어떻게 상호작용하는지가 결정됩니다. 이러한 과정에서 형성된 논리적 구조를 도식으로 표현한 것이 바로 **시스템 구성도**입니다.

시스템 구성도는 개발할 소프트웨어의 주요 개념과 기본 방침을 나타냅니다. 이를 구체화하기 위해 소스 코드로 변환하면, 비로소 동작 가능한 소프트웨어 시스템이 완성됩니다. 특히 대규모 시스템에서는 여러 개발자가 함께 작업하게 되므로, 아키텍처의 개념과 방침을 일관되게 유지하려면 **개발 문서와 규약, 가이드라인**을 체계적으로 갖추는 것이 중요합니다.

3.1.2 아키텍처 설계 작업

아키텍처 설계에서 이루어지는 작업들을 살펴보면 [표 3.1]과 같습니다. 이러한 작업들은 반드시 워터폴 방식으로 순차적으로 진행하지 않아도 되고, 실제로는 반복 과정을 거치며 진행됩니다. 아키텍처는 애플리케이션 개발에 앞서 결정되어야 하므로, 프로젝트 초기 단계부터 설계를 시작해야 합니다.

워터폴 개발 과정에서는 요구사항을 정의하는 단계에서 이러한 과정을 수행합니다. 반면, 애자일 개발 과정에서는 초기 몇 번의 이터레이션에서 집중적으로 이를 진행하게 됩니다. 각 작업의 세부 사항은 다음 절에서 설명하겠습니다.

---

3 옮긴이_ 트레이드오프는 어떤 것을 얻기 위해 다른 것을 포기해야 하는 설계 상의 판단 과정을 말합니다.

표 3.1 아키텍처 설계 작업

작업	주요 내용	산출물 예시
핵심 아키텍처 요구사항 도출	• 요구사항 분석, 정리 • 아키텍처 드라이버 선정	• 아키텍처 드라이버 목록 (선정 과정에서 도출된 결과물) • 품질 속성 시나리오
아키텍처 선정	• 아키텍처 패턴의 활용 여부 검토 • 트레이드오프 분석 · 비교 평가	• 아키텍처 모델 • 비교 평가 매트릭스 • 아키텍처 프로토타입 • 아키텍처 의사 결정 기록(ADR)
아키텍처 문서화	• 아키텍처 관련 문서 작성	• 아키텍처 기술서 • 각종 규약 · 가이드라인

> **COLUMN**
>
> ### 사례 연구
>
> 이해를 돕기 위해 가상의 소프트웨어 개발 프로젝트를 사례로 설명하겠습니다. 이 프로젝트에 대한 요구사항은 아래와 같습니다.
>
> **프로젝트 개요**
>
> 이 프로젝트는 전체 그룹사 약 20개, 직원 3만 명에 달하는 대기업의 경비 정산 시스템 개발을 목적으로 합니다. 일반적으로 경비 정산 업무는 SaaS나 패키지를 이용하는 경우가 많지만, 많은 직장인이 경비 정산을 해본 경험이 있어 업무를 쉽게 떠올릴 수 있다는 점에서 이 소재를 선정했습니다.
>
> **유스케이스**
>
> 주요한 유스케이스를 [그림 3.2]에 시각적으로 나타냈습니다.

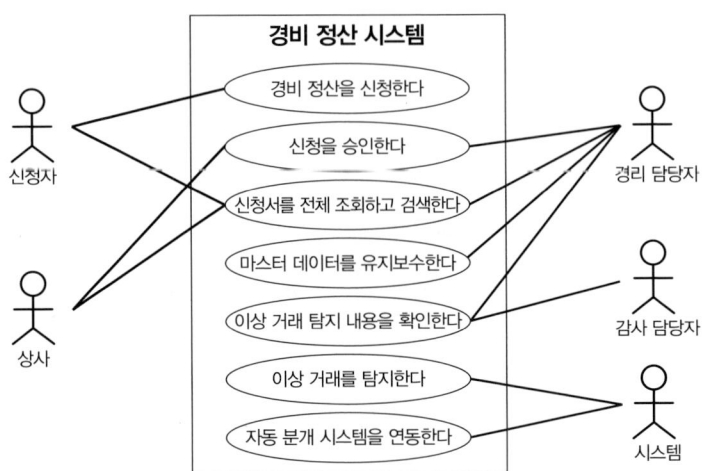

그림 3.2 경비 정산 시스템의 유스케이스

요구사항

주요한 기능상의 요구사항은 아래와 같습니다. (REQ-nn 형식으로 요구사항 관리 번호 표기)

- [REQ-11] 대납 비용을 정산하기 위한 신청과 승인을 할 수 있다. (교통비, 국내외 출장여비, 접대비, 일반 경비)
- [REQ-12] 그룹사별 사내 규정에 따라 신청서 항목과 입력 검증 방식을 커스터마이징할 수 있다.
- [REQ-13] 교통비 경로 탐색을 할 수 있다. (외부 서비스 이용)
- [REQ-14] 최종 승인된 경비 정산 신청 데이터를 기준으로 회계 분개 데이터를 작성하고, 이를 회계 ERP에 자동 연동할 수 있다.
- [REQ-15] 신청된 경비 정산 신청 데이터를 대상으로 이상 거래 여부를 검사할 수 있다. (머신 러닝을 통한 패턴 감지 및 규칙 위반 사항에 대한 감지 포함)
- [REQ-16] 워크플로 처리는 경비 정산뿐만 아니라 인사 총무 등 다양한 업무에도 활용할 수 있도록 공통 워크플로 엔진으로 구성한다.
- [REQ-17] 신청서에 첨부된 증빙(영수증이나 청구서)에 타임스탬프를 부여하여 전자문서 및 전자거래기본법 요건에 맞춰 관리한다.

또 주요한 비기능적 요구사항은 아래와 같습니다.

- [REQ-21] SSO(Single Sign-On)로 로그인 인증이 가능하도록 한다.
- [REQ-22] 사용자 역할에 따라 이용 가능한 기능을 제한한다.
- [REQ-23] 사용자 역할에 따라 데이터 열람 가능 범위를 제한한다.
- [REQ-24] 신청과 승인은 스마트폰이나 태블릿 단말기에서도 가능하도록 한다.
- [REQ-25] 사용자는 각 그룹사를 포함해 약 3만 명의 직원으로 한다.
- [REQ-26] 월말과 월초에 신청과 승인이 집중되는 상황(피크 타임에 시간당 약 1,000건 신청 예상)에서도 스트레스 없이 시스템을 이용할 수 있도록 한다.

3.2 아키텍처 드라이버의 핵심 사항

3.2.1 아키텍처 드라이버

시스템의 구조를 검토할 때 중요한 고려 사항이 되는 요구 사항을 **아키텍처 드라이버**architectural driver라고 합니다. 이러한 드라이버는 다음 네 가지로 분류할 수 있습니다. 제약constraint, 품질 속성quality attribute, 영향력 있는 기능 요구사항functional requirements, 그리고 기타 영향을 미치는 요소입니다. 아키텍트는 시스템의 요구를 분석하는 과정에서 주요 요구사항이 되는 항목들을 수집하고 정리합니다. 이러한 항목들을 [그림 3.3]과 같이 정리해 볼 수 있습니다.

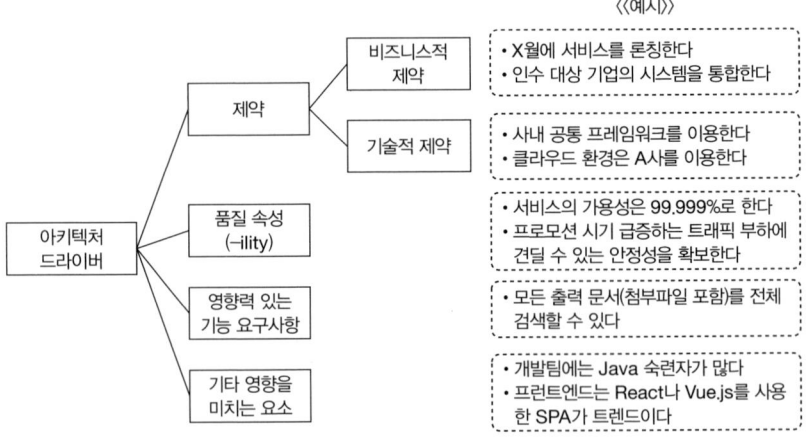

그림 3.3 아키텍처 드라이버

3.2.2 제약

제약은 시스템의 개발부터 운영 환경에 배포되기까지의 전 과정에 부과되는 특정 조건을 의미하며, 비즈니스적 제약과 기술적 제약으로 구분됩니다.

비즈니스적 제약에는 프로젝트의 예산, 일정 등이 있습니다. 또한 운영 단계에서는 유지보수 및 관리에 대한 비용을 고려해야 하는 경우도 있으며, 외부 환경으로부터 영향을 받는 비즈니스 제약도 존재합니다. 예를 들어, 법적 규제를 지키기 위해 정해진 기한 내에 서비스를 출시해야 할 수도 있고, 업계 표준을 따르지 않으면 경쟁에서 불리해질 위험도 있습니다.

기술적 제약이란 사용해야 하는 프로그래밍 언어, 라이브러리, 프레임워크, 개발 환경 등에 대한 조건을 뜻합니다. 일부 기업에서는 IT 정책을 통해 이러한 기술적 요구사항을 명확히 정하거나, 특정 기술을 권장하는 경우도 있습니다.

구체적인 예로 경비 정산 사례 연구를 [표 3.2]와 같이 정리했습니다.

표 3.2 제약 예시

유형	제약 사항	이유 (제약 배경)
비즈니스	내년 초에 시스템을 릴리스한다	현재 이용 중인 패키지가 EOS[end of support](공식 지원 종료) 상태가 되므로, 새로운 시스템에서 경비 정산을 해야 함
기술	RDBMS는 PostgreSQL을 채택한다	전사 DBA팀, 공통 DBA팀의 지원 가능
	A사의 클라우드 환경에서 운영한다	클라우드 비용 최적화 옵션을 통해 더 낮은 요금으로 운영 가능

3.2.3 품질 속성

소프트웨어는 이용자의 요구사항을 충분히 만족할 수 있는 품질을 갖추어야 합니다. 소프트웨어 품질에는 성능이나 사용 편의성처럼 사용자가 직접 이용하고 인식할 수 있는 **외부 품질**과 유지보수의 용이성과 같이 사용자에게 드러나지 않는 **내부 품질**이 있습니다.

☑ 품질 모델

소프트웨어 품질을 측정 가능한 속성으로 정의한 것이 바로 **품질 속성**quality attribute입니다. 이러한 품질 속성을 정리하고 분류한 품질 모델로 KS X 25010(ISO/IEC 25010:2011)[4]이라는 표준 규격이 있습니다(그림 3.4). 이 모델에서는 '기능 적합성', '수행 효율성' 등 8개 항목을 품질 속성, 그 아래에 나열된 '기능 성숙도', '시간 반응성' 등을 품질 부속성sub-quality attribute으로 분류합니다.[5]

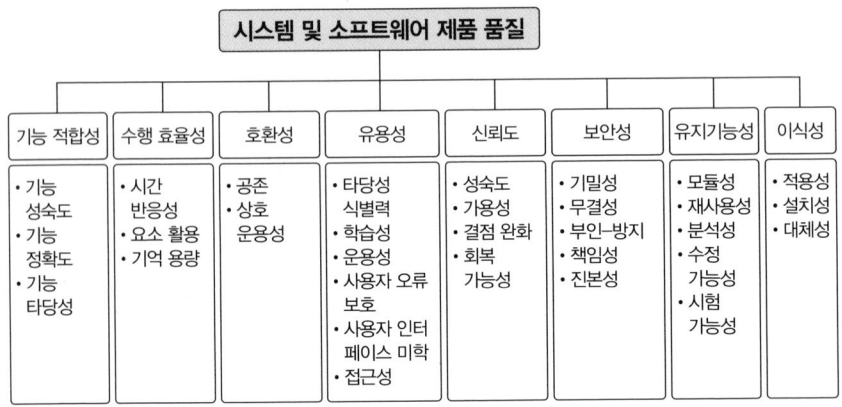

그림 3.4 품질 모델 (KS X 25010)

---

4 정보응용기술 기술심의회 『KS x ISO/IEC 25010 시스템 및 소프트웨어 공학 – 시스템 및 소프트웨어 품질 요구사항 및 평가(SQuaRE) – 시스템 및 소프트웨어 품질 모델』

5 품질 속성에는 availability(가용성), reliability(신뢰도)처럼 '-ility'로 끝나는 단어가 많아, 보통 '-성', '-도'로 표현됩니다.

☑ 품질 속성 선정

수많은 품질 속성 중에서 자신이 설계하는 아키텍처에 특히 중요한 요소, 즉 아키텍처 드라이버가 되는 품질 속성을 명확히 지정해야 합니다. KS X 25010에서 정의한 8개의 품질 속성 중 기능 적합성functional suitability은 주로 애플리케이션 기능으로 구현되며, 유용성usability은 주로 UX나 UI를 통해 구현됩니다. 따라서 아키텍처 관점에서는 나머지 6개 품질 속성을 중심으로 검토해 나가면 됩니다. 이제부터 각 품질 속성을 차례로 살펴보겠습니다.

☑ 수행 효율성

수행 효율성performance efficiency은 시스템의 성능을 나타내는 품질 속성으로, 처리 응답 시간과 처리량(시간 반응성time behavior), 시스템 리소스 크기(기억 용량capacity) 등의 품질 부속성을 포함합니다.

이러한 품질 속성은 외주 개발 프로젝트의 경우, RFPrequest for proposal **6**에 비기능 요구사항으로 명시되어 있는 경우가 많습니다. 명확하게 정의된 비기능 요구사항이 없을 경우, 현재 운영 중인 업무나 시스템의 트랜잭션량을 기준으로 추정하거나 비즈니스의 향후 확장 계획을 고려하여 요구 수준을 결정합니다.

또한, 동시 트랜잭션 수가 매우 많거나 방대한 양의 데이터를 처리해야 하는 경우 기술적 위험이 있다면, 수행 효율성은 아키텍처 드라이버 후보가 될 것입니다. 실제 위험으로 간주할지는 설계자나 조직의 과거 경험에 따라 달라집니다.

☑ 호환성

호환성compatibility은 여러 시스템이 다른 시스템에 영향을 주지 않으면서 환경과 자

---

6 옮긴이_ RFP는 개발 의뢰를 위한 공식 요청서로, 발주자가 프로젝트 수행이나 서비스 개발을 위해 개발 공급업체에 제출합니다.

원을 공유할 수 있는지(공존$^{co\text{-}existence}$), 그리고 여러 시스템 간 연계가 원활하게 이루어질 수 있는지(상호 운용성^{Interoperability})을 평가하는 두 가지 품질 부속성으로 구성됩니다.

마이크로서비스처럼 여러 서브시스템으로 구성된 시스템에서는 이런 품질 속성이 매우 중요합니다. 또한 외부 시스템이나 서비스와 연계할 때 기술적 위험이 존재한다면 아키텍처 설계 시 이를 반드시 고려해야 합니다. 특히 트랜잭션이 여러 시스템에 걸쳐 이루어지는 분산 트랜잭션이 필요한 경우 앞서 설명한 공존과 상호 운용성을 만족하도록 구현 방법을 검토하고 검증해야 합니다. 따라서 이를 아키텍처 드라이버로 인식하는 것이 중요합니다.

☑ 신뢰도

신뢰도^{reliability}는 시스템을 안정적으로 이용할 수 있는 정도를 나타내는 품질 속성입니다. 시스템이 필요할 때 상시 이용 가능한지(가용성^{availability}), 설령 일부에서 장애가 발생해도 시스템의 운용이 계속 가능한지(결점 완화$^{fault\ tolerance}$), 만일 시스템이 다운되었을 때 적절한 시간 내에 정상적인 상태로 복구할 수 있는지(회복 가능성^{recoverbility})와 같은 품질 부속성을 가집니다.

얼마나 높은 수준의 가용성과 결함 완화가 필요한지, 그리고 이를 위해 어느 정도의 시스템 중복화가 필요한지는 업무의 중요도에 따라 다릅니다. 주문 및 출하와 같은 핵심 업무가 중단되면 판매 기회 손실로 이어지기 때문에 높은 수준의 가용성과 결함 완화가 요구됩니다. 반면, 주변 정보 시스템이라면 상대적으로 허용 범위가 넓을 수 있습니다. B2B나 B2C 서비스의 경우 SLA$^{Service\ Level\ Agreement}$[7]에 따라 요구되는 품질 수준이 사전에 명시되며, 이를 충족하지 못하면 이용 금액 감액이나 환불 등의 보상이 필요할 수 있습니다.

---

[7] 옮긴이_ SLA는 서비스 제공업체와 고객 간에 서비스의 품질 수준을 합의한 계약을 의미합니다.

설계자나 조직의 과거 경험에 비추어 기술적 위험이 있다고 판단된다면, 신뢰도는 아키텍처 드라이버 후보가 됩니다.

☑ 보안성

보안성security은 시스템이 취급하는 정보와 데이터를 안전하게 보호할 수 있는 정도를 나타내는 품질 속성입니다. 사용자가 허가된 정보와 데이터에만 접근할 수 있는지(기밀성confidentiality), 정보와 데이터를 부정 접근으로부터 보호하고 완전한 상태로 유지할 수 있는지(무결성integrity)와 같은 품질 부속성을 가집니다.

보안 요구 수준은 취급하는 정보와 데이터가 얼마나 기밀한지, 그리고 정보 유출 등 중대한 보안 사고 발생 시 예상되는 손실 규모에 따라 달라집니다. 신용카드 정보 등 사용자의 개인정보 유출 사례는 안타깝게도 빈번하게 발생하고 있으며, 이러한 사고가 발생하면 기업은 손해배상 책임이나 형사 처벌을 받을 수 있을 뿐만 아니라 기업 신뢰도 저하 등 비즈니스에도 막대한 영향을 미칠 수 있습니다. 또한 '개인정보 보호법'이나 '전자문서 및 전자거래 기본법' 등 법률에서 정한 보안 요건을 충족하는 것이 필수적인 경우도 있으므로, 시스템이 취급하는 정보와 데이터의 종류를 정확히 파악해야 합니다.

이와 같은 사항을 종합하여 고려해 보면 어떤 시스템을 개발하든간에 보안 요건을 철저히 정리해야 하며, 특히 주의가 필요한 보안 요건은 아키텍처 드라이버로서 인식해야 합니다.

☑ 유지 가능성

유지 가능성maintainability은 시스템의 수정, 보수, 확장이 얼마나 효율적이고 용이한지를 나타내는 품질 속성입니다. 적절한 구성 요소로 분해되어 있는지(모듈성modularity), 성능 저하 등의 문제 없이 효율적으로 소스 코드를 수정할 수 있는지

(수정 가능성modifiability), 유효성이 높은 테스트를 효율적으로 수행할 수 있는지 (시험 가능성testability)와 같은 품질 부속성을 가집니다.

이러한 품질 속성은 내부 품질에 해당합니다. 따라서 RFP에 명시되거나 발주자나 시스템 소유자가 요구사항으로 지정하는 경우는 많지 않습니다. 하지만 소프트웨어의 **총소유비용**total cost of ownership(TCO)[8] 관점에서 유지 가능성은 매우 중요한 요소입니다. **아키텍트는 전문성과 직업적 책임감을 바탕으로 유지 가능성과 관련된 적절한 목표를 설정해야 합니다.**

시스템의 수명이 길수록 유지 가능성이 TCO에 미치는 영향은 더욱 커집니다. 다만 일정 기간만 이용하는 시스템이나 한 번 개발된 후 거의 변경되지 않는 시스템이라면, 그다지 높은 유지 가능성을 요구하지 않을 수도 있습니다.

유지 가능성에서 분석성이라는 품질 부속성은 쉽게 간과될 수 있습니다. 분석성analyzability은 결함이나 장애가 발생했을 때 원인을 진단하는 용이성을 의미합니다. 이는 실제로 시스템을 유지보수하는 실무자(DevOps에서 Ops 역할을 맡는 운영 담당자)의 관점에서 고려해야 하며, 이에 따라 관련 이해관계자와의 소통도 필수적입니다.

최근에는 마이크로서비스 등 복잡한 시스템 환경에서 운영 상황을 가시화하여 시스템의 상태를 명확히 파악할 수 있는 **관찰 가능성**observability 개념이 더욱 중요해지고 있으며, 이를 지원하는 제품과 서비스도 증가하고 있습니다. 관찰 가능성은 KS X 25010의 품질 속성에는 포함되지 않지만 클라우드 기반 시스템 등 현대적 운영 환경에서 중요성이 커지고 있어, 알아두면 유용한 개념입니다.

☑ 이식성

이식성portability은 시스템을 다른 환경이나 플랫폼으로 쉽게 이전할 수 있는 정도

---

8   옮긴이_ 총소유비용은 시스템을 소유하고 사용하는 데 드는 전체 비용을 말합니다.

를 나타내는 품질 속성입니다. 설치 및 배포가 효율적으로 이루어지는지(설치성 installability), 같은 목적의 다른 제품 또는 제품의 새로운 버전으로 쉽게 대체할 수 있는지(대체성 replaceability) 등의 품질 부속성을 가집니다.

패키지 제품이나 서비스 개발 분야에서는 이러한 품질 속성이 중요합니다. 여러 마이크로서비스로 구성되어 하루에도 여러 번 배포가 이루어지는 시스템에서는 설치성이 높아야 합니다. 패키지 제품은 도입 시 개발된 애드온 add-on이 대체성을 저해할 위험이 있으므로, 아키텍처 설계 시 이를 회피하거나 완화할 수 있는지를 고려해야 합니다.

개별 시스템의 경우 로컬 환경에서 개발이나 디버깅을 수행한 후, 클라우드 환경에 배포하여 테스트하는 과정이 일반적이므로 설치성을 충분히 고려하는 것이 좋습니다.

3.2.4 품질 속성 적용 사례

지금까지 설명한 관점을 바탕으로 아키텍처 설계 시 중요하게 고려되는 품질 속성들을 실제 사례를 통해 어떻게 적용하고 해석할 수 있는지를 알아봅니다. [표 3.3]은 특정 사례에 기반해 품질 속성을 평가하고 설명한 예시입니다.

표 3.3 품질 속성의 적용 예시

품질 속성	품질 부속성	적용 예시
수행 효율성	시간 반응성	• 월말이나 월초에 신청이 집중되는 시간대에도 단위 시간당 일정량을 처리할 수 있어야 함 • 특히 경리 담당자는 많은 회계 내역을 처리해야 하기 때문에 응답 속도가 저하되지 않아야 함
호환성	상호 운용성	• 회계 ERP나 경로 탐색 서비스와의 연동이 필요함 • 워크플로 workflow 엔진을 공통 서비스로 구현하여 제공하고, 이를 각 시스템과 연동해야 함

품질 속성	품질 부속성	적용 예시
보안성	기밀성	• 역할 기반 액세스 제어 기능과 데이터 접근 권한 관리가 필요함
보안성	무결성	• 전자문서 및 전자거래기본법을 준수하여 증빙의 위·변조를 방지해야 함
유지 가능성	분석성	• 시스템 장애나 애플리케이션 장애가 발생했을 때, 로그를 추적하여 원인을 명확히 파악할 수 있어야 함
유지 가능성	수정 가능성	• 변경 요구에 유연하게 대응할 수 있으며, 커스터마이징이 쉽고 변경이 용이해야 함

3.2.5 품질 속성 시나리오

품질 속성은 품질을 평가할 수 있도록 측정 가능한 기준으로 구성됩니다. 따라서 어느 수준까지 충족해야 하는지를 분명하게 정의하는 것이 중요합니다. 이를 위해 시스템이 특정 환경이나 상황에서 구체적으로 어떻게 동작해야 하는지를 시나리오 형식으로 기술하는 방법이 있으며, 이를 **품질 속성 시나리오**[9]라고 합니다.

품질 속성 시나리오에서는 외부 입력(이벤트), 요청 주체, 적용 대상, 처리 결과, 결과 측정, 환경의 여섯 가지 요소를 사용하여 시나리오를 기술합니다. [표 3.4]는 무결성에 대해 기술한 품질 속성 시나리오 예시입니다.

표 3.4 무결성 품질 속성 시나리오 예시

시나리오 요소	요소 설명	사례 시나리오
외부 입력	시스템에 응답을 요구하는 이벤트 (예) 사용자 조작, API 호출)	경비 정산 신청서에 증빙(영수증, 청구서)으로 이미지 또는 PDF 파일 첨부
요청 주체	시스템에 외부 입력 주체(엔티티) (예) 사용자, 시스템)	사용자(신청자)

---

[9] 『소프트웨어 아키텍처 이론과 실제』 (에이콘출판, 2022)

시나리오 요소	요소 설명	사례 시나리오
적용 대상	외부 입력(증빙 첨부 요청)을 처리하는 시스템 또는 시스템의 일부	경비 정산 서비스
처리 결과	외부 입력의 결과로 시스템에 나타나는 관찰 가능한 동작	디지털 서명으로서 타임스탬프가 부여된 증빙 파일이 생성되고, 증빙 관리 서비스에 저장됨
결과 측정	산출물이 목표를 달성했는지 여부를 판단하기 위한 기준	신청 후 1시간 이내에 모든 첨부 증빙 파일에 타임스탬프가 부여됨
환경	시스템을 둘러싼 환경 조건	월말, 월초의 피크 타임

품질 속성 시나리오는 형식적인 틀이 있지만 반드시 이를 따르지 않아도 됩니다. 여섯 가지 요소 중 필요한 요소만 골라서 기술해도 무방합니다. 응답 측정 조건은 가급적 정량적으로 기술하는 것이 좋지만, 일부 품질 속성은 정량적으로 표현하기 어려울 수도 있습니다. 이러한 경우에는 정성적 기준을 기술하되, 구체적인 예를 추가하는 등 알기 쉽게 표현해야 합니다.

특히 중요한 것은 아키텍처 드라이버로 선정된 각 품질 속성의 달성 조건을 누구나 오해 없이 명확하게 이해할 수 있도록 기술하고, 이해관계자 간의 합의를 얻는 것입니다.

3.2.6 영향력 있는 기능 요구사항

KS X 25010에서 정의한 8가지 품질 속성 중 기능 적합성은 주로 애플리케이션 기능으로 구현된다고 앞서 설명한 바 있습니다. 이 과정에서는 유스케이스 형식으로 애플리케이션의 동작을 정의하고, 그에 따라 필요한 기능을 구현하게 됩니다. 그러나 일부 기능 요구사항은 아키텍처 설계에 직접적인 영향을 줄 수 있어, 추가적인 고려가 필요할 수 있습니다.

앞서 예로 든 사례 연구에서의 기능 요구사항을 살펴보겠습니다.

> **[REQ-12]**
> 그룹사별 사내 규정에 따라 신청서 항목과 입력 검증 방식을 커스터마이징할 수 있다.

이 요구사항을 심층 분석한 결과, 그룹사 IT 담당자가 자사의 사내 규정에 맞춰 신청 화면의 항목을 직접 구성할 수 있는 기능이 필요했습니다. 구체적으로는 드래그 앤 드롭을 통해 항목의 정렬 순서를 변경하거나, 항목을 추가 및 삭제할 수 있어야 하며, 경우에 따라 스크립트를 삽입하여 입력값의 유효성을 검증하는 기능도 요구되었습니다.

이 분석을 바탕으로, 아키텍트는 [표 3.5]와 같이 아키텍처 드라이버로 인식한 기능 요구사항을 정리했습니다.

표 3.5 아키텍처에 영향을 주는 기능 요구사항 예시

기능 요구 번호	세부 항목	주요 검토 사항
REQ-12	• 드래그 앤 드롭으로 신청 화면을 커스터마이징할 수 있는 기능	• 프런트엔드 구현 검증 • 사용할 라이브러리 선정
REQ-12	• 입력값 유효성 검증용 스크립트 내장 기능	• 사용 가능한 스크립트 언어 선정 • 실행을 위한 런타임 라이브러리 선정 • 보안 측면도 고려 필요

아키텍처 설계에 영향을 미치는 기능 요구사항을 올바르게 식별하려면, 아키텍트는 비기능 요구사항뿐만 아니라 기능 요구사항도 면밀히 검토해야 합니다. 유스케이스 목록과 각 유스케이스 개요를 미리 파악하고, 궁금한 점이 있으면 업무팀 담당자와 논의를 거쳐 요구사항을 심층적으로 파악해야 합니다. 이런 과정을 통해 해당 기능 요구사항을 아키텍처 드라이버로 포함할 필요가 있는지 신중히 판단합니다.

3.2.7 그 외 영향을 미치는 요소

제약, 품질 속성, 영향력 있는 기능 요구사항 외에도 아키텍처에 영향을 미치는 요소들이 있습니다. 그중 하나가 아키텍트와 개발팀의 지식과 기술 수준 그리고 과거 경험입니다. 누구나 새롭고 획기적인 기술을 활용해 더 뛰어난 소프트웨어를 개발하고 싶어 합니다. 그러나 모든 부분에 신기술을 도입하는 것에는 기술적 리스크가 있으며 실패 가능성이 크므로 신중하게 접근해야 합니다. 신기술을 도입할 때는 최소한의 검증을 거쳤는지 혹은 사내 다른 팀에서 사용한 사례가 있는지 사전에 리스크를 대비할 방안이 있는지 검토해야 합니다. 또한 아키텍트가 함수형 언어에 대한 깊은 지식을 가지고 있고 해당 기술이 도메인에 적합하더라도 팀원들이 객체 지향 언어만을 다룰 수 있어 개발팀을 구성할 수 없다면 이 역시 리스크가 될 수 있습니다.

기술 트렌드를 지속적으로 파악하는 것 역시 중요합니다. 특정 기술, 언어, 프레임워크, 라이브러리가 인기를 얻는 데에는 그만한 이유가 있으며 이를 적절히 채택하면 개발 프로세스를 개선하고 소프트웨어의 경쟁력과 품질을 높이는 효과를 기대할 수 있습니다. 인재 시장에서 개발자를 유치하는 데 유리한 장점도 있습니다.

한편 갑자기 오픈소스 제품이 유지보수 지원이 중단되거나 라이선스가 유료로 전환될 가능성도 있는데 이 점도 고려해야 합니다. 뿐만 아니라 해당 기술에 대한 문서 정보가 충분하지 않거나 자료가 부족하여 예상보다 많은 개발 비용과 시간이 소요되는 경우도 있습니다. 이런 여러 리스크도 포함해 종합적으로 판단해야 합니다.

사례 연구를 통해 이러한 요소들을 정리하면 다음 [표 3.6]과 같습니다.

표 3.6 기타 영향을 미치는 요소의 예시

항목	기술 선택 고려사항
백엔드 기술	• Java/Spring Framework 개발자가 많고, 사내에도 적용 사례가 풍부함 • 부정 탐지 시스템은 기계 학습에 적합한 Python을 후보로 고려(외부에서 기술 컨설턴트 초빙 예정)
프런트엔드 기술	• React, Vue.js, Svelte 등의 프레임워크가 인기가 높음 • A 개발자는 이전 프로젝트에서 프런트엔드 테크 리더를 맡았고, 개발 행사에서 발표하는 등 Vue.js에 대해 깊은 지식을 갖추고 있음
마이크로서비스	• 여러 마이크로서비스로 시스템을 구축하고, Docker/Kubernetes 환경에서 운영 중인 사내 사례가 존재함 • 장단점을 살펴보고 논의를 거쳐 채택 여부를 검토할 예정

3.3 시스템 아키텍처 선정

3.3.1 아키텍처 선정 시 주요 고려 사항

도출된 아키텍처 드라이버를 기반으로 최적의 아키텍처를 결정합니다. 각 제약 조건을 충족하는 방법과 품질 속성을 반영하는 방안을 검토하여 최적의 아키텍처 구조를 정립해 나갑니다.

이 과정에서 중요한 설계 포인트는 다음과 같습니다.

- 아키텍처 선정은 트레이드오프 과정임을 인식한다.
- 아키텍처 패턴을 활용한다.

☑ 아키텍처 선정은 트레이드오프다

모든 품질 속성에서 만점을 받는 아키텍처를 개발하는 것은 사실상 불가능합니다. 설령 가능하더라도 막대한 비용과 시간이 소요될 것입니다. 따라서 우선적으로 고려해야 할 품질 속성을 선정하고, 이를 바탕으로 아키텍처 드라이버 목록을 정리해야 합니다.

각 아키텍처 드라이버를 만족하는 방법은 여러 가지가 있을 수 있으며, 선택지마다 장단점이 존재합니다. 어떤 방안을 채택할지 고민해야 하는 경우가 많습니다. 이러한 상황에서 아키텍트는 적절한 평가 기준을 정의한 후, 여러 대안을 비교 분석하여 종합적으로 가장 타당한 방안을 선택해야 합니다. 즉, 아키텍처 선정은 단순한 선택이 아니라 각 품질 속성을 조정하며 최적의 균형점을 신중히 찾아가는 트레이드오프 과정입니다. 이는 3.1절에서 설명한 아키텍처의 네 가지 측면 중 하나인 **설계 판단**에 해당합니다.

이 과정에서 사용한 평가 방법과 결과는 기록해 두어 나중에 다시 검토할 수 있도록 해야 합니다. 이를 위한 방법으로 '아키텍처 의사 결정 기록architecture decision record(ADR)'이 있는데, 이에 대한 자세한 내용은 3.5절에서 다룹니다.

☑ 아키텍처 패턴을 활용한다

2장에서 설계 패턴을 설명할 때, 아키텍처 설계 레벨에서의 패턴으로 아키텍처 스타일과 아키텍처 패턴이 있다고 언급했습니다. 이러한 패턴은 다양한 문헌에서 각 특징과 적합성, 사용 시 주의점 등을 포함하여 체계적으로 정리되어 있습니다.

아키텍트는 개발 업계의 선배들이 축적해온 자산으로서 이러한 패턴을 적극적으로 활용해야 합니다. 다만, 아키텍처 스타일과 아키텍처 패턴은 개념의 범위나 관점이 서로 다를 수 있습니다. 필자가 아는 범위에서는 이러한 차이를 명확히 구분하고 체계적으로 정리한 문헌이나 참고 자료는 없습니다.

아키텍트는 설계 과정에서 시점마다 주목하는 추상화 레벨과 관점에 따라, 적절한 패턴을 선택하는 요령을 익혀야 합니다. 추상화 레벨에는 시스템 전체, 애플리케이션이나 서비스 레벨, 모듈이나 컴포넌트 레벨 등 다양하며, 관점은 구조 중심인지 상호작용 중심인지에 따라 달라집니다.

이러한 점을 고려하여 이제부터는 구체적인 사례를 통해 설명하겠습니다.

3.3.2 ▶ 시스템 아키텍처 검토

우선 시스템 전체의 구조를 어떻게 설계할지, 즉 **시스템 아키텍처**를 검토합니다.

☑ 모놀리식 아키텍처와 분산형 아키텍처

설계의 첫 판단은 모놀리식 아키텍처를 선택할지 분산형 아키텍처를 선택할지 결정하는 것입니다. 2장에서 소개한 아키텍처 스타일도 이러한 관점에서 두 가지로 분류되었습니다(표 2.3).

모놀리식 아키텍처monolithic architecture는 시스템에 필요한 모든 기능을 하나의 대규모 애플리케이션으로 구축하는 방식입니다. 이러한 대규모 애플리케이션을 **모놀리스**monolith라고 부르며, 이는 '단일형'이라는 의미입니다.

분산형 아키텍처distributed architecture는 시스템의 기능을 여러 개로 분할하여 각각 독립적으로 배포할 수 있는 애플리케이션으로 구축하는 방식입니다. 분할된 애플리케이션은 필요에 따라 상호 연계됩니다. 분산형 아키텍처에서 개별 애플리케이션은 보통 **서비스**service로 불립니다.

두 아키텍처는 각기 다른 장단점이 있습니다.

☑ 모놀리식 아키텍처의 장점과 단점

모놀리스는 단순함이 가장 큰 특징이며, 다음과 같은 장점이 있습니다.

- 소스 코드의 관리, 빌드, 배포가 간편하다.
- 시스템 전체를 대상으로 테스트하기 쉽다.
- 트랜잭션이 단일 애플리케이션 내에서 완료되므로, 정합성consistency 유지에 용이하다.
- 기술 스택을 통일할 수 있어 IT 거버넌스governance 적용, 즉 시스템 전반의 통합 관리가 쉽다.

한편, 다음과 같은 단점도 있습니다.

- 빌드와 배포에 시간이 많이 걸린다.
- 모듈과 컴포넌트 간 의존성이 복잡해져 거대한 진흙 덩어리 패턴에 빠지기 쉬우며, 이로 인해 유지보수성이 저하될 수 있다.
- 작은 변경에도 전체 애플리케이션의 빌드와 배포가 필요하다.

- 일부 기능 부하나 충돌로 인해 시스템 전체에 위험(성능 저하, 정지 등)이 발생할 수 있다.
- 스케일링이 어렵고, 특히 단일 데이터베이스에서 병목^{bottleneck}이 발생하기 쉽다.
- 각 모듈 및 컴포넌트 구현에 필요한 라이브러리 사용으로 DLL 지옥(DLL hell, 버전 충돌 문제)이 발생하거나 종속성 오류가 생기기 쉽다.
- 단일 기술 스택은 구현과 기술 도입 모두에 제약이 될 수 있다.

☑ 분산형 아키텍처의 장점과 단점

분산형 아키텍처는 다음과 같은 장점이 있습니다.

- 빌드 및 배포 시간이 짧다.
- 서비스 단위로 독립적인 배포가 가능하여 시스템의 어질리티가 높아진다.
- 각 서비스의 소스 코드가 적어 유지보수하기 쉽다.
- 부하가 큰 서비스만 선별적으로 확장할 수 있다.
- 서비스별로 적합한 기술 스택과 데이터베이스를 사용할 수 있다.
- 서비스별로 최적의 애플리케이션 아키텍처를 채택할 수 있다.
- 서비스 단위로 재사용하기 쉽다.

한편, 다음과 같은 단점도 있습니다.

- 소스 코드와 버전 관리가 복잡해진다.
- 여러 서비스를 운영하며 상태를 모니터링하거나 장애 원인을 파악하기 어렵다.
- 트랜잭션이 여러 서비스를 넘나드는 경우, 데이터 정합성을 보장하기 어렵다.
- 서비스 간 통신이 오버헤드^{overhead}(처리 시간이나 리소스 소모 증가)되어 응답 속도를 떨어뜨릴 수 있다.
- 여러 서비스가 마스터 데이터^{master data}(공통 참조 정보)를 공유하는 과정에서 동기화 등 관리 이슈가 생기기 쉽다.
- 적절한 서비스 분할이 어렵고, 아키텍처 설계에 고도의 판단이 요구된다.

☑ 서비스 분할을 해야 할까?

이제 '모놀리식 아키텍처 vs 분산형 아키텍처' 중 어느 쪽을 선택할지에 대한 첫 번째 의사 결정으로 돌아가 보겠습니다.

분산형 아키텍처는 다양한 장점을 제공하지만, 서비스를 여러 개로 나누면 시스템에 새로운 복잡성이 발생합니다. 대부분의 단점이 이러한 복잡성에서 비롯됩니다.

따라서 모놀리식 아키텍처로 충분하다면 굳이 서비스를 분할할 이유가 없습니다. 소규모 시스템의 대부분은 모놀리스로 구축하는 것이 더 적합합니다. 그러나 모놀리식 아키텍처의 단점으로 인한 실질적인 피해가 허용할 수 없는 수준이라면 분산형 아키텍처를 고려해야 합니다.

실제로 일정 규모 이상의 복잡한 시스템에서는 서비스 분할이 필수적입니다. 예를 들어 기존 업무 시스템에서도 온라인 처리(실시간 처리)와 배치 처리(주기적 일괄 처리 batch processing)가 분리된 경우가 많습니다(그림 3.5). 이렇게 분할하는 이유는 다음과 같습니다.

먼저 온라인 처리와 배치 처리는 각 처리 방식에서 크게 차이가 있습니다. 배치 batch(한 묶음) 처리는 대량의 데이터를 한 번에 읽고 쓰므로 메모리나 I/O input/output(입출력) 리소스를 많이 소모합니다. 반면 온라인 처리는 개별 데이터 처리량은 적지만 다수의 요청을 동시에 처리해야 해서 많은 스레드를 사용합니다. 각 처리 방식에 적합한 컴퓨팅 리소스를 배치하여 처리량을 높이고 배치 처리로 인한 온라인 성능 저하를(예: 응답 속도 지연 등) 최소화하려는 것이 분할의 주요 이유입니다.

또한 온라인 처리 구현에 사용하는 프로그래밍 언어나 프레임워크에서는 배치 처리의 구현 비용이 높거나 성능 요구를 충족하기 어려울 수 있어 기술 스택을 변경해야 하는 상황이 발생할 수도 있습니다.

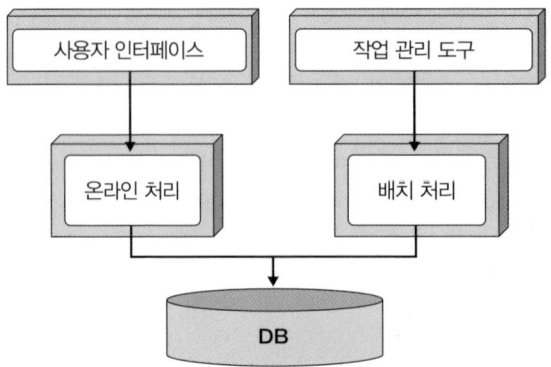

그림 3.5 기존 시스템에서 많이 사용된 기본 아키텍처

3.3.3 분산형 아키텍처의 대표적 설계 패턴

시스템을 여러 서비스로 분할하여 분산형 아키텍처로 구성하기로 결정했다면, 다음으로는 어떻게 서비스를 나눌 것인지 구체적인 분할 방식을 검토합니다. 이때, 아키텍처 스타일을 참고할 수 있습니다. 분산형 아키텍처에 속하는 여러 아키텍처 스타일 중 대표적인 예로는 서비스 기반 아키텍처service-based architecture(SBA)와 마이크로서비스 아키텍처microservices architecture(MSA)가 있습니다.

☑ 서비스 기반 아키텍처

서비스 기반 아키텍처[10]의 기본적인 시스템 구성은 [그림 3.6]과 같습니다. 서비스 기반 아키텍처에서는 시스템을 구성하는 여러 서비스가 단일 데이터베이스를 공유하는 것이 기본적인 방식입니다. 또한 각 서비스는 비교적 큰 단위로 구성되며, 트랜잭션은 단일 서비스 내에서 완료됩니다. 즉, 트랜잭션 경계는 각 서비스 내에서 유지됩니다.

---

10 『소프트웨어 아키텍처 101』(한빛미디어, 2021)

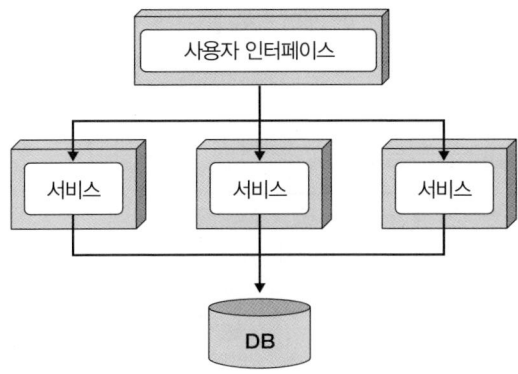

그림 3.6 서비스 기반 아키텍처

☑ 마이크로서비스 아키텍처

마이크로서비스 아키텍처의 기본적인 시스템 구성은 [그림 3.7]과 같습니다. 각 마이크로서비스는 독립적인 전용 데이터베이스를 가지며, 서비스 간 데이터는 완전히 분리됩니다. 서비스 기반 아키텍처와 비교하면 개별 서비스 단위가 더 작아지는데, 이러한 특성 때문에 마이크로서비스라고 불립니다. 이로 인해 사용자의 요청을 처리하는 과정에서 다른 마이크로서비스를 호출하는 경우가 빈번하게 발생합니다. 트랜잭션의 경계가 여러 서비스를 넘나드는 경우도 있습니다.

또한 클라이언트의 사용자 인터페이스user interface(UI)에서 마이크로서비스를 직접 호출하지 않고, API를 통합하는 레이어를 경유하는 경우가 많습니다. 이 계층을 **API 게이트웨이**gateway라고 하며, 주요 목적은 다음과 같습니다.

- 사용자 인터페이스에서 다수의 작은 단위의 서비스 호출(라운드 트립, 요청–응답의 왕복)이 발생하는 것을 방지한다.
- 인증과 승인 등 횡단 관심사cross-cutting concerns(공통 기능)를 한곳에서 처리한다.
- 사용자 인터페이스가 개별 서비스에 직접 의존하지 않도록 보호하고 감춘다.
- 여러 개의 작은 서비스 호출을 하나로 모아 집약한다.

앞서 네 가지 목적 중 뒤의 두 가지는 2장에서 설명한 디자인 패턴의 하나인

Facade 패턴을 아키텍처 수준으로 확장해 적용한 개념으로 볼 수 있습니다.

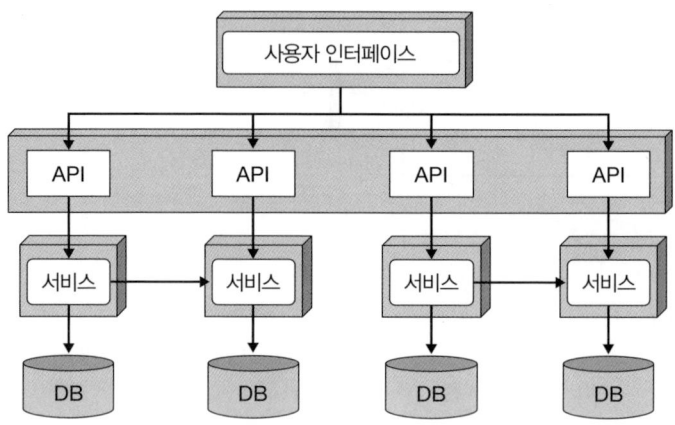

그림 3.7 마이크로서비스 아키텍처

COLUMN

모듈형 모놀리스

마이크로서비스 아키텍처에는 많은 장점이 있지만, 분산형 아키텍처의 본질적 한계, 예를 들어 복잡성 증가, 분산 트랜잭션 문제, 기술적 난도가 높은 점 등의 단점도 있습니다. 따라서 상황에 따라 모놀리스를 선택하는 것이 더 적절한 경우도 있습니다. 모놀리스의 주요 과제 중 하나인 유지보수성 저하는 반드시 마이크로서비스 아키텍처를 도입하지 않더라도 효과적인 설계를 통해 해결할 수 있습니다. 구체적인 해결책으로는 모놀리스를 하나의 기능 단위로 적절히 모듈화하여 모듈 간 결합도를 낮추는 방법이 있습니다. 이 개념을 적용하면 배포 단위는 하나로 유지하면서 내부적으로 독립된 모듈들이 느슨하게 결합된 애플리케이션을 구성할 수 있는데, 이러한 방식을 **모듈형 모놀리스**modular monolith라고 합니다.

모듈형 모놀리스의 모듈성modularity**11**을 유지하려면 모듈끼리 긴밀하게 결합되지 않도록 주의해야 합니다. 이를 위해 다음과 같은 규칙을 따라야 합니다.

- 모듈 간 연계는 명확하게 정의된 큰 단위 서비스 인터페이스를 통해 이루어져야 한다.
- 다른 모듈의 데이터베이스에 직접 의존하지 않아야 한다.

위 두 번째 규칙은 특정 모듈에서 데이터 액세스를 처리할 때 다른 모듈이 관리하는 테이블을 직접 읽거나 수정해서는 안 된다는 의미입니다. 이를 철저히 적용하면 모듈형 모놀리스를 구성하는 모듈별로 데이터베이스를 분리하는 것이 이상적이라는 결론에 도달할 수 있습니다(그림 3.8). 그러나 데이터베이스를 완전히 분리하는 것은 현실적으로 쉽지 않으므로, 테이블 구조를 논리적으로 구분하는 단위인 데이터베이스 스키마database schema로 나누어 관리하는 방법도 고려할 수 있습니다.

다만, 데이터베이스를 분리하는 것은 모듈형 모놀리스의 필수 조건이 아니며, 무엇보다 중요한 것은 모듈성을 유지하여 유지보수성을 높이는 것입니다.

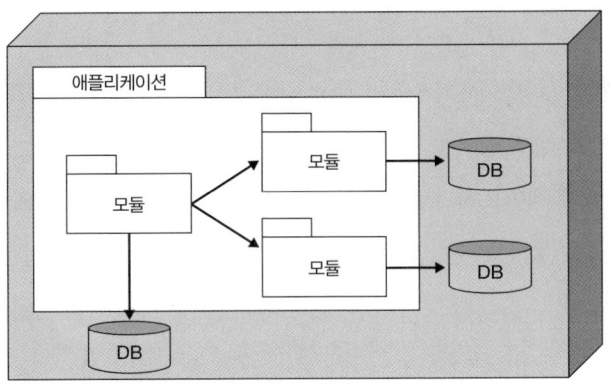

그림 3.8 모듈형 모놀리스

모듈형 모놀리스로 애플리케이션을 구축해 두면, 향후 필요에 따라 마이크로

---

11 옮긴이_ 본문에서의 모듈성은 기능 단위로 나누고 각 모듈의 상호 의존성을 줄여, 변경이나 확장을 쉽게 만드는 구조적 개념으로 이해할 수 있습니다.

> 서비스로 전환하기 쉬운 장점도 있습니다. 마이크로서비스로의 전환을 고려한다면, 모듈 간 연계를 내부 인터페이스가 아닌 외부 API나 비동기 메시징 방식으로 구현할 수도 있습니다. 그러나 이는 초기부터 불필요한 복잡성을 도입할 수 있으므로 트레이드오프를 신중히 고려하여 설계 판단을 내리는 것이 좋습니다.

3.3.4 서비스 분할

이제 서비스 분할 시 고려해야 할 주요 사항을 살펴보겠습니다.

☑ 패턴의 적용 방침

지금까지 서비스 기반 아키텍처와 마이크로서비스 아키텍처의 특징과 차이를 설명했습니다.

두 아키텍처 스타일은 분산형 아키텍처의 대표적인 유형이지만, 각 스타일에서 '서비스' 단위의 크기에 대해 엄격한 정의가 있는 것은 아닙니다. 또한 서비스 기반 아키텍처에서도 API 게이트웨이를 배치하거나, 단일 데이터베이스가 아닌 여러 데이터베이스로 나누어 구성하는 경우도 있습니다.

따라서 양자택일, 즉 두 아키텍처 스타일 중 어느 하나를 반드시 선택해야 한다고 생각하기보다는 각 스타일이 지향하는 개념과 목적을 충분히 이해한 후 필요에 따라 적절히 조합하고 조정하여 우리 환경에 가장 적합한 아키텍처를 적용하는 것이 중요합니다.

☑ 서비스 분할의 과정

시스템을 서비스로 분할하는 과정은 다음과 같습니다.

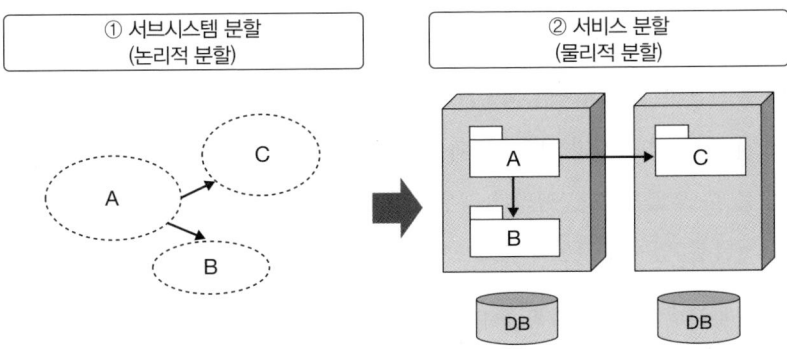

그림 3.9 서비스 분할 과정

먼저, 업무 기능의 관점에서 시스템을 논리적으로 서브시스템으로 분할합니다. 이때 도메인 주도 설계(DDD)의 분석 기법을 활용하여 경계 지어진 컨텍스트로 나누는 방법도 효과적입니다. 특히 이러한 경계 설정 방식은 서비스 단위로서 마이크로서비스와 높은 적합성을 가진 경우가 많다고 알려져 있습니다.

논리적 분할을 수행한 후, 물리적 분할을 검토합니다. 모놀리식 아키텍처와 분산형 아키텍처의 장단점을 고려하고, 서비스 기반 아키텍처나 마이크로서비스 아키텍처 등의 아키텍처 스타일이 가진 특성을 바탕으로 아키텍처 드라이버를 구현하는 최적의 해법을 찾아갑니다.

그러나 논리적으로 분할된 서브시스템(또는 경계 지어진 컨텍스트)이 반드시 마이크로서비스가 되는 것은 아닙니다. 처음부터 모든 시스템을 마이크로서비스로 구축하는 것은 오히려 안티패턴으로 간주될 수 있습니다. 그 이유는 시스템의 초기 구축 단계에서 최적의 서비스 경계를 명확히 설정하는 것이 쉽지 않으며, 과도한 분할로 인해 시스템의 복잡성이 증가하고 운영 및 유지보수 비용이 급증할 위험이 있기 때문입니다.

☑ 트랜잭션 경계

서비스를 분할할 때 특히 고려해야 할 요소 중 하나가 트랜잭션 경계입니다. 여러 서비스를 넘나드는 분산 트랜잭션은 다루기가 매우 까다롭습니다. 트랜잭션의 정합성을 확실히 보장하려면 2단계 커밋two-phase commit을 지원하는 프로토콜이니 미들웨어를 사용하는 것이 필수적입니다. 한편, '마이크로서비스적' 사고방식으로 서비스 간 강한 결합을 피하면서 결과적 일관성eventual consistency을 확보하는 방안을 검토해 볼 수도 있습니다. 이러한 경우 다음에 설명할 Saga 패턴을 적용하는 방법을 고려할 수 있지만 구현과 테스트의 난도가 높아지는 단점이 있습니다.

따라서 가능하면 분산 트랜잭션이 발생하지 않도록 설계하고, 불가피하다면 그 범위를 최소화하는 방향으로 분할을 검토하는 것이 더 바람직한 설계 기준이라 하겠습니다.

☑ Saga 패턴

마이크로서비스 아키텍처에서 여러 서비스에 걸친 분산 트랜잭션 중 일부가 실패했을 때, 결과적 일관성을 달성하기 위한 대표적인 아키텍처 패턴이 바로 **Saga 패턴**[12]입니다. '사가'라고 읽습니다.

구체적인 예를 들어 설명해 보겠습니다. [그림 3.10]은 특정 시스템의 주문 유스 케이스를 구현한 마이크로서비스의 예시입니다. 이 예시에서 주문 처리 서비스는 일련의 프로세스를 퍼사드 방식으로 묶어 처리합니다. 즉, 주문 서비스의 주문 등록 처리(①)를 호출한 후, 이어서 재고 서비스의 재고 할당 처리(②), 마지막으로 결제 서비스의 결제 처리(③)를 호출합니다. 그런데 만약 신용카드가 승인이 되지 않는 등의 이유로 결제 오류가 발생(④)하면 어떻게 될까요? ①과 ②는 이미 트랜잭션이 완료되어 데이터베이스가 갱신된 상태이므로, 결제가 실패했음에

---

12 『소프트웨어 아키텍처 101』(한빛미디어, 2021)

도 불구하고 주문이 등록되고 재고 수량도 줄어드는 불일치 상태가 발생하게 됩니다. 이러한 데이터 불일치 상태를 해결하려면 ③의 결제 처리 성공 여부에 따라 후속 조치가 필요합니다(물론 ①과 ②가 실패한 경우도 고려해야 하지만, 여기서는 ③의 처리에만 한정하여 설명합니다).

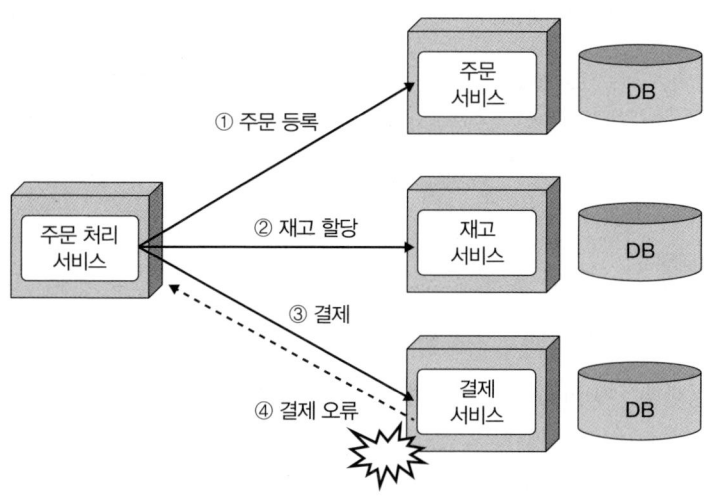

그림 3.10 분할된 트랜잭션의 실패

그렇다면 데이터 불일치를 어떻게 처리할 수 있을까요?

첫 번째 방법은 각 서비스에서 최초로 수행하는 처리를 준비 단계에서 보류하는 방식입니다. 처리 흐름을 나타내면 [그림 3.11]과 같습니다.

①과 ②의 처리에서는 데이터베이스에 등록되거나 갱신되는 데이터를 임시 상태로 유지합니다. 구체적으로는 상태 열(status column) (임시/확정 구분 열)로 관리하거나 임시 상태용 별도 테이블을 사용하여 저장합니다. 만약 주문 처리 서비스가 ④의 결제 오류를 감지하면, 주문 서비스의 주문 취소 처리(⑤), 재고 서비스의 재고 할당 취소 처리(⑥)를 호출하여 각각 ①과 ②의 임시 데이터를 취소합니다. 반대로, 오류가 발생하지 않은 경우에는 주문 확정 처리나 재고 할당 확정 처리를 호출하여 임시 데이터를 확정합니다.

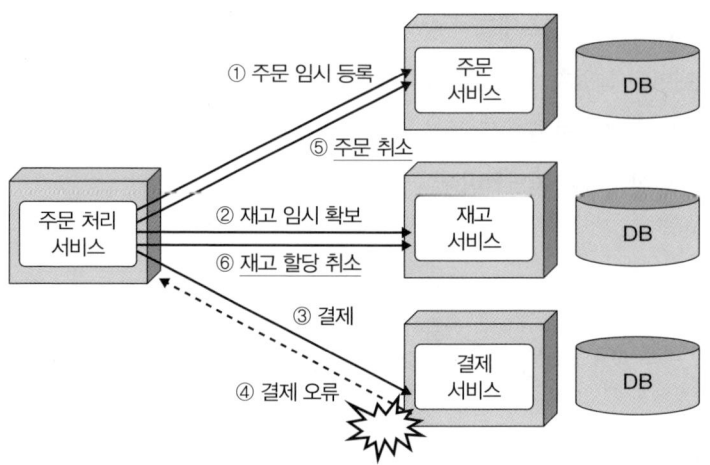

그림 3.11 Saga 패턴①

또 다른 방법은 오류가 발생한 경우에 한해, 완료된 트랜잭션을 취소하는 별도의 트랜잭션을 실행하는 방식입니다. 이처럼 결과적 일관성을 유지하기 위해 조정 작업을 수행하는 트랜잭션을 보상 트랜잭션compensating transaction이라고 합니다. 처리 과정은 [그림 3.12]와 같습니다.

오류 발생을 감지한 주문 처리 서비스는 주문 서비스의 주문 취소 처리(⑤)와 재고 서비스의 재고 할당 복원 처리(⑥)를 호출합니다. 그 결과, 주문 서비스는 이미 등록된 주문을 취소하는 트랜잭션을 실행하고, 재고 서비스는 확보된 재고를 취소하고 재고 수량을 복구하는 트랜잭션을 실행합니다. 한편, 오류가 발생하지 않은 경우에는 주문 서비스 및 재고 서비스에 대한 추가적인 처리는 호출되지 않습니다.

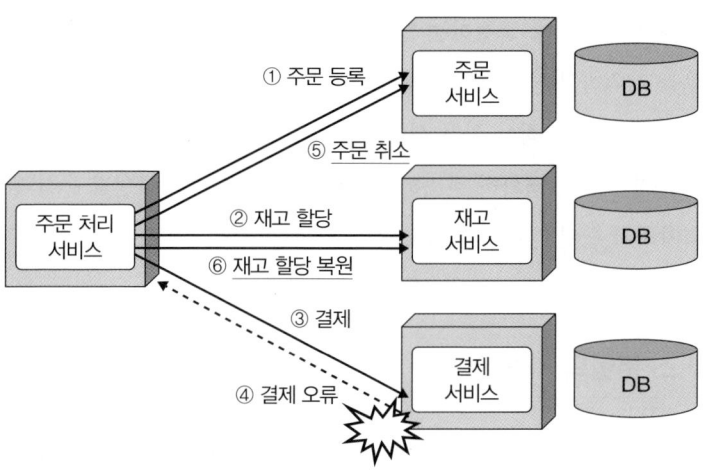

그림 3.12 Saga 패턴②

첫 번째 방법은 보류 중인 임시 데이터가 확정된 데이터와 명확하게 구분되므로, 오류로 인해 데이터 불일치가 발생한 상태에서 업무 프로세스가 진행되는 문제(예: 출고)가 발생하지 않는다는 장점이 있습니다. 그러나 이 방식에서는 임시 데이터를 참조 서비스에서 조회할 수 없으며(비동기 연동의 경우, 데이터가 확정될 때까지 시간 지연이 발생할 수 있음), 오류 발생 여부와 관계없이 각 서비스에 대해 여러 번 호출이 발생하는 단점이 있습니다.

반면 보상 트랜잭션 방식은 이러한 단점은 없지만, 확정된 데이터를 되돌리는 처리가 복잡해지는 경향이 있으며, 업무 프로세스가 이미 진행된 경우에는 이를 어떻게 처리할지에 대한 검토가 필요합니다. 결국 두 방식은 장단점이 공존하는 트레이드오프 관계라고 할 수 있습니다. 이러한 점을 고려하면, 서비스를 분할할 때는 가능하면 여러 서비스에 걸친 분산 트랜잭션이 발생하지 않도록 설계해야 한다는 교훈을 얻을 수 있습니다.

한편, Saga 패턴을 구현하는 방법으로는 다음 두 가지 방식이 있습니다. 먼저, **오케스트레이션**orchestration은 앞서 예로 든 주문 처리 서비스처럼 서비스 간 흐름을 조정하는 방식입니다. 반면 **코레오그래피**choreography은 중앙에서 조정하는 역할 없이 각 서비스가 자율적으로 상호 조정하는 방식입니다. 관련된 서비스의 수가 적거나 단순한 경우를 제외하고는 대체로 오케스트레이션 방식을 채택하는 것이 좋습니다. 이는 2장에서 설계의 핵심 고려 사항으로 설명했듯이, 오케스트레이션 방식처럼 처리 흐름의 역할을 명확히 분리하는 편이 전체 시스템의 구성과 동작 방식을 한눈에 파악하기 쉽기 때문입니다.

3.3.5 서비스 분할의 사례 연구

앞서 설명한 내용을 바탕으로 경비 정산 시스템의 서비스 분할 사례를 살펴보겠습니다.

☑ 서브시스템 분할의 예

먼저, 사례 연구에서 논리적 분할을 적용한 서브시스템 구성을 [그림 3.13]에 나타냈습니다. 이 그림은 UML 패키지 다이어그램으로 표현한 것입니다.

서브시스템을 분할할 때는 업무 프로세스의 흐름뿐 아니라 그 과정에 참여하는 사용자(업무 주체)의 차이도 함께 고려해야 합니다. 예를 들어, 경비 정산 업무의 흐름을 보면 현장 부서의 담당자가 신청을 하고, 상급자가 이를 승인 후, 최종적으로 경리 담당자가 내용을 확인하는 구조입니다. 현장 부서 담당자가 신청하여 최종 승인된 경비 정산 데이터를 받아 분개를 수행하고, 이를 회계 전표로 등록하는 업무는 현장 부서 담당자가 직접 개입하지 않고 경리 담당자가 수행합니다. 이렇듯 사용자가 다르므로, 경비 정산과 자동 분개는 별도의 서브시스템으로 분리하는 것이 적절합니다.

마찬가지로, 경비의 이상 사용 탐지나 법령 준수를 위한 증빙 관리 업무는 경리 담당자 및 감사 담당자의 관심사가 되므로 각각을 독립된 서브시스템으로 분리했습니다. 또한 경비 정산 신청 및 승인과 관련된 업무들은 사내 다양한 업무에서 공통적으로 사용되는 워크플로 엔진을 이용하도록 요구사항에 규정되어 있어, 공통 서브시스템으로 분리했습니다.

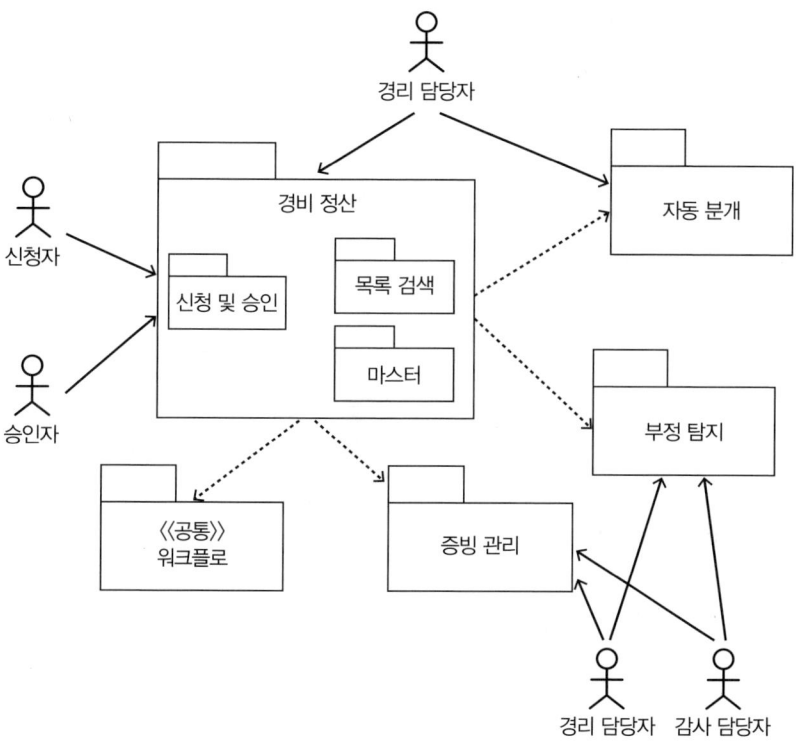

그림 3.13 서브시스템 분할 예시

☑ 서비스 분할의 예

다음으로 물리적 분할을 적용한 서비스 예를 [그림 3.14]에 나타냈습니다.

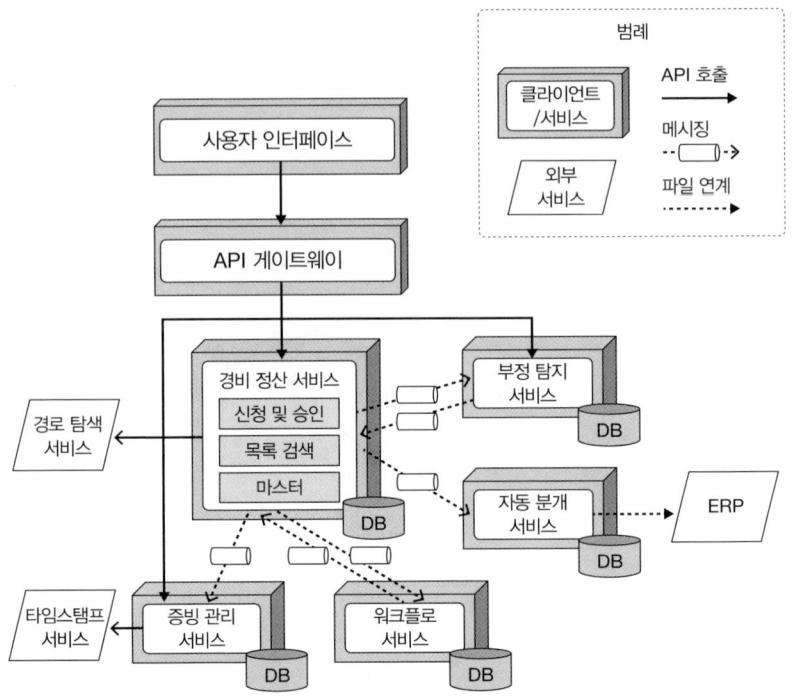

그림 3.14 서비스 분할 예시

먼저, 자동 분개 과정에서는 최종 승인된 데이터의 변환 처리가 중심이 되므로 일반적인 온라인 처리 방식(사용자 요청에 즉시 응답)과 다르게 동작합니다. 이러한 특성 때문에 자동 분개 처리는 경비 정산 서비스와 별도의 서비스로 분리되었습니다. 이 과정에서 경비 정산 승인 처리와 동일한 트랜잭션 내에서 분개 데이터를 생성할 필요가 없으므로, 신청 데이터를 비동기 메시징$^{\text{asynchronous messaging}}$으로 연동하는 구조를 적용했습니다.

한편, 부정 탐지도 별도의 서비스로 분리되었습니다. 자동 분개 처리와 마찬가지로, 적용 기술과 처리 방식이 전혀 다르기 때문입니다. 특히 부정 탐지는 축적된 데이터를 기반으로 기계 학습을 수행하는 구조로 되어 있어, 일반적인 처리 방식과는 큰 차이가 있습니다. 또한 탐지된 결과를 승인자에게 경고 메시지로 전달해야 하므로 이를 위한 역방향 비동기 메시징 구조도 함께 적용되었습니다.

증빙 관리 서비스는 외부 타임스탬프 서비스를 이용해 디지털 서명이 추가된 파일을 법령에 따라 장기간 보관해야 합니다. 또한 보관된 증빙 자료에 대한 검색, 조회, 타임스탬프의 일괄 검증 등 다양한 요구사항이 있으며, 이러한 처리 과정의 고유한 특성을 반영하기 위해 별도의 서비스로 분리되었습니다. 이 서비스 역시 경비 정산 서비스와 비동기 메시징을 통해 데이터를 연동합니다.

워크플로 서비스는 공통의 워크플로 엔진을 활용하는 독립적인 서비스로, 처리 과정에서 본래 분산 트랜잭션을 고려해야 합니다. 예를 들어, 경비 정산 신청 및 승인 데이터의 등록·갱신과 워크플로 엔진이 관리하는 워크플로 진행 상태의 등록·갱신은 하나의 트랜잭션으로 처리하는 것이 일반적입니다.

따라서, 2단계 커밋을 적용해 엄격한 트랜잭션 정합성을 유지할 것인지 혹은 결과적 일관성을 유지하는 방식으로 설계할 것인지 판단해야 합니다. 이 예제에서는 공통 워크플로 서비스가 경비 정산뿐만 아니라 다양한 업무 시스템에서 사용될 것을 고려한 확장성을 위해 결과적 일관성을 유지하는 방식을 채택했습니다.

구체적으로 보면, 경비 정산이 신청된 시점에서 경비 정산 서비스가 관리하는 신청 데이터는 '승인 대기' 상태입니다. 예를 들어, 비동기 메시징을 통해 워크플로 서비스에 데이터가 연동되고 워크플로 엔진이 처리를 진행할 때, 워크플로 마스터의 설정 미비로 인해 승인자를 찾을 수 없는 업무 오류가 발생했다고 가정해 보겠습니다. 이 경우, 경비 정산 서비스는 여전히 '승인 대기' 상태이지만, 워크플로 서비스의 상태는 '신청 실패'가 되어 데이터의 정합성이 맞지 않는 상태가 됩니다.

이 문제를 해결하기 위해 이 예제에서는 워크플로 서비스에서 경비 정산 서비스로 워크플로 엔진의 처리 결과를 비동기 메시징으로 다시 전달하여, 경비 정산 서비스 측의 신청 상태를 갱신할 수 있도록 했습니다. 이와 같이 일시적으로 불일치가 발생하더라도 일정 시간이 지나면 결과적으로 일관성이 확보되는 방식이 결과적 일관성입니다.

이렇게 서비스를 분할한 후에는 클라이언트의 사용자 인터페이스(웹 브라우저 또는 모바일 앱)에서 발생하는 API 요청이 API 게이트웨이를 통해 전달되도록 구성했습니다. 예를 들어, 유스케이스에 따라 클라이언트는 경비 정산 서비스의 API뿐만 아니라, 증빙 관리 서비스나 부정 탐지 서비스의 API도 호출할 수 있습니다. 이러한 API를 감추거나(API 보안 등의 목적) 여러 API 요청을 하나로 집약하는 레이어를 추가하는 경우도 있습니다.

> **COLUMN**
>
> ### BFF 패턴
>
> 앞서 사례 연구에서 제시된 비기능 요구사항 중 다음과 같이 멀티 디바이스 대응과 관련된 항목이 있었습니다.
>
> - [REQ-24] 신청과 승인은 스마트폰이나 태블릿 단말기에서도 가능하도록 한다.
>
> 최근 프런트엔드 기술은 더욱 다양해지고 있습니다. React Native, Flutter과 같이 멀티 디바이스 및 크로스 플랫폼에 대응하는 프레임워크가 존재하지만, 클라이언트의 디바이스별로 최적의 기술을 맞춤형으로 선택하여 애플리케이션을 구축하는 경우도 많습니다.
>
> 그러나 API 게이트웨이가 여러 클라이언트 애플리케이션을 위한 API를 모두 제공하려고 하면, 각 기술 요구사항에 적합한 다수의 전용 엔드포인트endpoint를 마련해야 하므로 점점 비대해지는 문제가 발생합니다. 이를 해결하기 위해, 각 클라이언트 애플리케이션별로 전용 API 게이트웨이를 마련하는 방식을 BFF backends for frontends 패턴이라고 합니다.
>
> 연구 사례에 BFF 패턴을 적용하면, [그림 3.15]와 같이 웹 앱과 모바일 앱 전용 BFF를 각각 구성할 수 있습니다.

BFF 패턴은 2장에서 설명한 SOLID 원칙 중 인터페이스 분리 원칙(ISP)을 아키텍처 레벨로 확장하여 적용한 패턴이라고 볼 수 있습니다. 이처럼 설계 원칙의 본질을 이해하면 아키텍처를 비롯한 추상화 레벨이 높은 설계에서도 유용하게 활용할 수 있습니다.

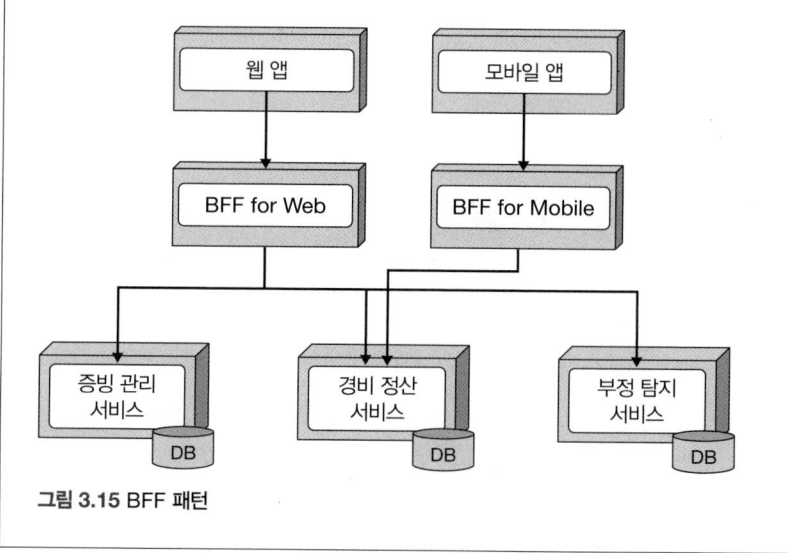

그림 3.15 BFF 패턴

3.4 애플리케이션 아키텍처 선정

3.4.1 애플리케이션 아키텍처 검토

앞서 시스템 아키텍처를 검토하면서 구체적인 연구 사례를 바탕으로 시스템 전체를 특정한 책임 단위로 분할하고, 이러한 서비스들을 어떤 방식으로 연동할 것인지 결정했습니다. 2장에서 다음 세 가지 사항을 검토하고 결정한다고 설명했는데, 이는 시스템 전체의 관점에서 이루어지는 과정입니다.

- 구성 요소로 분할하는 방법
- 각 구성 요소에 대한 책임 할당
- 구성 요소 간의 상호작용(협력 방식)

애플리케이션 아키텍처를 검토할 때는 더 세부적인 관점에서 동일한 접근 방식으로 시스템을 구성하는 서비스(애플리케이션)를 하나씩 검토합니다.

애플리케이션은 모듈과 컴포넌트로 구성됩니다. 이를 검토할 때 중요한 기준은 애플리케이션의 설계 원칙으로 선정한 아키텍처 스타일입니다. 애플리케이션 레벨의 아키텍처 스타일로서 레이어드 아키텍처, 파이프라인 아키텍처, 마이크로커널 아키텍처를 차례로 설명하겠습니다.

3.4.2 레이어드 아키텍처

레이어드 아키텍처layered achitecture는 애플리케이션을 여러 개의 레이어(층)로 나누고, 각 계층의 역할을 명확히 구분하여 해당 역할에 맞는 컴포넌트를 배치하는 아키텍처입니다. [그림 3.16]에서 보듯이 3계층 아키텍처가 일반적이지만, 레이어의 개수는 설계에 따라 달라질 수 있습니다.

3계층 아키텍처의 경우, 프레젠테이션 계층은 사용자 인터페이스에서 받은 요청을 해석하여 도메인 계층의 로직을 호출하고, 결과를 화면으로 클라이언트에 반환합니다. 도메인 계층(비즈니스 로직 계층이라고도 함)은 업무 규칙에 따라 데이터 가공이나 계산 등 비즈니스 로직을 실행합니다. 데이터 액세스 계층(영속화 계층 또는 통합 계층이라고도 불림)은 외부 리소스에 대해 데이터를 읽고 씁니다.

이처럼 계층별 책임이 명확히 구분되므로, 레이어드 아키텍처는 단일 책임 원칙(SRP)을 애플리케이션 아키텍처 수준에서 적용한 구조라고 할 수 있습니다.

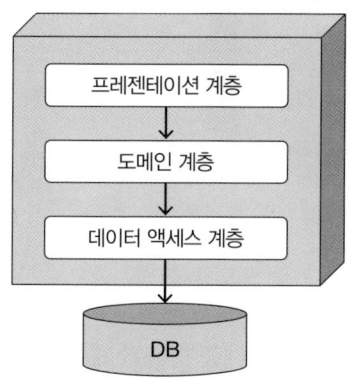

그림 3.16 레이어드 아키텍처 (3계층)

레이어드 아키텍처는 간단하고 이해하기 쉽고, 특히 유지보수성을 고려한 애플리케이션 구조 설계라는 관점에서 가장 기본이 되는 아키텍처라 할 수 있습니다.

하지만 3계층으로 단순히 나누는 것만으로는 분리 단위가 커지고 각 계층의 역할이 명확하게 구분되지 않아서 애플리케이션의 일관성을 유지하기 어려워질 수 있습니다. 따라서 각 계층에서의 컴포넌트 유형을 명확히 정의하여 구체화해야 합니다.

[그림 3.17]은 그에 대한 예시입니다. 이 그림에서는 2장에서 설명한 아키텍처 패턴을 참고하여 각 계층에 어떤 컴포넌트 유형을 적용할 수 있는지를 나타냈습니다. 예를 들어, 도메인 계층에서는 비즈니스 로직을 구현하는 한 가지 방법으로 도메인 모델 패턴이 적용되어 있습니다.

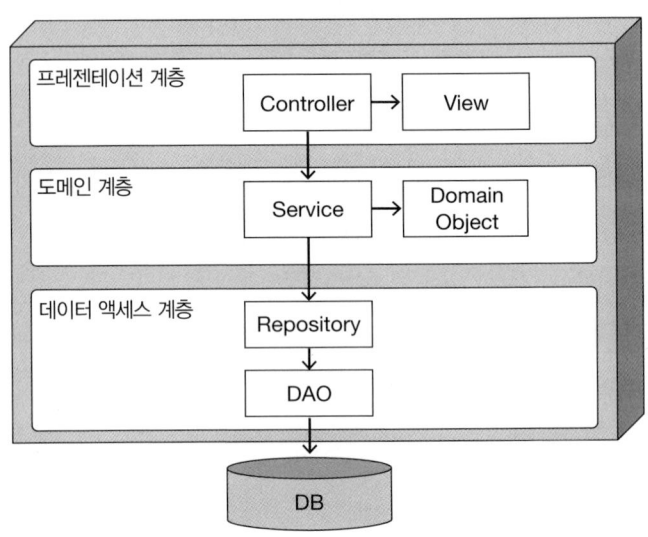

그림 3.17 3계층 아키텍처의 컴포넌트 유형 예시

레이어드 아키텍처의 단점 중 하나는 상위 계층인 도메인 계층이 하위 계층인 데이터 액세스 계층에 의존하게 된다는 점입니다. 도메인 계층은 더 추상적이고 안정적인 구조인 반면, 데이터 액세스 계층은 구현에 가까워 더 자주 바뀔 수 있기 때문입니다. 이로 인해 구현 세부 사항이 도메인 계층으로 유입되어 코드의 가독성이 떨어질 위험이 있으며, 데이터 액세스 계층에서 사용하는 라이브러리가 업그레이드되면 도메인 계층의 코드까지 수정해야 하는 문제가 발생할 수 있습니다.

이 문제점을 해결하기 위해 의존성 역전 원칙(DIP)을 적용한 변형된 레이어드 아키텍처가 고안되었습니다. 대표적으로 어니언 아키텍처^{onion architecture}(도메인 중심의 동심원 계층 구조), 헥사고날^{hexagonal} 아키텍처(도메인과 외부 인터페이스를 분리하는 구조), 그리고 클린 아키텍처가 있습니다. 이들은 세부적인 차이가 있지만 아키텍처의 핵심 목적과 개념은 동일하며, 모두 **애플리케이션에서 가장 중요한 도메인 계층을 중심으로 설계된다**는 공통점을 가집니다. 여기에서는 클린 아키텍처를 대표 예로 설명하겠습니다.

☑ 클린 아키텍처

클린 아키텍처는 로버트 C. 마틴이 제창한 설계 구조입니다. 그는 앞서 의존성 역전 원칙(DIP)을 제안하고 SOLID 원칙을 정리했으며, 이러한 개념들을 바탕으로 클린 아키텍처를 설계했습니다. 이 구조는 [그림 3.18]처럼 네 개의 동심원으로 표현됩니다.

가장 바깥쪽 계층은 데이터베이스, UI 등 외부 세계와 상호작용하는 미들웨어나 프레임워크가 포함됩니다. 그래서 애플리케이션 관점에서는 실질적으로 3계층 구조라고 보고 있습니다.

가장 안쪽의 엔티티 계층과 유스케이스 계층이 3계층 아키텍처에서도 도메인 계층에 해당합니다. 로버트 C. 마틴은 엔티티 계층과 유스케이스 계층의 차이에 대해 다음과 같이 설명합니다.

> *엔티티에 포함된 가장 중요한 비즈니스 규칙과는 달리, 유스케이스는 애플리케이션에 특화된 비즈니스 규칙을 기술하고 있다.*

이는 2장에서 설명한 도메인 로직과 애플리케이션 로직의 역할 구분과 같은 맥락으로 이해할 수 있습니다. 즉, 엔티티 계층의 컴포넌트는 핵심 비즈니스 로직을 담당하고, 유스케이스 계층의 컴포넌트는 비즈니스 로직의 실행 흐름을 정의합니다.

그 바깥쪽에는 인터페이스 어댑터interface adapters가 있으며, 이는 3계층 아키텍처의 프레젠테이션 계층과 데이터 액세스 계층에 해당합니다. 이 계층에는 외부 세계의 구현 세부 사항과 외부로부터의 의존성을 최소화하고 도메인 계층을 보호하는 어댑터가 배치됩니다. 이 어댑터들은 핵심 영역(유스케이스 계층과 도메인 계층)을 '클린하게' 유지하는 역할도 함께 수행합니다.

마지막으로 중요한 점은 동심원 안에 있는 화살표가 나타내듯이, 클린 아키텍처에서는 외부 계층에서 내부 계층으로 향하는 의존성만 허용된다는 것입니다. 즉 내부에서 외부로의 의존이 일어나는 일은 절대 없어야 합니다.

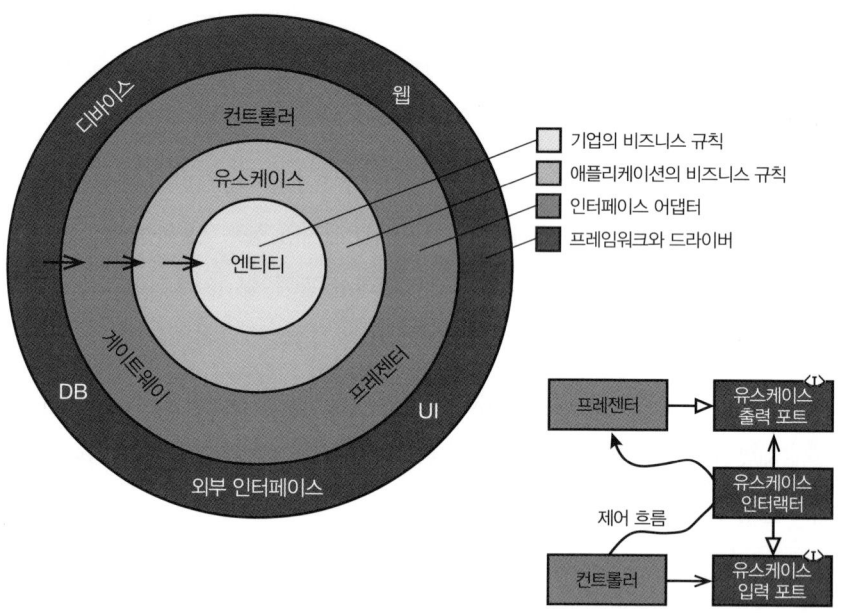

그림 3.18 클린 아키텍처[13]

---

[13] 『클린 아키텍처』(인사이트, 2019)

클린 아키텍처의 동심원으로 표현되는 레이어 구조는 하나의 개념으로, 그대로 소스 코드에 적용할 수는 없습니다. 로버트 C. 마틴은 저서에서 대표적인 컴포넌트 구성 예시를 소개했습니다(그림 3.19). 다만, 책에서도 설명했듯이 이는 '데이터베이스를 사용하는 웹 기반 Java 시스템'에 맞춰 구성된 시나리오일 뿐 모든 경우에 적용할 수 있는 규칙은 아닙니다. 이에 따라 실제로 설계할 때는 사용 환경과 기술 스택 등을 고려하여 아키텍트가 최적의 컴포넌트 구성을 정의해야 합니다.

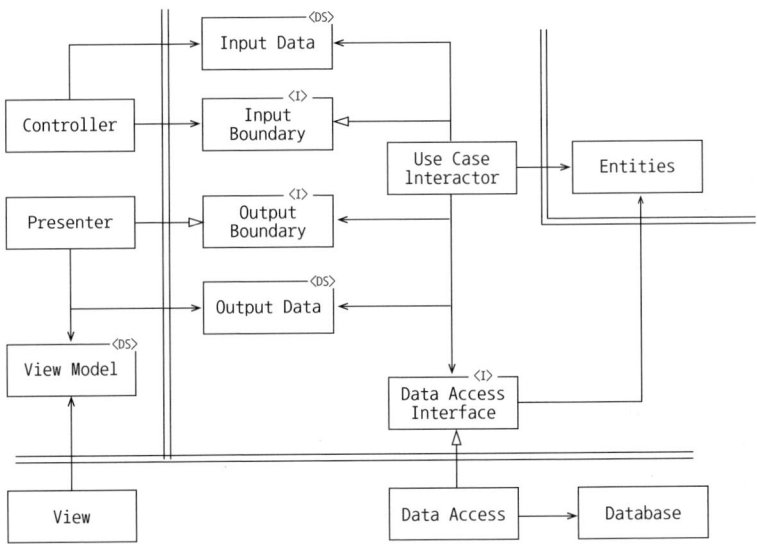

그림 3.19 클린 아키텍처의 컴포넌트 구성 예[14]

클린 아키텍처에서는 도메인 계층을 가장 중요한 계층으로 설계하며, 이를 실현하기 위해 의존성 역전 원칙을 적용한 추상화 작업이 핵심 요소가 됩니다. 하지만 이를 구현하려면 높은 수준의 설계가 필요하고 [그림 3.19]에서 볼 수 있듯이 인터페이스와 컴포넌트의 수가 증가하여 복잡성이 커질 수 있다는 점에 유의해야

---

[14] 옮긴이_ 그림에서 각 박스(컴포넌트) 우측 상단에 표시된 'DS'는 Data Structure(데이터 구조체)를, 'I'는 Interface(인터페이스)를 의미합니다.

합니다.

도메인 계층에서 복잡한 비즈니스 규칙을 구현하면 코드의 가독성과 유지보수성이 향상되지만, 그만큼 복잡성도 증가하는 트레이드오프가 발생합니다. 특히 비즈니스 규칙이 단순한 애플리케이션에서는 클린 아키텍처를 적용했을 때 얻을 수 있는 구조적 이점보다 개발 과정의 번거로움이 더 커져 오히려 단순한 아키텍처를 유지하는 것이 효과적일 수 있습니다.

3.4.3 파이프라인 아키텍처

파이프라인 아키텍처pipeline architecture는 파이프와 필터pipes and filters라고도 불리며, [그림 3.20]과 같은 구조를 갖습니다.

필터는 파이프에서 전달받은 입력 데이터를 순차적으로 처리한 후, 그 결과를 다음 파이프에 출력하는 컴포넌트입니다. 필터는 주로 데이터 가공이나 정보 추가 등의 역할을 하며, 경우에 따라 입력 데이터를 일부 제거하고 출력하지 않거나 새로운 데이터를 생성하기도 합니다.

파이프는 필터를 연결하는 컴포넌트로, 큐queue 역할을 합니다. 즉 데이터를 버퍼링buffering하고 선입선출first-in-first-out (FIFO) 방식으로 순서를 유지하면서 다음 필터에 데이터를 전달합니다.

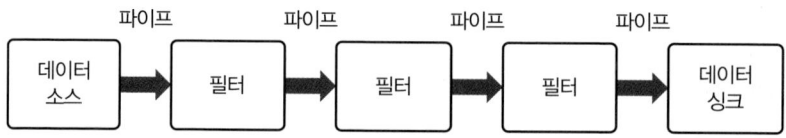

그림 3.20 파이프라인 아키텍처

파이프라인 아키텍처의 대표적인 예로 유닉스 셸unix shell을 들 수 있습니다. 다음 [리스트 3.4.1]에서 리눅스 명령어 예제를 살펴보겠습니다.

이 예제는 현재 디렉터리$^{current\ directory}$ 하위에서 확장자가 .java인 파일을 찾아 파일행 수를 계산한 후, 내림차순으로 정렬하여 출력하는 명령어입니다. 각 명령어는 필터 역할을 하며, 첫 번째 명령어는 데이터 소스, 마지막 명령어는 데이터 싱크에 해당합니다. 명령어 사이를 연결하는 '|' 기호는 파이프 역할을 합니다.

리스트 3.4.1 리눅스 명령어와 출력 예제 (파이프와 필터)

```
$ ls *.java | xargs wc -l | sort -nr | grep -v total | awk '{print $2" ("$1" lines)"}'
WorkRecord.java (26 lines)
RegularGradeOvertimePayPolicy.java (15 lines)
OvertimePayPolicyFactory.java (15 lines)
ManagerGradeOvertimePayPolicy.java (15 lines)
OvertimePayCalculator.java (12 lines)
OvertimePayPolicy.java (7 lines)
```

이 파이프라인을 그림으로 나타낸 것이 [그림 3.21]입니다. 또한 각 필터가 처리하는 작업을 정리하면 [표 3.7]과 같습니다.

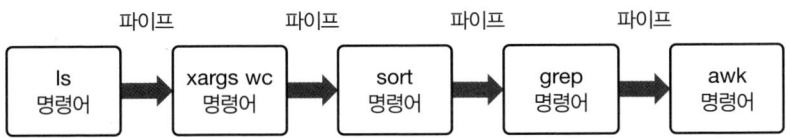

그림 3.21 파이프라인 (리눅스 명령어 예제)

표 3.7 필터의 처리 내용

필터	처리 유형	처리 내용
ls *.java	데이터 생성	확장자가 .java인 파일을 열거하여 입력 데이터로 활용한다.
xargs wc -l	데이터 가공	각 입력 데이터에 wc 명령을 적용하여 행 수 정보를 추가한다.
sort -nr	데이터 정렬	행 수를 기준으로 내림차순 정렬한다.

필터	처리 유형	처리 내용
grep -v total	데이터 제거	wc 명령은 전체 행 수(total)도 함께 출력하므로 이를 제외한다.
awk '{print $2" ("$1" lines)"}'	데이터 출력	데이터 형식을 변환하여 출력한다.

이 외에도 파이프라인 아키텍처는 다양한 분야에서 활용됩니다. 예를 들면, 함수형 프로그래밍에서의 스트림 처리, Apache Hadoop[15]의 MapReduce를 활용한 빅데이터 분산 처리, AWS Glue[16]와 같은 ETLextract, transform, load 서비스 등이 있으며, 일일이 열거하기 어려울 정도입니다.

이처럼 한 방향으로 데이터가 흘러가며 순차적으로 처리하는 시스템에는 파이프라인 아키텍처가 적합합니다.

3.4.4 마이크로커널 아키텍처

마이크로커널 아키텍처microkernel architecture는 애플리케이션의 확장성을 높이기 위한 아키텍처로, **플러그인 아키텍처**plug-in architecture('플러그인'은 기능을 확장하는 모듈을 추가하는 방식)라고도 불립니다.

마이크로커널 아키텍처는 [그림 3.22]와 같이 코어 시스템과 플러그인으로 구성됩니다. 코어 시스템은 시스템의 핵심이 되는 최소한의 기능을 제공하는 컴포넌트입니다. 이 아키텍처의 주된 목적은 고객 맞춤형 기능이 추가될 때도 코어 시스템이 직접적인 영향을 받지 않도록 하는 것입니다.

이를 위해 SOLID 원칙의 개방-폐쇄 원칙(OCP)을 적용하여 확장성을 보장합니다. 구체적으로는 미리 확장 가능한 지점을 정의하고, 해당 지점에 삽입할 수 있

---

15 https://hadoop.apache.org/
16 https://aws.amazon.com/ko/glue/

는 컴포넌트의 인터페이스를 정의하는 방식입니다. 이 인터페이스를 준수하는 컴포넌트라면, 코어 시스템은 구체적인 구현 방식과 무관하게 이를 호출할 수 있습니다.

마이크로커널 아키텍처는 이름 그대로, 커널(코어 시스템)을 작고 단순한 구조로 최소화(마이크로)하고 다수의 플러그인을 통해 다양한 기능을 추가하는 방식입니다. 그러나 실제로는 패키지형 소프트웨어에서 코어 시스템 자체가 거대한 모놀리스로 존재하는 경우도 많습니다. 이런 점을 고려하면 플러그인 아키텍처라는 명칭이 더 쉽게 와닿을 수도 있습니다.

그림 3.22 마이크로커널 아키텍처

마이크로커널 아키텍처를 채택하면, 확장 지점의 인터페이스를 정의하여 플러그인을 쉽게 추가하고 활용할 수 있습니다. 그런데 이를 구현하는 과정에서 추가적으로 검토해야 할 사항이 몇 가지 더 있습니다.

우선, 플러그인의 배포 및 설치 방식을 검토해야 합니다. JAR 파일이나 DLL 파일을 운용 담당자가 특정한 위치에 직접 배치할 것인지, 아니면 관리 기능을 통해 설치할 것인지 등을 결정해야 합니다. 이를 위해서는 제품을 도입하는 주체나 운용 방식을 구체적으로 그려보며 고려할 필요가 있습니다.

또한 플러그인을 적용하고 실행하기 위해 필요한 메타 정보의 관리 방법도 고려해야 합니다. 대부분의 경우 XML 또는 YAML 형식으로 작성된 메타 정보가 플러그인 모듈에 포함되며, 코어 시스템이 이를 읽어 들인 후 해석하여 활용합니다.

마이크로커널 아키텍처는 애플리케이션 확장성을 극대화할 수 있어, 패키지형 소프트웨어나 프레임워크 등 다양한 고객이 활용하는 애플리케이션 환경에 적합합니다. 주의해야 할 점은 필요한 확장 포인트를 도출하고 인터페이스를 정의하는 작업이 결코 쉽지 않다는 것입니다. 애플리케이션 사용 경험이 쌓일수록 새로운 확장점extension point이 필요해지거나 기존 인터페이스를 수정해야 하는 상황이 잦아질 수 있습니다. 이 과정에서는 기존 플러그인과의 호환성을 유지하며 버전 관리에도 신중해야 합니다.

> **COLUMN**
>
> ### 패키지 제품의 확장성
>
> ERP 등 패키지 제품은 고객별 특화된 요구사항을 반영할 수 있도록 기능을 유연하게 확장할 수 있어야 합니다. 패키지 제품의 기본 동작을 변경하는 작업을 커스터마이징customizing이라고 하며, 그 방법은 [표 3.8]과 같이 분류할 수 있습니다.
>
> **표 3.8 패키지 제품의 커스터마이징 방식**
>
> | 커스터마이징 방식 | 설명 |
> | --- | --- |
> | 파라미터 설정 | 패키지 기능의 동작을 제어하는 파라미터 값을 기본 설정에서 변경한다. 일반적으로 파라미터 설정 화면에서 수정하지만, 설정 파일이나 데이터베이스의 설정 테이블을 직접 수정하는 경우도 있다. |
> | 애드온 개발 | 프로그램을 개발하여 기존 표준 기능의 동작을 변경하거나 새로운 기능을 추가한다. |
> | 모디피케이션modification | 애드온 개발 방식 중 하나로, 제품 본체의 소스 코드를 직접 수정하여 기능을 추가하거나 변경하는 방식이다. |
> | 플러그인 | 애드온 개발 방식 중 하나로, 제품에 미리 정의된 확장 지점에 애드온으로 추가 개발된 프로그램을 삽입(플러그인)하여 기능을 추가하거나 변경하는 방식이다. |

패키지 제품을 도입할 때는 애드온 개발 없이 패키지의 표준 기능에 맞추는 Fit to Standard 방식이 이상적입니다. 물론 애드온 개발을 통한 확장이 불가피한 경우도 있지만, 패키지 제품의 기본 기능을 직접 수정하는 방식은 리스크가 커 신중하게 접근해야 합니다. 이 방식은 사실상 원하는 모든 기능을 추가할 수 있을 정도로 확장성이 뛰어나지만, 그만큼 패키지 제품의 다른 부분에 예상치 못한 부작용을 초래할 위험이 있습니다. 또한 제품을 버전 업그레이드할 때 기존 수정 사항이 정상적으로 동작하지 않을 가능성이 있으며, 그로 인해 업그레이드 전 영향 범위에 대한 분석을 하는 데에도 막대한 공수가 들 수 있습니다.

이러한 문제를 방지하기 위해 애드온 개발이 필요한 경우에는 가급적 플러그인 방식을 우선적으로 고려할 것을 권장합니다. 패키지 제품을 개발한다면, 마이크로커널 아키텍처를 도입하여 플러그인 방식으로 확장성을 유지하면서도 안전하게 설계하는 것이 좋겠습니다.

대표적인 ERP 제품인 SAP에서도 기본 기능을 직접 수정하는 방식의 애드온 개발이 버전 업그레이드를 어렵게 만드는 주요 원인으로 지적되어 왔습니다. 특히, 퍼블릭 클라우드 환경에서는 애초에 이러한 방식으로 기능을 수정하는 것이 불가능합니다.

이에 따라, 클라우드 버전 SAP S/4HANA 이후부터는 사전에 정의된 확장 개발 인터페이스를 활용하여 애드온을 개발하는 방식이 도입되었습니다. 이를 통해 ERP의 핵심 부분을 깨끗하게 유지(Keep the Core Clean)하는 클린 코어 전략이 제안되었습니다. 이 개념은 마이크로커널 아키텍처의 본질을 그대로 반영한 것입니다.

3.4.5 애플리케이션 아키텍처의 사례 연구

지금까지 각 사례 연구에서 채택한 애플리케이션 아키텍처를 [표 3.9]에 정리했습니다. 경비 정산 서비스는 규정 검토, 수당 계산 등 복잡한 업무 규칙을 포함하고 있어, 유지보수성을 보장하기 위해 클린 아키텍처를 적용합니다. 또한, 기업마다 상이한 규정을 유연하게 반영할 수 있도록 맞춤성이 요구되므로 마이크로커널 아키텍처를 병행하여 확장성을 확보합니다.

워크플로 서비스 역시 승인 프로세스와 관련된 복잡한 업무 규칙을 명확한 구조와 가독성 높은 코드로 구현할 수 있도록 클린 아키텍처를 채택합니다.

증빙 관리 서비스는 복잡한 업무 규칙이 많지 않아 단순한 구조의 레이어드 아키텍처를 적용합니다.

자동 분개 서비스와 부정 탐지 서비스는 수신한 데이터를 변환·처리하는 역할이 중심이므로, 데이터 흐름을 단계적으로 처리하는 파이프라인 아키텍처를 기반으로 구축합니다.

표 3.9 서비스별 애플리케이션 아키텍처 예시

서비스 분류	채택한 아키텍처 스타일
경비 정산 서비스	클린 아키텍처, 마이크로커널 아키텍처
워크플로 서비스	클린 아키텍처
증빙 관리 서비스	레이어드 아키텍처
자동 분개 서비스	파이프라인 아키텍처
부정 탐지 서비스	파이프라인 아키텍처

3.5 아키텍처의 비교 평가

3.5.1 비교 평가 매트릭스를 활용한 트레이드오프 분석

3.3절에서 설명했듯이, 아키텍처를 선택하는 과정은 트레이드오프의 연속입니다. 선택지별 장점과 단점을 비교한 후, 가장 적절한 방법을 선택하는 것이 아키텍처 설계의 핵심이라 할 수 있습니다. 우선 말해두고 싶은 것은 모든 측면에서 만점을 받는 완벽한 선택지가 존재하지 않는다는 사실입니다. 가장 좋은 것을 선택하기보다 가장 '나은' 것을 선택하는 작업이라고 생각해야 합니다. 이러한 의미에서 설계 판단은 항상 아키텍트를 깊은 고민 속에 빠뜨리는 연속적인 의사결정 과정이라 할 수 있습니다.

그렇다면, 비교 평가는 어떻게 해야 하는 것일까요? 아키텍처의 궁극적인 목표를 다시 떠올려보면, 비즈니스 요구사항을 충족시키기 위해 품질 속성을 비롯한 중요한 요소, 즉 아키텍처 드라이버를 달성하는 것이 아키텍처의 필수 조건이었습니다. 따라서 아키텍처 드라이버와 이를 세분화한 요소들이 평가의 기준이 됩니다. 이러한 평가축을 세로로 놓고, 가로축에는 선택 가능한 선택지를 정리하여 비교 평가 매트릭스를 작성합니다.

예를 들어, 3.3절에서 다룬 사례 연구에서 서비스를 분할하는 판단 기준이 된 비교 평가 매트릭스를 정리해 보면 [표 3.10]과 같습니다. '경비 정산 서비스'와 같은 대규모 하위 시스템을 서비스 단위가 큰 분할 즉, 단일 서비스로 유지할 것인지, 아니면 '신청·승인', '목록 검색', '마스터 관리'와 같은 개별 업무 단위를 마이크로

서비스로 독립시키는 세분화한 서비스 단위로 분할할 것인지, 그 분할 방침을 비교하고 평가한 것입니다. 여기서 평가 기준이 되는 세로축에는 품질 속성과 함께 제약 조건 등도 포함되어 있습니다.

표 3.10 서비스 분할 비교 평가 매트릭스 예시

평가 항목	단일 서비스 방식 (큰 단위로 묶은 서비스 분할)	세분화된 서비스 방식 (작은 단위로 묶은 서비스 분할)
시간 반응성	△ 현재 예상되는 트랜잭션량으로는 문제가 없지만, 향후 대폭 증가할 경우 서비스 전체의 스케일업 필요	○ 신청·승인과 목록 검색을 분할하면, 필요에 따라 개별적으로 스케일링 가능
분석성 (로그)	○ 문제없음	△ 서비스가 분할됨에 따라 로그 추적이 어려워져 별도의 대응이 필요
분석성 (성능)	△ 응답 지연이나 처리량 저하 등 문제 발생 시 원인 규명이 어려움	○ 성능 문제가 발생한 특정 서비스를 쉽게 파악 가능
개발팀의 기술력	○ 문제없음	△ 마이크로서비스 경험이 적어 리스크가 있음
개발 공수	○ 문제없음	△ 서비스 간 데이터 연계 등 개발 범위가 늘어나면서 예상 공수가 증가할 리스크가 있음

[표 3.10] 사례에서 볼 수 있듯, 선택지별로 장점과 단점이 공존합니다. 평가 항목별로 가중치를 부여하고 점수를 산출하는 방식도 있지만, 총점을 기준으로 기계적으로 결정하기보다는 여러 선택지 중에서 가장 유력한 후보를 추려내는 식이 바람직한 방법입니다. 궁극적으로 최종 선정은 아키텍트가 종합적인 판단을 통해 결정해야 하며, 그 과정에서 합리적이고 명확한 근거를 제시할 수 있어야 합니다.

또한 설계 과정에서 일부러 '**판단을 보류하는**' **판단**을 할 수도 있습니다. 위 사례에서 서비스 세분화 방식은 확장성 측면에서 유리하며, 특히 향후 사용자 수나 트랜잭션 규모가 증가할 경우 효과적일 수 있습니다. 그러나 개발 일정과 공수 부담이 크기 때문에 현재로서는 세분화하지 않되, 향후 필요 시 쉽게 전환할 수 있도록 대비하는 전략을 고려할 수 있습니다. 예를 들어, 모듈러 모놀리스 또는 이에 가까운 모듈 분할 방식을 채택하여, 이후 마이크로서비스로 확장할 수 있는 유연성을 확보하는 방식입니다.

> **COLUMN**
>
> ### 아키텍처 프로토타이핑 architecture prototyping
>
> 아키텍처 설계 시 여러 선택지를 비교 평가할 때, 기업 내·외부에서 수집한 다양한 정보를 활용하지만, 이론적 검토만으로는 결론을 내리기 어려운 경우가 있기도 합니다. 기술적 리스크를 완전히 해소할 수 있다는 확신이 없거나 성능에 대한 실제 데이터를 수집할 필요가 있는 경우 등이 그렇습니다.
>
> 이럴 때는 실제로 코드를 작성해 보거나 툴을 활용해 실험하는 등 기술 검증을 수행합니다. 검증해야 할 항목이 많고 복잡하다면, 이를 확인할 수 있는 샘플 애플리케이션을 제작하기도 합니다.
>
> 이러한 샘플 애플리케이션은 어디까지나 평가를 위한 프로토타입이므로, 검증이 끝나면 폐기해야 합니다. 만약 실제 제품의 소스 코드로 재사용하려 하면 평가 대상이 아닌 부분까지 과도하게 개발하게 되어 시간과 리소스를 낭비할 수 있으며, 해당 선택지를 고집하게 될 우려도 있습니다.
>
> 다만, 한 번 사용하고 폐기한다고 해도 검증 과정에서 얻은 결과는 사내 다른 프로젝트에서도 유용하게 활용될 수 있습니다. 따라서 검증 결과와 함께 관련 소스 코드를 소스 관리 저장소에 보관해 두면 사내에서 참고 자료로 활용하기 좋습니다.

3.5.2 아키텍처 의사 결정 기록

아키텍트는 서비스 분할 방침과 같은 고수준의 설계 판단뿐만 아니라, 다양한 크고 작은 설계 결정을 지속적으로 내리게 됩니다. 예를 들어 애플리케이션 아키텍처에서 채택할 패턴, 구체적인 구현 방식, 사용할 프레임워크와 라이브러리, 개발 프로세스를 지원하는 도구 등이 이에 해당합니다.

이러한 설계 판단은 아키텍트, 개발자, 그리고 기타 이해관계자 간에 투명하게 공유되어야 하며, 이를 통해 후속 개발 과정에서 올바르게 구현될 수 있도록 해야 합니다. 또한 나중에 아키텍처 변경이 필요할 때 현재의 선택이 어떤 이유로 이루어졌는지 추적할 수 있어야 합니다.

한 가지 예를 들어 보겠습니다. 어떤 아키텍트가 특정한 요구사항을 추가로 반영하기 위해 기술적 제약이 많은 A 라이브러리 대신 B 라이브러리로 교체하기로 결정했다고 가정해 봅시다. 그런데 사실 이전에 다른 아키텍트가 A와 B를 비교 평가한 적이 있었고, B는 전반적으로 우수한 평가를 받았지만 특정 라이브러리와 조합할 경우 예기치 않은 문제가 발생하는 치명적인 단점이 있어 제외되었다면 어떨까요? 이러한 정보를 간과하고 B로 변경을 진행한다면 나중에 예상치 못한 문제가 발생해 큰 차질이 빚어질 수도 있습니다.

이런 문제를 예방하고자 설계 결정을 기록하고 공유하는 것이 **아키텍처 의사 결정 기록**(ADR)입니다. ADR은 개별 설계 판단마다 하나의 파일을 작성하며, 마크다운markdown(특수 기호 기반의 텍스트 문법)과 같은 가벼운 형식으로 기술합니다.[17] 파일에는 제목, 배경, 결정 내용, 상태 등의 항목이 포함되며, 프로젝트에 따라 항목들을 커스터마이징할 수 있습니다. 다만, 1~2페이지를 넘지 않도록 간결하게 정리하는 것이 좋습니다.

텍스트 파일을 활용하는 이유는 Git 등의 소스 관리 저장소에서 소스 코드 및 기타 산출물과 함께 일관되게 관리하기 위함입니다. 프로젝트에 따라서는 그 특성에 맞게 위키wiki 등 다른 방식으로 운용해도 무방합니다.

다음은 앞서 설명한 사례 연구에서 서비스 분할 방침을 마크다운 형식으로 기술

---

17 https://www.cognitect.com/blog/2011/11/15/documenting-architecture-decisions

한 ADR 예제로, [그림 3.23]와 같이 정리했습니다.

```
# 제목
ADR-001 경비 정산 서브시스템의 서비스 분할 방침
# 배경
시스템의 논리적 분할 결과, 경비 정산 서브시스템이 하나의 서브시스템으로 통합되었다.
신청 및 승인, 목록 검색, 마스터 관리를 마이크로서비스로 독립시켜야 할지, 하나의 단일 서비스로 유지할지 결정이 필요하다.
# 결정 내용
경비 정산 서브시스템은 하나의 단일 서비스로 유지한다.
마이크로서비스로 만들면 확장성 측면에서 장점이 있지만, 개발팀의 기술 스택과 개발 공수를 고려했을 때 현재 납기 일정 내 구현하는 것이 어려울 수 있는 리스크가 크다.
# 상태
승인됨
# 비고
향후 마이크로서비스로 분리할 가능성을 고려하여, 이전이 용이한 애플리케이션 아키텍처 설계를 검토해 둔다.
[ADR-002 경비 정산 서브시스템의 모듈 구조] (./ADR-002.md) 참고
```

그림 3.23 서비스 분할 방침에 관한 ADR 예시

3.6 아키텍처 문서화

3.6.1 아키텍처 기술서

3.5절에서 소개한 ADR은 개별 설계 판단을 기록하고 공유하기 위한 경량 문서입니다. 아키텍처 전체를 설명하는 문서도 필요합니다. 이러한 문서는 아키텍처 문서architecture document, 소프트웨어 아키텍처 기술서software architecture description(SAD), 아키텍처 기술서 등 다양한 명칭으로 불리는데, 이 책에서는 '아키텍처 기술서'로 통일하여 표기합니다.

3.1절에서 인용한 아키텍처의 정의가 기술된 ISO/IEC/IEEE 42010:2011[18]은 아키텍처 기술서를 표준화한 규격입니다. 또한, SEI Software Engineering Institute[19]에서 제공하는 〈Views and Beyond〉[20]라는 아키텍처 기술서 템플릿도 있어 다운로드하여 이용할 수 있습니다.

다만, 이러한 템플릿은 형식적인 요소가 많아 그대로 사용하면 문서가 불필요하게 방대해지는 경향이 있습니다. 따라서 대규모 시스템을 구축해 고객에게 납품해야 하는 등의 특별한 사정이 없다면, 좀 더 애자일하고 간결한 문서화 방식이 더 실용적입니다. 이러한 표준 규격과 템플릿은 체계적으로 정리되어 있어 참고

---

[18] https://www.iso.org/obp/ui/es/#iso:std:iso-iec-ieee:42010:ed-1:v1:en
[19] 옮긴이_ SEI는 미국 카네기멜론대학교 산하의 소프트웨어 공학 연구 기관으로, 소프트웨어 아키텍처와 개발 방법론 연구의 기준을 제시해 왔습니다.
[20] https://insights.sei.cmu.edu/library/views-and-beyond-collection/

자료로 활용하기에 유용합니다.

아키텍처 기술서에는 다음과 같은 항목이 포함됩니다.

- 목적
- 아키텍처 드라이버
- 전체 시스템 구성
- 사용자(업무 주체)와 이해관계자
- 아키텍처 모델

목적에는 문서의 목적과 개요, 대상 독자, 아키텍처의 목표 및 지향점을 기술합니다.

아키텍처 드라이버에는 아키텍처 설계 시 고려해야 할 핵심 요소(제약, 품질 속성, 영향을 미치는 기능 요구, 기타 영향을 미치는 요소)의 목록을 작성합니다.

전체 시스템 구성에는 3.3절에서 제시한 시스템 구성 예시(그림 3.14)처럼 시스템 전체 구조를 한눈에 파악할 수 있는 그림을 기재하고, 주요 서브시스템 및 서비스의 개요를 설명합니다. 또한 더 상위 관점에서 시스템 외부 엔티티와의 관계를 포함하여 업무 흐름을 정리한 시스템 컨텍스트 다이어그램system context diagram을 추가하면 더 유용합니다.

사용자 및 이해관계자에는 시스템을 직접 사용하는 사용자뿐만 아니라, 아키텍처에 영향을 주거나 영향을 받는 이해관계자를 정리합니다. 여기에서 사용자에게 어떤 품질 속성이 중요한지, 이해관계자가 아키텍처에 어떤 관심을 가지고 어떤 영향력을 미치는지 아키텍처 설계의 배경으로서 정리해 두는 것이 좋습니다. 이해관계자로는 대표적으로 프로덕트 오너(PO), 아키텍트, 개발자, QA 엔지니어, 디자이너, 인프라 엔지니어, 보안 엔지니어, 운영팀, 고객 지원팀 등이 있습니다.

아키텍처 모델에는 아키텍처를 다양한 관점에서 모델링하여 문서화합니다. 특정 측면을 시각적으로 표현한 다이어그램과 설명이 이에 해당하며, 아키텍처 스타일이나 아키텍처 패턴을 활용해 시스템 구성을 도식화한 다이어그램도 포함될 수 있습니다.

3.6.2 아키텍처 모델

아키텍처 기술서에서 아키텍처 모델을 어떻게 표현하면 좋을지 좀 더 자세히 살펴보겠습니다.

이해관계자들은 저마다 관심사가 달라 아키텍처에서 알고 싶은 관점이 다릅니다. 이러한 관심사와 관점에 따라 아키텍처를 파악하는 방법 또는 시각을 **뷰포인트**viewpoint라고 합니다. 그리고 각 뷰포인트에 따라 실제로 아키텍처를 모델로 표현한 개별 도면을 **뷰**view라고 합니다.

예를 들어, 시스템 운영 및 관리를 담당하는 운영팀은 시스템이 어떤 단위로 배포되며, 운영 상태를 어떻게 모니터링할 수 있는지에 관심을 가집니다. 이에 대응하는 것이 배치 뷰포인트이며, 이를 표현하는 방법으로 UML의 배치도를 활용할 수 있습니다. 즉, 이 경우 UML 배치도를 통해 시스템의 실제 배포 구성을 구체적으로 나타낸 도면이 뷰에 해당합니다.

아키텍처 모델을 이해관계자의 관심사에 맞게 적절히 표현하는 대표적인 뷰포인트 세트로 4+1 뷰와 C4 모델이 있습니다. 뷰포인트 세트는 여러 개의 뷰포인트를 체계적으로 정리하여 하나의 프레임워크 형태로 구성한 것입니다. 각 모델의 특징을 설명하겠습니다.

☑ 4+1 뷰

[그림 3.24]의 **4+1 뷰**[21]는 필립 크뤼슈텐이 1995년에 발표한 논문에서 제시한 것입니다. 이후 래셔널 통합 프로세스rational unified process (RUP, UML 기반 객체지향 개발 방법론)에도 채택되면서 유명해졌습니다.

4+1 뷰를 활용한 아키텍처 모델링에서는 여러 뷰포인트를 통해 다양한 이해관계

---

[21] https://www.cs.ubc.ca/~gregor/teaching/papers/4+1view-architecture.pdf

자의 관심사를 개별적으로 다룹니다. 여기서 4+1 뷰의 '뷰'는 뷰포인트(관점)를 의미한다고 보면 됩니다.

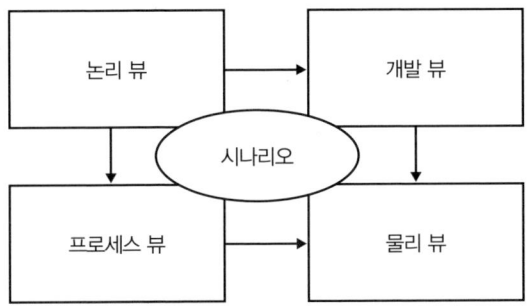

그림 3.24 4+1 뷰

논리 뷰^{logical view}는 소프트웨어의 논리적 구조를 나타내는 뷰포인트로, 레이어 구조, 컴포넌트 구조, 클래스 구조 등을 UML의 패키지 다이어그램이나 클래스 다이어그램 등을 이용해 표현합니다. 3.4절에서 설명한 3계층 아키텍처의 컴포넌트 유형 구성 예(그림 3.17)처럼 시스템의 기본 구조를 설명하거나, 아키텍처에서 중요한 설계 요소를 강조하는 데 적합합니다.

개발 뷰^{implementation view}는 소프트웨어의 구현 관점에서 구조를 나타내는 뷰포인트로, **구현 뷰**라고도 합니다. 네임스페이스나 패키지를 활용해 계층화된 모듈 구조를 표현하거나 JAR, DLL 등의 어셈블리와의 대응 관계를 디렉토리 구조도나 UML 패키지 다이어그램 등을 통해 나타낼 수 있습니다.

프로세스 뷰^{process view}는 시스템 실행 시의 프로세스 및 태스크의 병렬성과 동시성을 표현하는 뷰포인트입니다. 예를 들어, 멀티스레드 환경에서의 실행 구조를 표현하는 데 적합합니다. 또한 마이크로서비스 아키텍처에서 여러 서비스가 협력하여 처리하는 방식이나 분산 트랜잭션이 실패했을 때 보상 트랜잭션의 흐름을 나타내는 것도 프로세스 뷰를 활용하면 효과적입니다. 일반적으로 UML의 시퀀스 다이어그램 등을 사용하여 표현합니다.

물리 뷰deployment view는 시스템의 각 모듈이 배치되는 환경을 표현하는 뷰포인트로, **배치 뷰**라고도 합니다. 과거에는 주로 물리적 하드웨어 구성을 나타냈으나, 현재는 클라우드 환경, 가상 환경, 컨테이너 기반 환경 등을 반영하는 것이 일반적입니다. 예를 들어, AWS의 클라우드 환경에서는 독자적인 아이콘을 사용한 아키텍처 다이어그램[22]을 사용하여 시스템 구성을 표현하는 것이 널리 활용됩니다(그림 3.25).

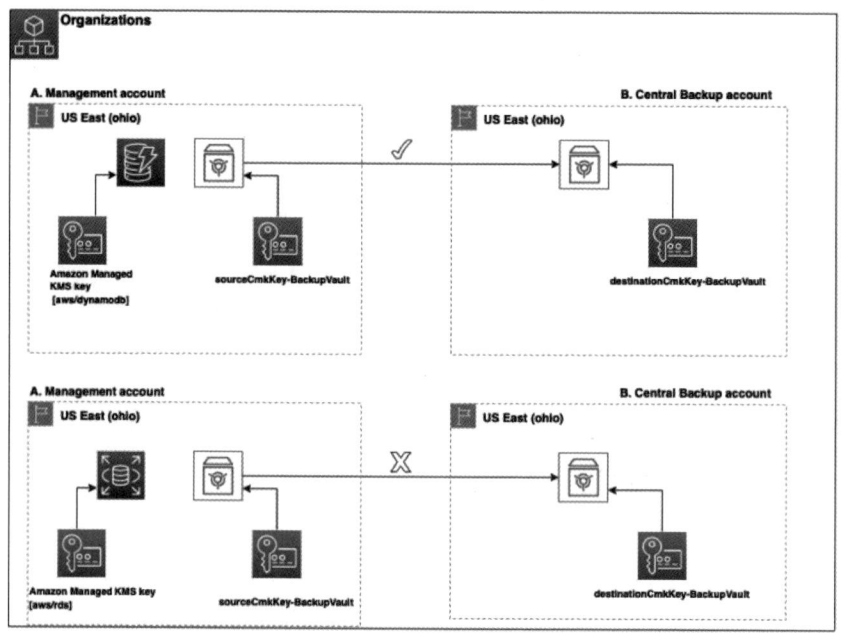

그림 3.25 AWS의 아키텍처 다이어그램

마지막으로, 4+1 뷰의 '+1'에 해당하는 **시나리오 뷰**가 있습니다. **유스케이스 뷰**use case view라고도 하며, 앞서 설명한 네 가지 뷰포인트로 표현된 아키텍처를 보다 쉽게 이해할 수 있도록 핵심 유스케이스 시나리오를 포함합니다. 이 시나리오 뷰를 통해 아키텍처 설계의 타당성을 검토하고, 아키텍처 구현 초기에 사용할 유스케

---

[22] https://aws.amazon.com/ko/what-is/architecture-diagramming/

이스 후보를 도출할 수 있습니다. 이러한 유스케이스는 4장에서 자세히 다룹니다.

☑ C4 모델

C4 모델[23]은 사이먼 브라운이 고안한 모델로, 시스템을 네 가지 서로 다른 추상화 레벨로 나누어 각 수준에 적합한 다이어그램을 사용해 아키텍처를 모델링합니다. 이로써 관심사를 효과적으로 분리하고, 소프트웨어 개발 과정에서 원활한 커뮤니케이션을 돕는 것을 목표로 합니다.

이 네 가지 추상화 레벨은 컨텍스트context, 컨테이너containers, 구성 요소components, 코드code로 구성됩니다. 설계자는 마치 지도 애플리케이션에서 관심 지역을 확대하거나 축소하듯, 필요에 따라 추상화 레벨을 조정하며 자신이 해결하고자 하는 특정 관심사(문제)에 가장 적합한 모델을 선택해 활용합니다.

[그림 3.26]은 C4 모델의 공식 사이트에 기재된 소프트웨어 시스템 구조를 보여줍니다.

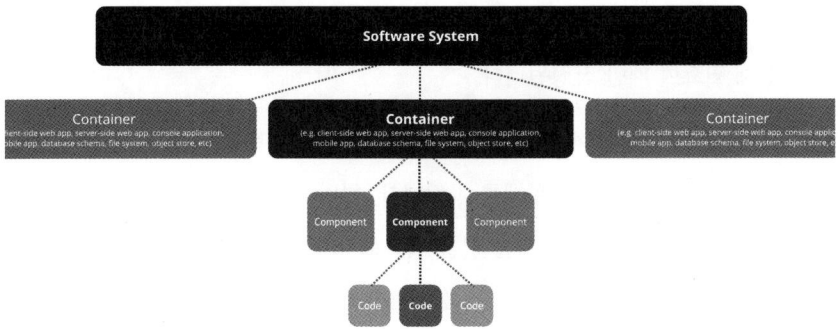

A **software system** is made up of one or more **containers** (applications and data stores), each of which contains one or more **components**, which in turn are implemented by one or more **code** elements (classes, interfaces, objects, functions, etc).

그림 3.26 C4 모델의 소프트웨어 시스템 구조

---

[23] *https://c4model.com/*

컨텍스트는 가장 추상적인 레벨에서 소프트웨어 시스템([그림 3.26]의 상단 요소)과 외부 엔티티(사용자 및 외부 시스템) 간의 상호작용을 파악하여 구조화한 모델링 단위이며, 시스템 컨텍스트 다이어그램으로 표현합니다.

컨테이너는 시스템을 구성하는 요소로, 독립적으로 배포 가능한 실행 단위입니다. 구체적으로는 웹 애플리케이션, 마이크로서비스, 데이터 저장소 등이 포함됩니다. 이 레벨에서 모델링한 예로는 3.3절의 사례 연구 시스템 구성 예(그림 3.14)를 참고할 수 있습니다.

컴포넌트는 컨테이너 내부의 개별 요소로, 명확하게 정의된 인터페이스를 가지고 일관된 동작을 제공합니다. 컴포넌트 레벨에서는 UML의 클래스 다이어그램이나 시퀀스 다이어그램^{sequence diagram}을 사용하여 정적 구조나 동적 상호작용을 표현합니다.

코드는 실제 구현 단계에서의 구성 단위로, 객체 지향 언어에서는 클래스와 인터페이스가 이에 해당합니다. 코드 레벨에서도 UML 클래스 다이어그램이나 시퀀스 다이어그램 등으로 표현할 수 있지만, 너무 세부적인 내용까지 다루게 되므로 선택적으로 활용하는 것이 일반적입니다. 주로 중요한 컴포넌트나 복잡한 컴포넌트에 한해 필요할 때만 작성됩니다.

이 책에서도 2장에서 설계의 네 가지 추상화 레벨을 정의했으며, 이를 C4 모델과 비교하면 [표 3.11]과 같은 관계를 가집니다. 다만, C4 모델에는 '컨텍스트' 개념이 포함되어 있지만, 이 책에서는 이를 별도로 다루지 않습니다. 그 이유는 이 책에서는 컨텍스트를 비즈니스나 업무 전체를 파악하는 요구사항 정의 활동의 일부로 간주하고, 아키텍처 설계에서 다뤄야 할 추상화 레벨로는 보지 않기 때문입니다. 한편, C4 모델에서 정의한 컴포넌트 개념은 이 책에서 사용하는 컴포넌트의 개념과 완전히 동일합니다.

표 3.11 C4 모델과 이 책의 설계 추상화 레벨 비교

C4 모델의 추상화 레벨	이 책의 설계 추상화 레벨
컨텍스트	없음
컨테이너	아키텍처 설계
컴포넌트	모듈 설계 컴포넌트 설계
코드	클래스 설계

C4 모델에서는 표준 표기법을 명확히 정의하지 않았습니다. 공식 사이트에 소개된 다이어그램의 대부분이 UML을 기반으로 하지만, 표준 UML 표기법만으로 표현하기 어려운 경우 독자적인 아이콘이나 요소를 추가하는 등 표현력을 극대화하는 데 중점을 둡니다.

다만, 소프트웨어 개발팀에서 공통된 커뮤니케이션 도구로 활용하려면 표기 방식의 일관성이 필요합니다. 이를 위해 C4 모델에서는 도표 표기에 관한 권장 사항을 정리해 두고 있습니다. 예를 들어 도형이나 화살표의 종류별로 그것이 무엇을 나타내는지 설명하는 범례를 포함해야 합니다. 자세한 내용은 C4 모델의 공식 사이트를 참고합니다. 마지막으로, 경비 정산 사례를 기반으로 작성한 시스템 컨텍스트 다이어그램의 예를 [그림 3.27]로 나타냅니다.

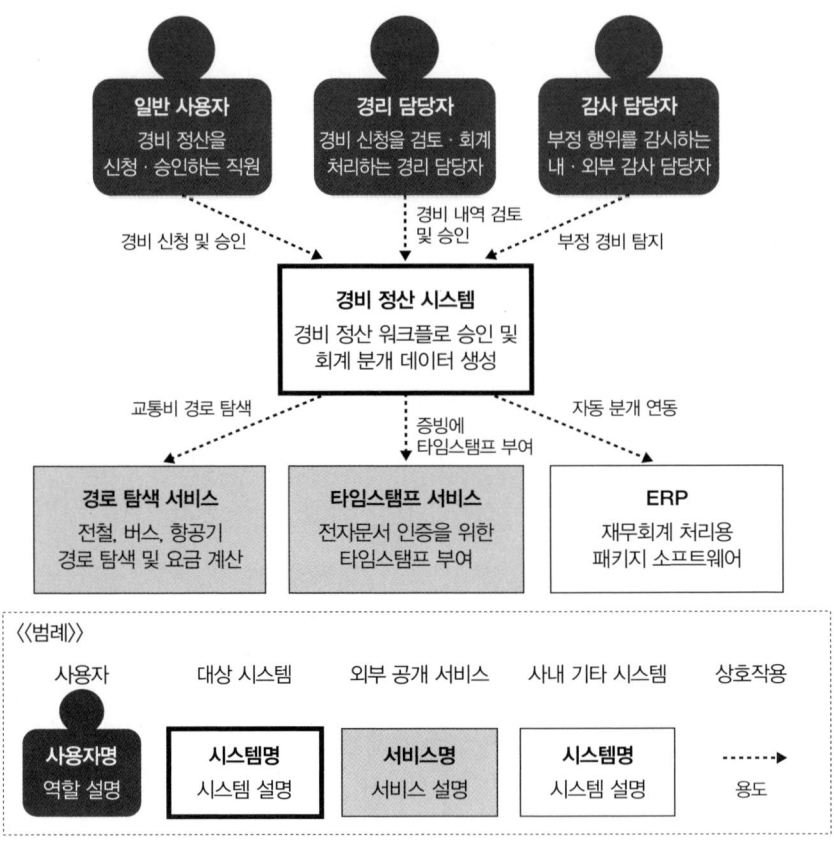

그림 3.27 시스템 컨텍스트 다이어그램 예시

4장 아키텍처 구현

chapter 4

4.1 구현 단계에서 아키텍트의 역할

4.1.1 애플리케이션 기반 구축

3장에서는 시스템 아키텍처를 선정하고 각 서비스를 어떤 애플리케이션 아키텍처로 구현할지 결정하는 과정을 살펴보았습니다. 4장에서는 이렇게 설계한 아키텍처를 실제 소프트웨어로 구현하는 방법을 살펴봅니다. 아키텍트가 중심이 되어 수행해야 하는 핵심 작업들을 하나씩 짚어보겠습니다.

가장 먼저 살펴볼 작업은 애플리케이션의 기반을 구축하는 일입니다. 실제 운영 환경에 배포되어 실행되는 애플리케이션은 보통 [그림 4.1]과 같은 계층 구조를 따릅니다.

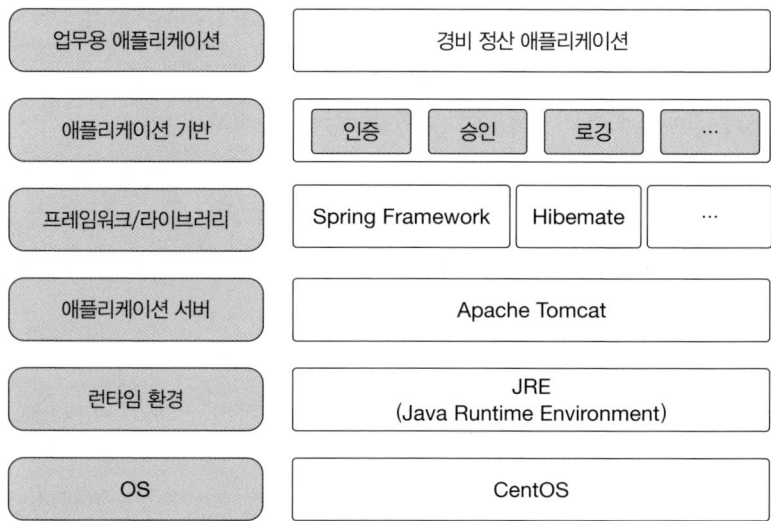

그림 4.1 실제 운영 환경에서의 애플리케이션 구조

[그림 4.1]은 자바 웹 애플리케이션의 대표적인 구조 예시 중 하나입니다. 실제로는 프로그래밍 언어마다 전형적인 구조가 다르고, 사용되는 기술과 소프트웨어의 조합도 다양합니다. 예를 들어, 하나의 소프트웨어가 여러 역할을 수행하는 경우도 있습니다. JavaScript 기반 웹 애플리케이션의 백엔드를 구축할 때, Node.js[1] 와 Express[2] 조합은 흔히 볼 수 있는 조합입니다. Node.js는 JavaScript 런타임 환경이면서 동시에 애플리케이션 서버 역할을 수행하며, Express는 웹 애플리케이션을 위한 프레임워크로 기능합니다.

각 계층에서 사용할 프로그래밍 언어, 소프트웨어 제품, 프레임워크, 라이브러리 등은 아키텍처 드라이버를 기반으로 아키텍트가 결정합니다.

[그림 4.1]을 보면 계층이 아래로 갈수록 범용성이 높고, 위로 갈수록 특정 목적에 특화된 기능을 제공하는 것을 알 수 있습니다. 애플리케이션 서버는 웹 애플리

---

[1] https://nodejs.org/ko

[2] https://expressjs.com/ko/

케이션 실행에 필요한 기본 기능을 제공합니다. 그 위에 위치한 프레임워크/라이브러리는 컴포넌트의 라이프사이클 관리, 데이터베이스 영속화persistence(지속 저장 처리)와 같은 특정 목적의 기능을 업무 애플리케이션에 제공합니다.

업무용 애플리케이션과 프레임워크/라이브러리 사이에는 중간 계층을 두는 경우가 많습니다. 이 계층을 이 책에서는 **애플리케이션 기반**이라 부르며, 다음과 같은 역할을 합니다.

- 애플리케이션의 특성과 유스케이스에 적합한 공통 기능을 제공한다.
- 프레임워크와 라이브러리의 내부를 숨기고 추상화하여 애플리케이션 개발자가 더 쉽게 활용할 수 있도록 한다.
- 프레임워크나 라이브러리에 직접 의존하지 않도록 설계하여 향후 교체 가능성을 열어둔다.

애플리케이션 기반의 공통 기능은 아키텍트가 직접 설계하고 구현을 주도합니다. 대규모 프로젝트에서는 공통 기반 전담 팀을 구성하여 체계적으로 구축하는 경우도 많습니다. 애플리케이션 기반의 구현에 대해서는 4.4절에서 자세히 살펴보겠습니다.

4.1.2 애플리케이션 개발 플로 구축

애플리케이션 기반에 필요한 공통 기능을 갖추는 것만으로 순조롭게 개발된다고 보장할 수 없습니다. 어떤 절차로 진행할 것인지 공통된 개발 규칙을 정의하고, 이를 팀 전체에 정착시키는 것이 중요합니다. 또한 실제 개발하는 데 필요한 환경과 도구를 준비하는 작업도 필요합니다. 이러한 과정을 주도하여 애플리케이션 개발 플로flow(작업 흐름)를 확립하는 것 역시 아키텍트의 중요한 역할입니다.

[그림 4.2]는 애플리케이션 개발의 전체 흐름을 도식화한 것입니다. 요구된 동작을 애플리케이션 기능으로 구현하려면 기능 명세서, 설계서와 같이 입력 정보를 담은 문서가 필요합니다. 이때, 작성 시기와 문서 종류 그리고 그에 대한 리뷰 및

승인 방식은 일련의 프로젝트 개발 프로세스로서 표준화해야 합니다. 개발자가 원활하게 환경을 설정하고 구현할 수 있도록 가이드라인을 마련하고, 구현 시 준수해야 할 개발 규약을 정비하는 것 또한 아키텍트의 역할입니다.

개발한 소스 코드와 관련 자료는 버전 관리 시스템에서 체계적으로 관리해야 하므로 개발 산출물의 구성 요소를 관리하는 정책 수립이 중요합니다. 소스 코드를 빌드하고 정적 분석static analysis(코드 실행 없는 품질 검사) 및 테스트를 수행한 뒤, 테스트 환경이나 프로덕션 환경production environment(실서비스 환경)에 배포하는 일련의 과정은 CI/CD 도구(빌드·배포 자동화 시스템)를 이용하여 자동화하는 것을 권장합니다. 아키텍트는 이러한 과정에서 적절한 도구를 선정하고, 실제 빌드 프로세스를 구축하는 역할을 합니다. 이와 같은 개발 프로세스 표준화, 개발자용 문서 작성, 구성 관리 및 CI/CD 구축에 대한 구체적인 내용은 4.6절에서 상세히 다루겠습니다.

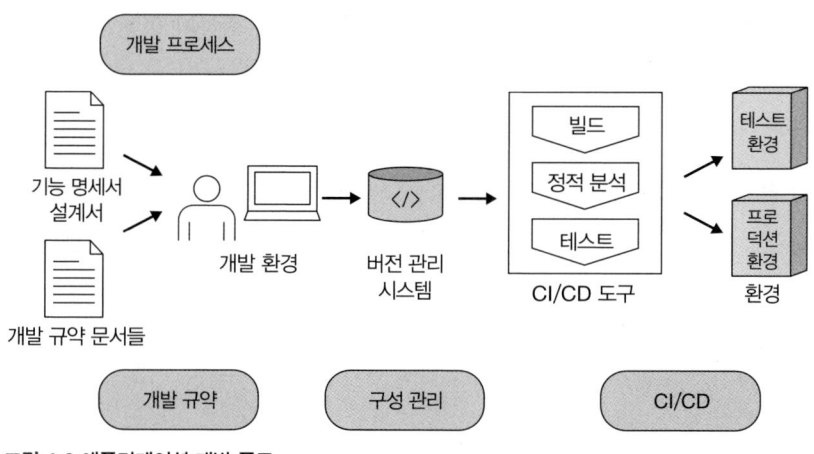

그림 4.2 애플리케이션 개발 플로

4.2 개발 프로세스 표준화

4.2.1 문서 표준화

2장에서 소프트웨어 개발 프로세스의 전반적인 내용을 설명하였지만, 여기서 다시 한번 되짚어 보겠습니다.

요구사항 분석 단계에서는 To-Be 업무 흐름도와 달성하고자 하는 업무 프로세스를 정리하고, 이를 구현하기 위해 소프트웨어가 사용자에게 제공해야 할 기능을 유스케이스 모델로 작성합니다. 또한 유스케이스를 충족하기 위해 필요한 화면과 각종 업무 산출물, 외부 인터페이스를 목록화하고 각 항목의 사양을 기능 명세서에 기술합니다.

설계 단계에서는 유스케이스 모델과 기능 명세서를 기반으로 이를 소스 코드에 반영하는 작업을 수행합니다. 필요에 따라 협업 다이어그램 등 UML 다이어그램을 작성하여 문서화하기도 합니다.

그런데 아키텍처 구현 작업은 시스템 구축 초기에 수행되므로, 일반적인 애플리케이션 기능 개발보다 먼저 수행됩니다. 따라서 애플리케이션 기능의 설계 및 구현을 위한 입력 문서 또한 사전에 표준화해 둘 필요가 있습니다. 보통은 아키텍처 구현과 병행하여 문서 표준화를 진행하거나 아키텍처를 먼저 구현한 뒤 이를 기반으로 표준화된 문서가 실제 개발에 적합한지를 검증하는 식으로 진행합니다.

아키텍트의 핵심 활동인 아키텍처 설계의 관점에서 보면, 개발 프로세스나 문서 표준화는 직접적인 역할에 포함되지는 않습니다. 그러나 실제 개발 현장에서는 소프트웨어 엔지니어링에 정통한 아키텍트가 표준화를 지원하거나, 경우에 따라 이를 주도하는 사례도 적지 않습니다. 이 책에서는 문서 표준화도 함께 다루겠습니다.

4.2.2 기능 명세서 표준화

기능 명세서는 요구사항 분석이 마무리될 무렵 작성합니다. 이를 표준화할 때 주의해야 할 점을 살펴보겠습니다.

☑ 유스케이스 다이어그램

유스케이스 다이어그램은 사용자(업무 주체)와 유스케이스 간의 관계를 시각적으로 한눈에 파악하기 위해 작성합니다. 이 다이어그램은 UML이라는 표준화 기법을 사용하므로, 기본적인 표기법은 이미 통일되어 있는 경우가 많습니다. 하지만 작성자에 따라 다이어그램의 단위, 유스케이스의 세분화 수준, 표현 방식이 달라질 수 있어 일정한 정책을 정해두는 것이 좋습니다.

실제로 유스케이스 다이어그램을 작성하는 담당자는 업무 지식은 있지만, UML에 대한 이해와 경험이 부족한 경우가 많습니다. 따라서 유스케이스 다이어그램은 최대한 단순하게 표현합니다.

유스케이스 다이어그램에서는 요소 간 의존 관계를 나타내기 위해 일반화 관계, 포함 관계, 확장 관계라는 개념을 사용합니다(그림 4.3). 일반화 관계generalization relationship는 공통된 동작을 가진 여러 유스케이스를 묶어, 이를 추상적인 부모(상위) 유스케이스와 구체적인 자식(하위) 유스케이스 간의 관계로 표현합니다. 포함 관계include relationship는 여러 유스케이스에서 반복되는 공통 기능을 하나의 유스케이스로 분리하고, 상위 유스케이스가 이를 호출하는 관계입니다. 확장 관계 extend relationship는 특정 유스케이스 내에서 인터럽트interrupt (실행 흐름 중단) 조건을 확장점으로 정의하고, 해당 조건이 만족될 때 별도의 유스케이스가 실행되도록 정의되는 관계를 말합니다.

세 가지 개념은 객체지향 개념에 익숙하지 않으면 이해하기 어려워 업무 담당자에게는 진입 장벽이 높은 편입니다. 특히 포함과 확장의 관계는 화살표 방향 등을 잘못 사용하는 경우가 많아, 원칙적으로 사용을 제한하는 것이 바람직할 수도 있습니다. 예를 들어, 유스케이스 다이어그램에서의 확장 예시는 '개인이 선결제한 경비에 대해 사전 신청이 있다'는 인터럽트 조건이 만족되면, '선결제된 경비 정산하기' 유스케이스가 실행됨을 나타냅니다. 하지만 업무 담당자 입장에서는 이러한 흐름을 다이어그램으로 정확히 표현하는 데 어렵다는 점에서, 보통은 '경비 정산 신청하기' 유스케이스 설명 안에 해당 조건과 처리 과정을 함께 기술하는 경우가 많습니다. 이처럼 설명이 명확히 정리되어 있다면, 굳이 해당 관계를 다이어그램으로 나타내지 않아도 충분합니다.

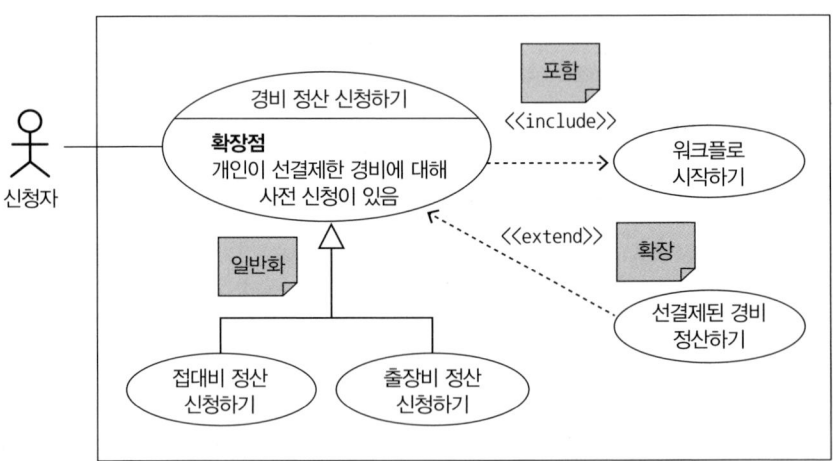

그림 4.3 유스케이스 다이어그램 (일반화 관계, 포함 관계, 확장 관계)

☑ 유스케이스 기술서

유스케이스 모델에서는 각 유스케이스의 동작 요구사항을 구체적으로 정리한 유스케이스 기술서 use case description가 특히 중요합니다. 사용자는 시스템을 이용하여 특정 목적을 달성하기 위해 유스케이스를 실행합니다. 유스케이스는 사용자가 요청을 보내고 시스템이 응답하는 일련의 흐름으로 구성되며, 이러한 상호작용이 핵심입니다. 이 과정에서는 순조롭게 진행되는 성공 시나리오뿐만 아니라 중간에 문제가 발생하는 예외 시나리오 등 여러 흐름으로 전개될 수 있습니다. 유스케이스 기술서는 이처럼 다양한 시나리오를 일정한 형식에 따라 정리한 문서입니다.

[표 4.1]은 3장에서 다룬 경비 정산 사례를 기반으로 한 유스케이스 기술서 예시입니다.

표 4.1 유스케이스 기술서 예시

유스케이스명	경비 정산 신청하기
사용자	• 주(주 사용자): 신청자 • 부(부 사용자): 워크플로 서비스, 증빙 관리 서비스
요약	직원이 업무상 선결제한 경비를 회사에 청구하기 위해 신청한다.
사전 조건	회계 기간이 열려 있다.
사후 조건	• 워크플로가 시작되고 승인자가 지정되어 있다. • 신청자가 업로드한 증빙자료에 타임스탬프가 부여되어 등록된다.
주요 성공 시나리오	1. 사용자는 자신이 선결제한 비용의 금액, 용도 등의 정보를 입력한다. 2. 시스템은 입력 내용을 확인한다. 3. 사용자는 증빙자료를 업로드한다. 4. 시스템은 증빙자료가 유효한지 확인한다. 5. 사용자는 경비 정산을 신청한다. 6. 시스템은 신청번호를 부여하고, 워크플로 서비스를 호출하여 신청 처리를 진행한다. 또한 증빙 관리 서비스를 호출하여 증빙을 등록한다.

유스케이스명	경비 정산 신청하기
예외 시나리오	2a. 입력 내용이 충분하지 않은 경우, 시스템은 오류 메시지를 표시하고 사용자에게 수정을 촉구한다. 4a. 증빙자료가 전자문서 및 전자거래 기본법 요건을 충족하지 못하는 경우, 시스템은 오류 메시지를 표시하고 사용자에게 수정을 촉구한다. [BR-010] 6a. 워크플로 설정이 잘못되어 승인자를 찾을 수 없는 경우, 시스템은 오류 메시지를 표시하고 유스케이스를 종료한다.
대체 시나리오	• 사전 신청이 있는 경우 1a. 사용자는 경비 정보 외에 사전 신청 항목을 선택한다. 2b. 선택한 사전 신청 항목이 이미 개인 결제로 처리된 경우, 해당 금액은 정산할 비용에서 상계 처리한다. [BR-020]
비즈니스 규칙	[BR-010] 전자문서 및 전자거래 기본법의 보존 요건 점검 [BR-020] 개인이 선결제한 비용의 상계 처리

여기에서 제시한 유스케이스 기술서는 하나의 예시 형식입니다. 조직 내 표준 포맷이 있다면 이를 사용하거나, 필요에 따라 커스터마이징하여 활용하는 것이 좋습니다.

사용자란에는 유스케이스를 실행하고 시스템과의 상호작용을 시작하는 주 사용자primary actor를 기재합니다. 이외에도 관련된 사용자가 있다면 부 사용자supporting actor로 기재합니다. 또한 다른 시스템이나 서비스와 연동하는 경우 이들도 부 사용자로 포함하는 것이 좋습니다.

요약란에는 유스케이스의 업무적 목적과 처리 개요를 간결하게 정리합니다.

사전 조건precondition란에는 유스케이스를 시작하기 위해 충족해야 하는 조건을, 사후 조건postcondition란에는 유스케이스가 정상적으로 종료된 후 충족해야 하는 조건을 기재합니다.

주요 성공 시나리오란에는 유스케이스가 정상적으로 실행되어 사용자가 목표를 달성하는 이른바 해피패스happy path의 대표적인 시나리오 절차를 기술합니다. 일반적으로 '사용자는 ~한다', '시스템은 ~한다' 와 같은 방식으로 번갈아 서술합니다. 또한 두 개의 열로 나누어 왼쪽에는 사용자의 요청, 오른쪽에는 시스템의 응답을 기재하는 형식도 사용됩니다.

시나리오의 각 단계에서 어떤 문제가 발생하여 유스케이스가 중단되거나 종료되는 경우 예외 시나리오란에 그 상황과 동작을 기재합니다. 주요 성공 시나리오의 2단계에서 문제가 발생하면 2a, 2b 등의 형식으로 번호를 매기는 방식이 널리 사용됩니다. 특정 상황에서 주요 성공 시나리오와 다른 상호작용이 발생하는 경우, 대체 시나리오란에 그 내용을 기재합니다.

비즈니스 규칙란에는 유스케이스의 처리 절차에서 참조되는 비즈니스 규칙을 기재합니다. 유스케이스 기술서에서는 비즈니스 규칙이나 비즈니스 로직을 상세히 기술하지 않고, 별도의 외부 문서에 정의해두고 이를 참조하는 방식이 일반적입니다.

☑ 유스케이스 기술서 작성 시 핵심 고려 사항

유스케이스 기술서를 작성할 때 가장 중요한 것은 적절한 추상화 레벨에서 기술하는 것입니다. 『앨리스터 코오번의 유스케이스』(인사이트, 2011)에 따르면 유스케이스에는 요약, 사용자 목표, 하위 기능의 세 가지 목표 레벨이 있는데, 이 중 사용자 목표가 가장 중요하다고 합니다. 따라서 기본적으로 이 레벨에서 유스케이스를 정리해 기술서에 포함합니다.

이 책에서는 사용자 목표의 적절한 크기(작업 범위)에 대해 다음과 같이 설명하고 있습니다.

> 사용자 목표는 '주 사용자가 이 작업을 수행한 뒤 만족하고 떠날 수 있는가?'라는 질문에 대응하는 것입니다. 예를 들어, 사용자가 어떤 직원이라고 한다면, '이 작업을 하루에 몇 건 수행했는지가 그 직원의 성과에 영향을 주는지' 혹은 '작업을 마친 뒤 커피 한 잔 할 수 있을 만큼 적당한 분량의 작업인지' 등이 판단 기준이 됩니다. 즉,

대부분 한 사람이 중단 없이 수행할 수 있는 작업(2분에서 20분 정도)이 이에 해당합니다.

추가적으로 고려해야 할 사항은 다음과 같습니다.

- 사전 조건과 사후 조건은 시스템 외부에 있는 사용자가 인식할 수 있는 상태만 기술하고, 시스템 내부 상태는 포함하지 않는다.

  잘못된 예: 신청서 테이블에 데이터가 등록된다.

  올바른 예: 신청서가 작성되고, 워크플로가 시작된다.

- 사용자 인터페이스에 의존하는 표현을 피한다.

  잘못된 예: 신청 버튼을 클릭한다.

  올바른 예: 입력 내용에 오류가 없는지 확인 후 신청을 수행한다.

- 화면이나 장부의 개별 항목을 나열하지 않고, 정보의 청크 형태로 기술한다.

  잘못된 예: 비용의 용도, 사용처, 금액, 세금, 사용일 등을 입력한다.

  올바른 예: 먼저 지불한 경비 정보를 입력하고, 관련 증빙자료를 업로드한다.

- 비즈니스 규칙이나 비즈니스 로직의 세부 사항은 기술하지 않는다.

- 사용자가 직접 처리할 수 없는 시스템적 예외(예: DB 장애, 서버 오류)는 기술하지 않지만, 사용자가 개입할 수 있는 예외 상황이라면 포함한다.

  잘못된 예: 데이터베이스 처리 중 예기치 않은 오류가 발생하면 시스템 오류 화면이 표시된다.

  올바른 예: 입력 내용이 불완전한 경우, 시스템에서 오류를 표시한다.

☑ 기능 명세서

유스케이스를 기술할 때 사용자 인터페이스에 의존하는 표현은 피해야 한다고 설명했습니다. 그 이유는 유스케이스는 사용자 역할과 시스템 간의 상호작용에 초점을 맞춰 기술해야 하기 때문입니다. 반면, 실제 사용자 인터페이스로 구현될 화면이나 각종 출력 서식(증빙 양식 등)의 구성은 기능 명세서를 통해 정의합니다.

기능 명세서에는 일반적으로 다음과 같은 항목을 기재합니다.

- 화면 전환도
- 화면 레이아웃 정의 (각종 문서 서식의 레이아웃 포함)
- 항목 정의
- 화면 이벤트 정의
- 로직 정의

기능 명세서는 조직 내 표준 형식이 있다면 이를 기반으로 작성하는 것이 좋습니다. 실제로 작성할 때는 시스템의 외부 요구사항을 기술하는 문서라는 점을 염두에 두어야 합니다. 특히 로직을 정의할 때는 개발자의 관점에서 내부 처리 절차를 작성하기 쉬우므로 주의가 필요합니다. 기능 명세서는 '어떻게 실현할지(How)'가 아니라, '무엇을 할지(What)'를 설명하는 문서여야 합니다.

자신을 QA 엔지니어라고 가정하고 해당 명세서를 읽고 내용을 이해할 수 있는지, 그리고 그 내용을 바탕으로 구체적인 테스트 케이스를 설계할 수 있는지 스스로 질문해 보는 것이 좋습니다.

기능 명세서의 각 항목은 문장으로만 표현하기보다 다이어그램이나 표 등을 활용하면 더욱 효과적입니다. 또한 구체적인 예시를 곁들이면 명세서를 읽는 사람의 이해를 도울 수 있습니다.

COLUMN

유저 스토리 user story

애자일 개발 프로세스를 채택한 프로젝트에서는 문서를 최소화하는 경향이 있습니다. 이러한 애자일 환경에서는 요구사항을 정의할 때 유스케이스 대신 사용자 관점에서 기능을 간결하게 설명하는 유저 스토리를 주로 사용합니다.

유저 스토리는 보통 한 장의 카드에 담을 수 있을 만큼 짧고 명확하게 작성되며, 다양한 형식이 존재합니다. 그중에서도 필자가 선호하는 형식은 다음과

같습니다.**3**

    〈비즈니스 가치 달성〉을 위해

    〈사용자 유형〉으로서

    〈시스템의 기능〉을 원한다

아래는 예제입니다.

    부정한 경비 사용으로 인한 회사 손실을 방지하기 위해

    감사 담당자로서

    부정이 의심되는 경비 정산 신청을 감지하는 기능을 원한다

이처럼 단순한 형식만으로는 요구사항을 충분히 정의하기 어렵습니다. 따라서 유저 스토리를 바탕으로 고객 또는 고객을 대신할 수 있는 사람과 논의하며, 상세한 요구사항을 반영하고 시스템의 구체적인 동작을 명확히 정의합니다. 이후 이렇게 정리한 구체적인 동작을 기준으로 요구사항이 충족되는지 판단할 수 있도록 사용자 수용 테스트 user acceptance test (UAT)[4]를 정의하고 문서화합니다.

4.2.3 설계서 표준화

설계 작업 중 어떤 설계를 문서로 남길지, 그 안에 어떤 내용을 포함할지는 프로젝트마다 다릅니다. 클래스 다이어그램이나 협업 다이어그램을 상세하게 미리 작성하더라도, 실제로 소스 코드로 구현하는 과정에서 그대로 반영되지 않는 경우가 많아 설계서와 소스 코드가 항상 일치하도록 관리하는 것은 쉽지 않은 일입니

---

[3] 『BDD in Action Behavior-Driven Development for the whole software lifecycle』 (Manning Publications, 2015)
[4] 옮긴이_ 사용자 수용 테스트는 실제 운영 환경을 가정해 시스템이 사용자 요구를 만족하는지 최종 점검하는 테스트입니다. 관련 내용은 5.1절에서 다룹니다.

다. 많은 경우, 구현 전 예비 설계 문서를 작성하여 활용하고 구현이 끝나면 폐기합니다. 설계서를 문서화하지 않는다면 2장에서 소개한 CRC 카드처럼 직접 메모하며 개념을 정리하는 아날로그 방식을 활용하기도 합니다.

고객에게 제공하기 위해 UML 다이어그램을 공식 문서로서 작성하는 경우도 있습니다. 하지만 실제로 더 현실적인 문서화 방식은 최종 소스 코드에서 리버스 엔지니어링reverse engineering[5]으로 소스 코드에서 역으로 설계 구조를 도출하여 다이어그램을 생성하는 것입니다.

시스템 중에서도 특히 필요에 따라 복잡한 처리 등에 대해서만 설계서를 작성하는 것도 합리적인 접근 방식입니다. 물론 이를 위한 작성 기준은 미리 마련해 두어야 합니다.

한편, 어떤 프로젝트에서든 반드시 작성하는 것이 좋은 설계서도 있습니다. 대표적인 예가 데이터베이스 관련 설계 문서입니다. 여기에는 ER 다이어그램entity-relationship diagram(엔티티 관계도), 테이블 목록, 테이블 정의서 등이 포함됩니다. 데이터베이스 설계를 위해서는 몇 가지 표준화 정책이 필요한데, 정규화 정책(데이터 중복을 줄이는 테이블 구조 정리 원칙), 키 설계 정책(기본 키, 외래 키 등의 설계 기준), DB 객체 명명 규약(테이블, 컬럼 등의 명명 규약) 등이 이에 해당합니다. 데이터베이스 설계는 전문적인 기술이 요구되므로, 전담 데이터베이스 관리자database administrator(DBA)를 두어 표준화 및 설계를 맡기는 경우도 많습니다.

---

[5] 옮긴이_ 리버스 엔지니어링 시에는 언어별 특성에 따라 구조 분석 방식이 달라지므로, Java(ObjectAid), C#(Visual Studio), Python(Pyreverse) 등 각 언어에 적합한 도구를 선택하여 사용합니다.

4.3 유스케이스 중심의 아키텍처 구현

4.3.1 유스케이스 선정

아키텍트가 주도하여 구현을 진행하는 애플리케이션 기반에는 다양한 공통 기능이 포함됩니다. 이때 필요한 공통 기능을 파악해 각각을 개별 구현하고 나중에 애플리케이션 기능과 통합하는 방식은 대규모 수정 작업이 발생할 가능성이 있어 리스크가 큽니다.

이를 방지하려면 특정 유스케이스를 애플리케이션 기능으로 먼저 구현하면서, 동시에 필요한 공통 기능도 함께 구축해 나가는 전략이 효과적입니다. 이러한 접근에서는 어떤 유스케이스를 우선적으로 구현할지 정하는 일이 중요해집니다.

그렇다면 애플리케이션 기반 구현에 적합한 유스케이스는 어떻게 선정해야 할까요?

☑ 샘플 유스케이스

유스케이스를 선정하는 데는 다양한 접근법이 있습니다.

첫 번째 방법은 샘플 유스케이스를 작성해 보는 것입니다. 실제 업무 도메인과 무관한 내용이어도 상관없으며, 아키텍트가 임의로 유스케이스를 구성해 샘플 기술서를 작성해 볼 수 있습니다.

이 방법은 다음과 같은 장점이 있습니다.

- 가상의 소재로도 작성할 수 있어, 요구사항 분석 없이 시작할 수 있다.
- 도메인 지식 없이도 아키텍트가 직접 작성하고 구조를 점검할 수 있다.
- 유스케이스의 복잡도와 난이도를 자유롭게 조절해, 기반 구현에 적합한 수준으로 맞출 수 있다.

반면, 단점은 다음과 같습니다.

- 샘플 특성상 실무와의 연관성이 낮아, 실제 구현 과정에서 공통 기능의 누락이나 결함이 뒤늦게 드러날 수 있다.
- 샘플용 데이터베이스 설계 등 실제 개발에 불필요한 작업이 추가될 수 있다.

☑ 실제 유스케이스

또 다른 방법은 운영 중인 시스템에서 실제 사용자에게 제공되는 유스케이스를 선정하는 것입니다. 이때는 무작위로 고르는 것이 아니라 아키텍처 관점에서 중요한 유스케이스를 선택해야 합니다.

여기서 중요한 유스케이스란 실행을 통해 아키텍처의 핵심 요소를 검증할 수 있는 기능을 의미하며, 구체적으로는 다음과 같은 조건을 충족해야 합니다.

- 애플리케이션 기반에 필요한 공통 기능을 포괄할 수 있다.
- 애플리케이션의 모든 계층과 컴포넌트 유형을 경유하는 유스케이스 흐름을 포함한다.
- 데이터베이스 및 외부 서비스 연동 등 주요 시스템과의 연결을 검증할 수 있다.
- 처음 사용하는 라이브러리 등 기술적 리스크가 있는 요소를 검증할 수 있다.

하나의 유스케이스로는 위의 조건을 모두 충족시키기 어려우므로, 보통은 여러 개를 선정하게 됩니다. 대체로 업무적으로 핵심적인 유스케이스가 아키텍처 관점에서도 중요한 경우가 많습니다.

3장에서 소개한 연구 사례를 살펴보겠습니다(그림 4.4). '경비 정산 신청하기' 유스케이스를 선택하면, 다이어그램의 굵은 화살표를 따라 처리가 진행됩니다. 해당 흐름에 따라 각 계층의 컴포넌트 처리와 데이터베이스 접근을 직접 다뤄보며 구현하고 그 구조를 검증할 수 있습니다. 또한 증빙 관리 서비스나 워크플로 서비스와의 비동기 메시징 연동도 함께 구현하여 검증할 수 있습니다. 이처럼 '경비 정산 신청하기' 유스케이스는 아키텍처적으로 중요한 유스케이스 중 하나로 선정할 가치가 있습니다. '로그인'과 같은 기본적인 유스케이스도 아키텍처적으로 중요한 기능을 검증하는 데 유용하므로 함께 고려할 수 있습니다.

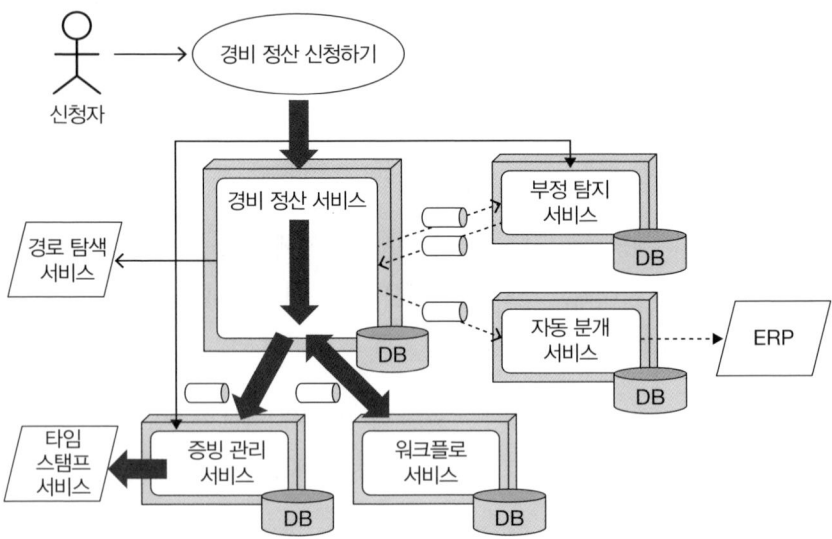

그림 4.4 유스케이스 선정 예시

실제 유스케이스를 사용하면 다음과 같은 장점이 있습니다.

- 실무 유스케이스를 활용하므로 공통 기능의 정확성과 실효성이 높아진다.
- 기술서부터 구현까지 모든 작업이 실제 개발에 활용되어 낭비가 없다.

반면, 다음과 같은 단점도 있습니다.

- 기술서를 작성하려면 업무 지식이 필요해, 업무 담당자의 협조가 필수적이다.
- 유스케이스가 복잡하거나 개발 난이도가 과도하게 높을 수 있다.

복잡도나 난이도에 관련해서는 이 단계의 주 목적이 아키텍처 구현이라는 점을 고려해야 합니다. 모든 유스케이스의 시나리오와 변형을 빠짐없이 구현할 필요는 없습니다. 주요 성공 시나리오와 대표적인 예외 시나리오로만 구현해도 충분하며, 업무 규칙은 임시 구현(프로토타이핑)으로 대체할 수 있습니다.

필자는 가능한 한 실제 유스케이스를 사용할 것을 권장합니다. 다만, 하이브리드 방식도 고려해 볼 수 있습니다. 초기에는 샘플 유스케이스를 활용해 기본 구조를 먼저 구현하고, 이후 실제 유스케이스를 적용해 점진적으로 정교화하는 접근도 검토해볼 만합니다.

4.3.2 유스케이스 구현

이제 선정한 유스케이스를 어떻게 구현해 나가는지 살펴보겠습니다.

이 단계에서는 애플리케이션 아키텍처와 적용할 아키텍처 스타일이 이미 결정된 상태라고 가정합니다. 다만 3장에서 언급했듯이 이 시점에서는 추상도를 컴포넌트 레벨까지 낮추고, 각 구성 요소의 책임을 할당하며 상호 작용을 구체화하는 작업이 필요합니다.

사례 연구에서는 경비 정산 서비스에 클린 아키텍처를 적용하기로 했으므로, '경비 정산 신청하기' 유스케이스를 중심으로 각 컴포넌트의 배치와 상호 작용을 검토해보겠습니다. [그림 4.5]는 클린 아키텍처의 동심원 구조 일부를 확대한 것으로, 각 계층에 배치할 컴포넌트와 그 관계를 보여줍니다. 그림 속에 추가된 설명 박스에는 아키텍처 관점에서 고려해야 할 요소나 공통 기능 후보에 대한 메모가 담겨 있습니다. 이 작업은 구현에 앞서 진행하는 예비 설계 단계이므로 굳이 정제된 형태로 다이어그램을 작성하지 않아도 됩니다. 노트나 화이트보드에 간단히 손으로 스케치하는 정도면 충분합니다.

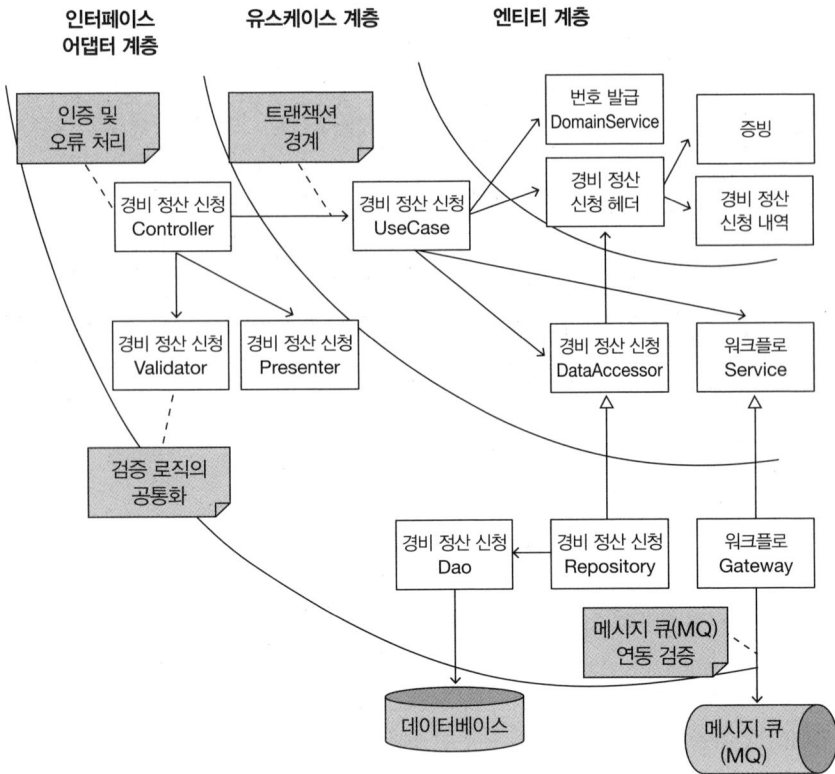

그림 4.5 클린 아키텍처의 컴포넌트 배치 예시

[그림 4.5]를 바탕으로 한 번에 모든 기능을 구현하기보다는 점진적으로 완성해 나갈 것을 권합니다. 먼저 사용자 인터페이스 입력부터 데이터베이스 등록·갱신까지 각 계층을 거치는 하나의 경로를 구현합니다. 이후 다른 경로들도 순차적으로 추가하면서 유스케이스를 점차 구체화해 나갑니다.

'경비 정산 신청하기' 유스케이스의 경우, [그림 4.6]에서 굵은 테두리로 표시된 경로가 가장 우선적으로 구현할 후보입니다. 이 경로 하나만으로도 작업량이 상당하기 때문에 각 계층을 단계적으로 나누어 구현하는 것이 효율적입니다.

어느 계층부터 공략할지는 개발자의 판단에 달려 있습니다. 클린 아키텍처의 관점에서는 도메인(엔티티 계층과 유스케이스 계층)부터 구현을 시작하는 것이 논리적입니다. 하지만 애플리케이션 기반 관점에서는 이 계층에서 준비해야 할 공통 기능이 많지 않기 때문에, 우선순위를 높게 둘 필요는 없습니다. 필자의 경우, 초기 단계부터 화면에 표시되는 동작을 빠르게 확인하고 싶어 우선 컨트롤러 주변(❶)부터 시작하기도 합니다. 컨트롤러 구현 시 유스케이스 컴포넌트는 임시 스텝으로 대체해두고, 이후 유스케이스 계층과 엔티티 계층(❷), 그리고 데이터베이스 접근(❸) 순으로 구현을 확장해가며 전체 경로가 정상적으로 작동하도록 만듭니다.

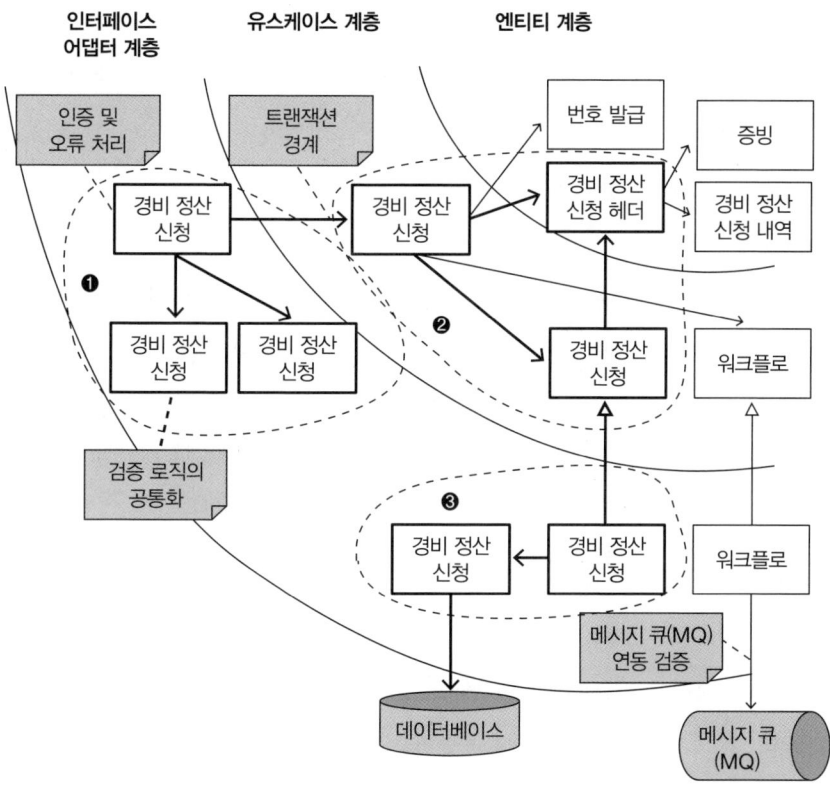

그림 4.6 첫 번째 경로 구현

4.4 애플리케이션 기반 구현

4.4.1 애플리케이션 기반 공통 기능

[표 4.2]는 애플리케이션 기반에 공통적으로 필요한 기능을 정리한 일반적인 예시입니다. 인증부터 데이터베이스 접근까지 8가지 기능은 대부분의 애플리케이션에서 필수적으로 요구되므로 이어서 각 기능을 자세히 살펴보겠습니다.

표 4.2 애플리케이션 기반 공통 기능 후보군

공통 기능	기능 개요
인증	사용자를 식별하고 시스템을 정상적으로 이용할 수 있는 사용자인지 확인한다.
승인	사용자에게 시스템 리소스에 대한 접근 권한을 부여한다.
세션 관리	사용자별 상태를 관리한다.
오류 처리	시스템에서 발생한 오류를 적절히 제어하고 사용자에게 알림을 제공한다.
로깅	사용자의 조작과 시스템 처리 상황 등을 로그로 남긴다.
보안	크로스 사이트 스크립팅(XSS), 크로스 사이트 요청 위조(CSRF) 등의 보안 조치를 취한다.
트랜잭션 제어	주로 데이터베이스와 같은 시스템 자원의 무결성과 일관성을 유지한다.
데이터베이스 접근	데이터베이스에 대한 접근 수단을 제공한다.
국제화	사용자의 로케일locale에 따라 언어와 데이터 형식을 전환한다.
문서 출력	PDF 등의 형식으로 정형화된 문서를 출력한다.
캐시 관리	취득한 데이터를 메모리에 저장하여 캐시로 관리한다.

공통 기능	기능 개요
비동기 처리	시간이 많이 걸리는 처리를 백그라운드에서 실행하여 사용자가 기다리지 않도록 비동기적으로 수행한다.

4.4.2 인증

인증authentication은 접속한 사용자가 시스템을 정상적으로 이용할 수 있는 사용자임을 확인하는 과정입니다. 일반적으로 사용자 ID와 비밀번호의 일치 여부를 확인하여 인증을 수행합니다. 과거에는 개별 시스템의 데이터베이스에 사용자 ID와 비밀번호를 관리하여 시스템 내에서 인증하는 방식(로컬 인증)이 주류였습니다. 그러나 최근에는 ID 공급자identity provider(IdP)[6]를 활용해 외부에서 인증을 수행하는 사례가 증가하고 있습니다. IdP를 활용한 인증 방식은 다음과 같은 장점이 있습니다.

- 사용자 인증 정보를 중앙의 한곳에서 통합 관리할 수 있어 운영 관리자의 유지보수 부담이 줄어든다.
- 개별 시스템에서 사용자 비밀번호를 관리하는 것보다 보안이 더욱 강화된다.
- 비밀번호 외 추가 인증을 적용하는 다단계 인증multi-factor authentication(MFA)을 쉽게 구현하여 보안을 강화할 수 있다.
- 싱글 사인온single sign-on(SSO)을 통해 한 번의 로그인으로 다중 서비스 이용이 가능해 사용자 편의성이 향상된다.

애플리케이션 기반에서 구현할 수 있는 인증 관련 공통 기능 후보군을 [표 4.3]에 정리했습니다. 사용하는 웹 애플리케이션 프레임워크에 따라 필요한 기능과 구현 방식이 달라질 수 있습니다.

---

[6] 옮긴이_ ID 공급자는 사용자 ID를 저장하고 인증을 수행하는 서비스로, 보통 클라우드 기반의 인증 서비스(Google, Microsoft, Okta 등)를 의미합니다.

보안 관련 기능은 직접 구현하기보다 표준 방식이나 모범 사례를 따르는 것이 훨씬 더 안전하며, 이는 인증뿐만 아니라 그 외에도 해당되는 원칙이라고 할 수 있습니다. 또한 다양한 인증 수단을 지원하는 프레임워크나 라이브러리가 존재하므로, 사전에 충분한 조사 및 검증을 진행하는 것이 중요합니다. 예를 들어, Java에서 Spring Framework[7]를 사용하는 경우 Spring Security[8]라는 라이브러리를 활용할 수 있습니다. 이를 통해 SAML, OpenID Connect 등의 프로토콜을 이용한 IdP 인증도 유연하게 대응할 수 있습니다.

표 4.3 인증 관련 공통 기능 후보군

공통 기능	기능 개요
로그인 화면	사용자가 인증 정보를 입력하여 로그인하는 화면
인증	데이터베이스에 저장된 비밀번호 정보를 이용한 인증, IdP와 연계한 인증 등 사용자 인증 처리. 인증 성공 시, 세션 정보에 인증 상태를 저장하여 유지한다.
인증 상태 확인	사용자가 인증된 상태에서 특정 엔드포인트에 접근할 때, 세션의 인증 상태를 확인하는 처리 미인증 상태일 경우, 로그인 화면으로 리다이렉트redirect한다.
로그아웃	사용자의 인증 상태와 세션 정보를 함께 삭제한다.
인증 방식 전환	설정에 따라 여러 인증 방식을 유연하게 전환할 수 있도록 설계된 구조 프로덕션 환경에서는 IdP 기반 SSO 인증을 사용하더라도 개발 및 테스트 시에는 다른 인증 방식도 사용할 수 있도록 미리 준비해 두는 것이 좋다.

로컬 인증을 기본 인증 방식으로 사용할 경우, 위 기능들 외에도 비밀번호 잠금(로그인 실패 횟수 초과 시 계정 잠금), 비밀번호 재설정, 비밀번호 리마인더(예: 이메일로 힌트 전송) 등의 기능이 추가로 필요합니다.

---

7   https://spring.io/projects/spring-framework
8   https://spring.io/projects/spring-security

4.4.3 승인

승인authorization은 사용자가 시스템 내 리소스에 접근할 수 있도록 권한을 부여하는 과정입니다.

접근 권한 부여는 **역할 기반 접근 제어**Role-Based Access Control(RBAC)를 따르는 것이 기본 원칙입니다. 이 방식에서는 사용자마다 개별적으로 권한을 부여하는 것이 아니라, 역할에 권한을 부여하고 그 역할을 사용자에게 할당합니다. 특히 기업 시스템에서는 부서에 역할을 부여하고 소속 사용자에게 그 역할을 자동으로 할당하는 방식이 일반적으로 요구되므로 이러한 구조를 고려하여 설계합니다.

권한에 따라 접근이 제어되는 리소스의 예는 다음 표와 같습니다.

표 4.4 접근 권한 제어 리소스 예시

리소스	설명
기능, 화면	특정 기능과 화면에 대한 접근을 제어한다.
기능 실행 수준	역할에 따라 기능에서 수행할 수 있는 작업을 조정한다. 예) ADMIN 역할은 마스터 데이터 등록과 업데이트가 가능하지만, 다른 역할은 조회만 가능하다.
화면 항목	특정 역할만 볼 수 있도록 화면의 일부 항목을 제어한다.
데이터	역할에 따라 데이터 열람 가능 범위를 조정한다.

접근 제어를 구현하는 방식은 사용하는 웹 애플리케이션 프레임워크나 라이브러리에 따라 달라질 수 있습니다. 일반적으로 표준 기능이 제공되지만, 그것만으로는 요구사항을 충족하지 않는 경우도 있습니다. 그런 경우에는 애플리케이션 기반에서 구현 구조를 검토하고 공통 기능을 추가로 제공해야 합니다. 대표적인 방식은 다음과 같습니다.

- URL 기반 접근 제어
- 엔드포인트 단위 접근 제어

- 승인된 API 활용
- 독자적인 공통 기능 구현

[리스트 4.4.1]은 Spring Security를 이용한 URL 기반 접근 제어 예제입니다. 애플리케이션 루트에서 상대 경로가 /admin인 URL에서는 ADMIN 역할을 가진 인증된 사용자만 접근할 수 있도록 정의합니다. 그렇지 않은 사용자가 접근할 경우, 오류 화면이 표시됩니다.

리스트 4.4.1 URL 기반 접근 제어

```
// src/main/java/sample/chap04/SecurityConfig.java
@Bean
public SecurityFilterChain securityFilterChain(HttpSecurity http)
  throws Exception {
  http.authorizeHttpRequests(it -> it
    .requestMatchers("/admin").hasRole("ADMIN")
    .anyRequest().permitAll()
  ).formLogin(Customizer.withDefaults())
  .exceptionHandling(it -> it.accessDeniedPage("/access-denied"));
  return http.build();
}
```

[리스트 4.4.2]는 SpringSecurity에서 제공하는 @PreAuthorize 어노테이션annotation을 사용한 엔드포인트 단위 접근 제어 예제입니다. 컨트롤러의 메서드에 @PreAuthorize 어노테이션을 추가하여, 상대 경로가 /hello인 URL에 대해서는 ADMIN 역할 또는 EMPLOYEE 역할을 가진 인증된 사용자만 접근할 수 있도록 정의합니다.

리스트 4.4.2 엔드포인트 단위 접근 제어

```
// src/main/java/sample/chap04/SampleController.java
@PreAuthorize("hasAnyRole('ADMIN', 'EMPLOYEE')")
@GetMapping("/hello")
public String hello(Model model) {
```

```
    model.addAttribute("greeting", "Hello");
    return "hello";
}
```

[리스트 4.4.3]은 승인된 API를 활용한 예제입니다. `sec:authorize` 속성을 가진 `div` 요소는 `ADMIN` 역할을 가진 사용자에게만 표시되고, 그 외 역할의 사용자에게는 숨겨집니다.

리스트 4.4.3 승인된 API 활용

```
// src/main/resources/templates/hello.html
<body>
  <h1 th:text="${greeting}">Hi</h1>
  <div sec:authorize="hasRole('ADMIN')">
    <p>이 메시지는 관리자만 볼 수 있습니다.</p>
  </div>
</body>
```

4.4.4 세션 관리

웹 애플리케이션에서 세션session은 사용자와 애플리케이션 간의 일련의 상호 작용을 의미합니다. HTTP 프로토콜은 무상태stateless 특성이 있기 때문에 데이터베이스에 영구 저장되기 전의 처리 중인 상태는 세션 정보에 일시적으로 저장됩니다. 일반적으로 사용자마다 부여된 고유한 세션 ID를 클라이언트 측에서 유지하며, 실제 세션 정보는 서버 측에서 관리합니다.

세션의 생성·종료 그리고 세션 정보의 저장 조회는 웹 애플리케이션 프레임워크에서 표준적으로 제공하는 메커니즘을 활용합니다. 이 절에서는 애플리케이션 기반으로서 고려해야 할 주요 사항에 대해 설명합니다.

☑ 공통 정보에 대한 접근

사용자가 인증되면, 인증 상태 확인 및 승인 검사를 위해 사용자 ID, 역할 등의 정보가 세션 정보에 저장됩니다. 또한 사용자 속성 정보(이름, 이메일 주소 등)와 소속 정보(부서 속성 정보 등)는 애플리케이션 기능에서 자주 참조되므로 인증 시점에 미리 가져와 세션에 보관해 두는 것이 일반적입니다. 이렇게 하면 이후 활용하기 쉽습니다.

애플리케이션 기능에서 이러한 정보를 사용할 때는 세션 키를 지정하여 직접 참조할 수도 있지만, 공통 정보에 접근할 수 있는 전용 API를 미리 준비해 두면 더욱 편리합니다. 예를 들어, 사용자 정보를 다룬다면 UserContext와 같은 클래스를 만들어 애플리케이션 기능에서 활용하도록 할 수 있습니다.

☑ 세션 객체 분리

세션은 사용자 단위로 시작되지만, 엄밀히 말하면 클라이언트 접속 단위이기 때문에 브라우저를 여러 개 실행하면 각각 별도의 세션이 생성됩니다. 이때 세션 객체 내부에는 다양한 세션 정보가 구분 없이 뒤섞여 저장되며, 이로 인해 다음과 같은 문제가 발생할 수 있습니다.

- 여러 기능에서 세션 키가 중복되면 예기치 않은 동작이 발생할 수 있다.
- 세션 객체는 명시적으로 로그아웃하거나 타임아웃이 발생할 때 삭제되므로, 기능이 늘어날수록 세션 객체의 크기가 커져 메모리 부담이 커질 수 있다.
- 브라우저에서 여러 탭을 열어 기능을 실행하면, 세션 정보 충돌로 인해 예기치 않은 동작이 발생할 수 있다.

이러한 문제를 방지하려면 세션 객체를 논리적으로 구획하여 관리해야 합니다. [그림 4.7]은 단순한 키-값 방식이 아니라 계층적 구조로 데이터를 관리하는 방식을 보여줍니다. 이러한 방식에서는 애플리케이션 기능에서 세션 정보를 다룰 때 계층 구조를 직접 처리하지 않고도 각 구획의 정보를 쉽게 조회할 수 있도록 공통 기능을 제공해야 합니다.

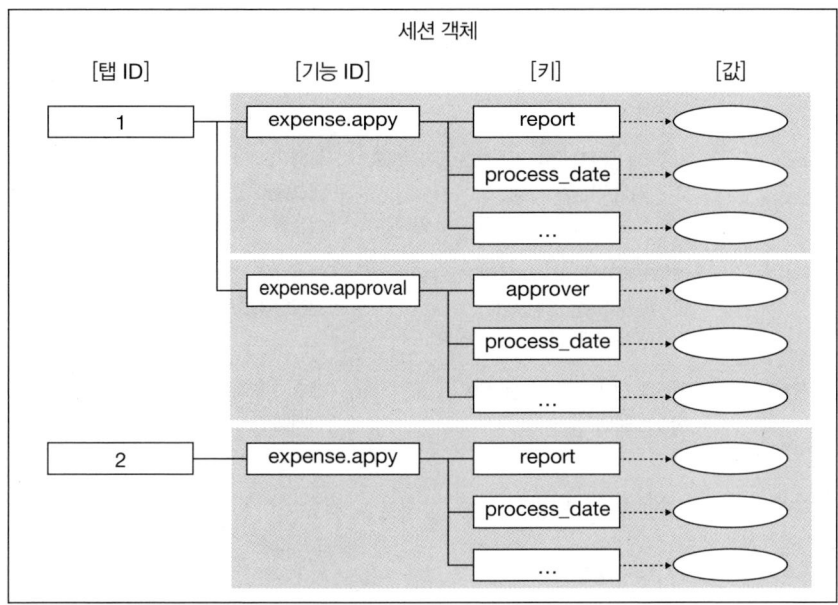

그림 4.7 세션 객체 분리

4.4.5 오류 처리

애플리케이션 사용 중 오류가 발생하면 사용자나 관리자에게 해당 내용을 알리고, 적절하게 복구할 수 있도록 유도해야 합니다. 가능하다면 자동 복구도 시도해야 합니다. 이러한 과정을 오류 처리^{error handling}라고 합니다.

대부분의 프로그래밍 언어는 오류 처리를 위해 예외 처리^{exception handling} 매커니즘을 제공하므로 예외 처리가 구현되어 있음을 전제로 설명을 이어가겠습니다.

먼저, 오류를 수준별로 구분하면 [표 4.5]와 같습니다.

표 4.5 오류 수준별 분류

오류 수준	설명	구체적 예시
보통	• 사용자의 정상적인 사용 중 발생할 수 있는 오류 • 사용자가 직접 복구 가능	• 주문 확정 시 재고 부족 • 신용 카드 신용 한도 초과
중요	• 자주 발생하지 않지만, 시스템 이용에 있어 예상 가능한 오류 • 서비스 운영 담당자의 복구 조치 필요	• 특정 지점의 캘린더 등록 누락 • 워크플로 경로 설정 오류로 승인자를 결정할 수 없음
심각	• 애플리케이션 버그, 미들웨어 또는 인프라 장애로 인해 발생 • 시스템 운영자의 복구 조치 필요	• 디스크 공간 부족으로 파일 쓰기 실패 • 연결된 시스템이 다운됨
치명적	• 시스템 전체가 중단되는 장애 • 시스템 운영자의 복구 조치 필요	• 메모리 부족으로 애플리케이션 서버가 정지됨

다음으로, 오류 수준별로 사용자 알림 정책을 수립합니다(표 4.6).

표 4.6 오류 수준별 사용자 알림 정책

오류 수준	조작한 사용자에게 알림	기타 사용자 알림
보통	해당 기능 화면에 오류 메시지를 표시	없음
중요	해당 기능 화면에 오류 메시지를 표시	오류 코드에 해당하는 담당자가 설정된 경우 이메일로 알림을 발송
심각	시스템 오류 안내 화면을 표시	운영 담당자에게 이메일 알림을 발송
치명적	애플리케이션에서 대응할 수 없으므로 별도의 운영 모니터링을 실시	

이제 애플리케이션 내에서 오류 처리가 수행되는 위치를 [그림 4.8]을 통해 살펴 보겠습니다. 대부분의 오류는 도메인 계층 또는 그 하위 계층에서 발생하며, 예외는 도메인 계층에서 프레젠테이션 계층의 컨트롤러로 전달됩니다. 최종적으로 클라이언트에 오류 응답을 반환해야 하므로, 오류 처리는 컨트롤러를 중심으로 수행하는 것이 합리적입니다. 그중에서도 [그림 4.8]의 ❶과 ❷ 위치가 주요 후보가 됩니다.

❶은 컨트롤러 내부에서 오류를 처리하는 방식으로, 컨트롤러 코드에서 도메인 계층의 컴포넌트를 호출할 때 발생하는 예외를 바로 보완 처리합니다. 많은 프로그래밍 언어에서 사용하는 catch 블록을 활용한 예외 처리 방식이 여기에 해당합니다.

❷는 인터셉터interceptor를 이용해 컨트롤러에 도달하기 전의 요청 흐름을 가로채 오류를 처리하는 방식입니다. 이 방식은 일반적으로 프로그래밍 언어 자체의 기능보다는 애플리케이션 서버나 웹 애플리케이션 프레임워크에서 제공하는 기능을 통해 구현됩니다.

인터셉터를 활용하면 오류 처리를 공통 로직으로 정리할 수 있어, 일반적으로 더 유용한 방식으로 평가됩니다. 다만 보통과 중요 수준에서는 사용자가 작업하던 화면에 오류 메시지를 표시해야 하는 요구가 있는데, 이를 반영하려면 모든 기능에 일괄 적용되는 글로벌 인터셉터만으로는 대응이 어려울 수 있습니다. 프레임워크에 따라 인터셉터 적용 대상을 유연하게 조정할 수 있도록 지원하는 경우도 있어 상황에 따라서는 오류 수준별로 컨트롤러 내부 처리와 인터셉터 기반 처리 방식을 병행하는 전략도 고려해 볼 수 있습니다.

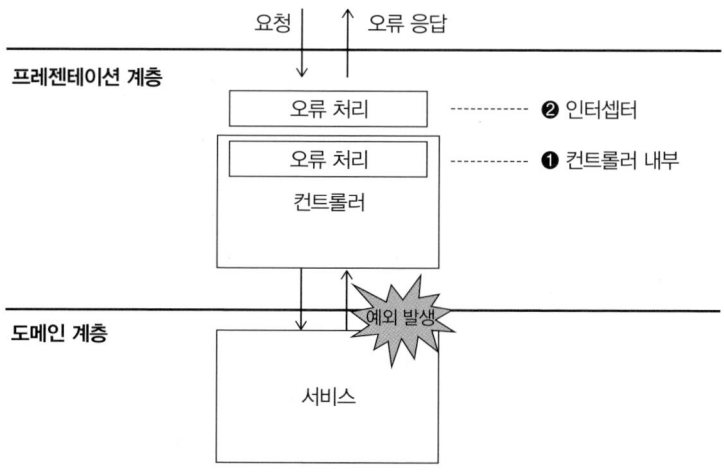

그림 4.8 예외 처리

4.4.6 로깅

로깅logging은 애플리케이션이 실행되는 동안 발생하는 다양한 정보를 로그log로 기록하는 것을 말합니다.

로깅 라이브러리를 활용하면 로그 출력 대상, 출력 형식, 로그 레벨 전환 등의 동작을 설정 파일을 통해 유연하게 정의할 수 있습니다. 일부 프로그래밍 언어는 표준 로깅 라이브러리를 제공하며, 그렇지 않더라도 널리 보급된 오픈소스 로깅 라이브러리가 많아 선택에 대한 부담이 크지 않습니다. 또한 애플리케이션의 로그 출력은 간단한 API를 통해 쉽게 구현할 수 있기도 합니다.

이로 인해, 로깅 라이브러리를 선정하고 출력 포맷을 정한 표준 설정 파일을 제공하는 것으로 로깅 설정을 마치는 경우가 적지 않습니다. 그러나 이러한 방식만으로는 유용한 정보가 부족하거나 로그에 기록되는 내용이 예외 발생 지점과 호출 경로를 보여주는 스택 추적stack trace 정도에 그치는 경우도 생길 수 있습니다.

이는 로그 요구사항과 그에 따른 정책이나 규칙이 명확하게 규정되어 있지 않기 때문일 수 있습니다. 따라서 로깅을 효과적으로 활용하려면, 먼저 요구사항을 정리하고 정책을 수립하는 것이 중요합니다.

애플리케이션이 생성하는 로그는 목적과 용도에 따라 [표 4.7]과 같이 분류할 수 있습니다.

표 4.7 로그의 분류

로그	목적 및 용도	개요
접속 로그	감사, 장애 조사	사용자의 시스템 접속 기록을 기록한다.
인증 로그	감사	사용자 인증의 성공과 실패 내역을 기록한다.
작업 로그	감사, 장애 조사	사용자가 시스템의 기능을 이용하여 수행한 작업을 기록한다.
오류 로그	모니터링, 장애 조사	시스템에서 오류가 발생했을 때 상세 정보를 기록한다.

로그	목적 및 용도	개요
디버그 로그	개발 시 디버깅	디버깅을 위해 변수 값 및 처리 진행 상황 등의 상세 정보를 기록한다.
성능 로그	성능 분석	배치 처리 시간, SQL 쿼리 응답 시간 등을 기록한다.

로그 유형별로 누가 얼마나 자주 참조해야 하는지를 정리하고, 로그 출력 대상과 형식에 대한 요구사항을 수립해야 합니다. 예를 들어, 감사 담당자가 애플리케이션 기능을 통해 인증 로그나 작업 로그를 참조해야 한다면 파일보다는 데이터베이스에 로그를 저장하는 것이 적절할 수 있습니다.

요구사항이 정리되면, 애플리케이션 기반에서 자동으로 출력할 수 있는 로그가 있는지 검토해야 합니다. 예를 들어, 표준 오류 처리 기능을 통해 자동으로 출력할 수 있고, 공통 기능을 분리해 모듈화하는 관점 지향 프로그래밍aspect oriented programming(AOP)[9] 기능이 있는 프레임워크나 라이브러리를 활용하면 작업 로그 등도 자동으로 출력할 수 있습니다.

자동으로 출력할 수 없는 로그는 애플리케이션 개발자가 직접 구현해야 하므로, 로그 출력 정책을 문서화하여 공유할 필요가 있습니다. 특히 성능 로그의 경우, 처리 시간 측정 등 특정 기능이 요구되기 때문에 이를 지원하는 유틸리티utility를 공통 기능으로 제공하면 보다 효율적으로 구현할 수 있습니다.

4.4.7 보안

보안security은 시스템이 관리하는 데이터와 시스템 자체를 악의적인 공격이나 사용자의 실수로부터 보호하는 것을 목적으로 합니다. 이를 위해 네트워크, 운영체제

---

[9] 옮긴이_ 관점 지향 프로그래밍은 로깅, 보안, 트랜잭션 등 공통 기능을 비즈니스 로직과 분리해 모듈화하는 기법으로, 예를 들어 특정 메서드 호출 시 자동으로 로그를 남기도록 설정하면 로그 출력을 중복 없이 일관되게 처리할 수 있습니다.

(OS), 미들웨어 등의 각 계층에서 적절한 보안 조치를 취해야 합니다.

애플리케이션 레벨에서 적용할 수 있는 보안 대책은 매우 다양합니다. 그중에서도 애플리케이션 기반에서 특히 고려해야 할 대표적인 위협과 그에 대한 주요 대응책을 [표 4.8]에 정리했습니다.

이러한 조치들은 가능한 한 애플리케이션 개발자가 매번 신경 쓰지 않더라도 자동으로 적용될 수 있도록 설계해야 합니다. 예를 들어, Spring Security와 같은 라이브러리는 요청 위조를 방지하기 위해 HTML에 보안 토큰을 삽입하는 토큰 임베딩token embedding 및 검증 과정을 자동으로 처리할 수 있는 기능을 제공합니다. 이러한 기능들을 적극 활용하면 보안을 더욱 강화할 수 있습니다.

표 4.8 대표적인 보안 위협

위협(공격 기법)	정의	주요 대책
크로스 사이트 스크립팅(XSS)	공격자가 입력값에 삽입한 악성 스크립트가 사용자 브라우저에서 실행되도록 하는 공격	• 사용자 입력값 검증 • 사용자 입력 데이터를 화면에 출력할 때 HTML 이스케이프escape(코드 실행 방지) 처리
크로스 사이트 요청 위조(CSRF)	공격자가 사용자의 세션(계정)을 이용해 악의적인 요청을 서버에 전송하도록 유도하는 공격	• 서버가 임시 CSRF 토큰을 발행하고, 요청에 포함된 토큰의 유효성 확인
SQL 인젝션 (SQLi)	공격자가 입력값에 악성 SQL을 삽입해 데이터베이스에서 임의의 쿼리를 실행하는 공격	• 사용자 입력값 검증 • 데이터베이스 쿼리에 프리페어드 스테이트먼트prepared statement(SQL 삽입 방지) 사용

4.4.8 트랜잭션 제어

트랜잭션 제어는 애플리케이션 기능의 일련의 처리에서 발생하는 데이터베이스 작업을 하나의 논리적 트랜잭션 단위로 묶어 데이터의 정합성을 보장하는 구조입니다. 전체 처리가 성공하면 트랜잭션을 커밋하고, 처리 도중 오류가 발생하면 트랜잭션을 롤백합니다.

트랜잭션 제어 메커니즘 자체는 대부분 프로그래밍 언어의 표준 라이브러리나 프레임워크에서 제공하므로, 애플리케이션 기반에서 이를 직접 구현하는 경우는 드뭅니다.

☑ 트랜잭션 제어 구현 방법

트랜잭션 제어의 구체적인 구현 방법은 크게 두 가지입니다.

첫 번째는 프로그램 처리 내에서 트랜잭션 제어를 직접 코드로 명시하는 방식입니다. 예를 들어 NET Framework에서는 TransactionScope[10]라는 객체를 생성하면 해당 블록 내의 모든 처리가 하나의 트랜잭션 단위로 실행됩니다.

두 번째는 **선언적 트랜잭션**declarative transaction 방식입니다. 이 방법은 코드 내에서 트랜잭션 제어를 직접 명시하지 않고, 설정 파일이나 어노테이션을 이용해 트랜잭션의 범위와 동작을 정의합니다.

☑ 트랜잭션 경계 설정

트랜잭션 제어에 있어서 애플리케이션 기반이 반드시 제공해야 할 공통 기능은 거의 없으며, 있더라도 유틸리티 수준의 간단한 기능이면 충분합니다. 그러나 트랜잭션 경계에 대한 정책만큼은 미리 정해 둘 필요가 있습니다.

트랜잭션 경계transaction demarcation란 애플리케이션 처리 중 트랜잭션이 시작되어 종료되기까지의 범위를 의미하며 '트랜잭션 범위'라고도 불립니다.

HTTP는 무상태성 프로토콜이기 때문에 웹 애플리케이션에서는 일반적으로 트

---

[10] https://learn.microsoft.com/ko-kr/dotnet/api/system.transactions.transactionscope?view=net-9.0

랜잭션이 여러 요청에 걸쳐 발생하지 않습니다. 예외적인 경우를 제외하면, 하나의 요청 내에서 여러 트랜잭션이 발생하는 일도 거의 없습니다.

이러한 이유로 인해 프레젠테이션 계층과 도메인 계층의 경계를 트랜잭션 경계로 삼는 것이 정석적인 방식입니다(그림 4.9). 명시적 트랜잭션 제어를 사용하는 경우, 컨트롤러의 메서드 내부에 트랜잭션 제어 코드를 작성합니다. 선언적 트랜잭션을 사용하는 경우, 컨트롤러가 호출하는 서비스에 어노테이션을 부여하거나 설정 파일에 정의를 추가합니다. 또한 하나의 요청에서 여러 서비스 호출이 필요한 경우에는 도메인 계층에 Facade 역할을 하는 서비스를 배치하고 그 위치를 트랜잭션 경계로 삼습니다.

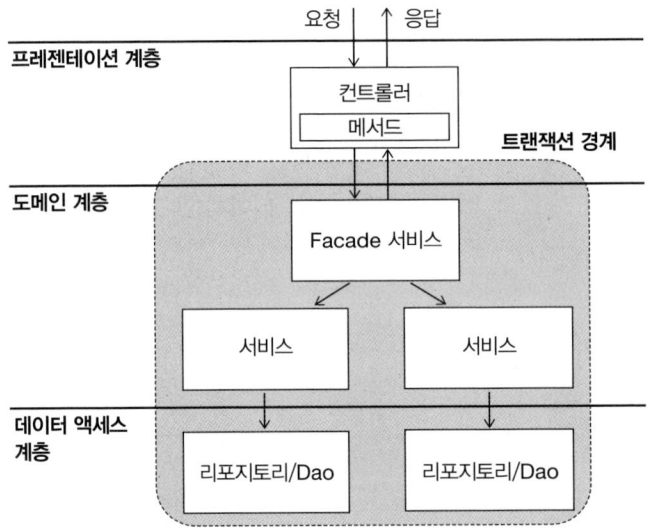

그림 4.9 트랜잭션 경계 설정

하나의 요청에서 여러 개의 트랜잭션을 사용해야 하는 예외적인 상황도 있습니다. 예를 들어, 감사 로그 기록이나 오류 알림 전송과 같은 작업은 메인 트랜잭션이 롤백되더라도 해당 데이터를 별도의 트랜잭션으로 커밋해야 하는 경우가 많습니다. 애플리케이션 처리 중 오류가 발생하더라도 이 데이터는 보존되어야 하기 때문입니다. 이럴 때는 트랜잭션 경계를 부분적으로 분리해 별도로 처리해야 합니다.

4.4.9 데이터베이스 접근

최근에는 관계형 데이터베이스relational database(RDB) 외에 비정형 데이터를 유연하게 처리하는 NoSQL 기반의 비관계형 데이터베이스도 많이 활용되고 있습니다. 키–값 데이터베이스key-value database, 문서 데이터베이스document database 등이 그 예입니다. 그러나 여전히 관계형 데이터베이스는 테이블 기반의 명확한 스키마 구조 덕분에 메인 데이터 저장소로 많이 사용됩니다. 이 절에서는 관계형 데이터베이스를 사용하는 경우를 중심으로 데이터베이스 접근 방식을 설명하겠습니다.

☑ 데이터베이스 접근 기술 선정

데이터베이스 접근 처리를 구현하는 기술에는 프로그래밍 언어의 표준 라이브러리, 프레임워크에서 제공하는 기능 또는 데이터베이스 접근에 특화된 라이브러리 등 다양한 선택지가 있습니다. 아키텍트는 애플리케이션의 처리 특성과 개발 용이성 등 여러 관점에서 이를 평가하고, 적합한 기술을 선택합니다.

2장에서 설명한 도메인 계층의 아키텍처 패턴과 잘 맞는 데이터베이스 접근 기술도 있으므로 이를 함께 고려하는 것이 좋습니다. 예를 들어, 트랜잭션 스크립트 패턴에는 단순한 SQL 작성을 지원하는 라이브러리가 도메인 모델 패턴에는 객체 관계 매핑(ORM)이 적합합니다.

☑ ORM

객체 관계 매핑object-relational mapping(**ORM**)은 객체 지향 프로그래밍 언어에서 메모리에 구성된 객체 모델과 관계형 데이터베이스의 테이블 구조 간 매핑을 지원하는 기술이나 도구를 말합니다. [표 4.9]는 주요 ORM의 예를 나타냅니다.

표 4.9 ORM의 예시

프로그래밍 언어	ORM
Java	• Spring Data JDBC[11] • Hibernate[12] • MyBatis[13] • Doma[14] • jOOQ[15]
.NET Framework	Entity Framework[16]
Ruby (Ruby on Rails)	Active Record[17]

ORM에는 다양한 유형이 있습니다. Hibernate는 2000년대 초반에 등장한 선구적인 ORM 구현체이며, 좁은 의미에서의 ORM이란 Hibernate와 같은 방식으로 구현된 유형을 가리킵니다. 이 유형에서는 객체 구조와 테이블 구조 간 매핑을 메타 정보로 정의하고, ORM이 이를 바탕으로 SQL을 자동 생성합니다. 따라서 개발자가 직접 SQL을 작성할 필요가 없으며, 쿼리 실행 시에는 ORM이 제공하는 자체 쿼리 언어를 사용할 수 있습니다.

하지만 SQL을 자동 생성하는 ORM은 복잡한 쿼리가 필요한 업무 요구사항을 구현하기 쉽지 않고 성능 저하의 우려도 생깁니다. 이에 따라, 개발자가 직접 SQL을 작성하고 실행 결과를 객체에 매핑하는 방식의 ORM도 등장하게 되었고, 폭넓게 사용되고 있습니다.

어떤 유형의 ORM을 채택할지는 애플리케이션의 특성과 개발팀의 경험 및 기술

---

11 *https://spring.io/projects/spring-data-jdbc*
12 *https://hibernate.org/*
13 *https://mybatis.org/mybatis-3/ko/index.html*
14 *https://doma.readthedocs.io/en/latest/*
15 *https://www.jooq.org/*
16 *https://learn.microsoft.com/ko-kr/ef/*
17 *https://guides.rubyonrails.org/active_record_basics.html*

수준에 따라 달라집니다. 따라서 정해진 정답이 있는 것은 아닙니다. 아키텍트가 트레이드오프를 분석하고 평가하여 신중하게 선택해야 합니다.

☑ CQRS 패턴

앞서 설명한 좁은 의미의 ORM을 적용하면, 개발자가 SQL을 작성하지 않아도 객체 모델을 통해 데이터베이스의 데이터를 조회하거나 수정할 수 있습니다. 이 방식은 비즈니스 규칙이나 로직을 객체 중심으로 구현하는 데 집중할 수 있다는 점에서 큰 장점이 있습니다. 그러나 앞서 언급한 것처럼 복잡한 쿼리를 구현하기 어렵고, 성능 문제도 발생할 수 있다는 단점이 있습니다.

물론 기능 설계나 테이블 설계가 미흡하여 쿼리가 복잡해지는 경우도 있지만, 업무용 애플리케이션에서는 주로 목록 조회 기능에서 복잡한 쿼리가 필요한 경우가 많습니다. 예를 들어 여러 테이블을 조인join하거나 서브쿼리, 집합 연산[18], 윈도우 함수[19] 등을 필요로 합니다.

이렇게 복잡한 쿼리는 목록 조회와 같이 읽기 중심의 처리에서 자주 발생하며, 업무용 애플리케이션에서 그 구현이 까다로운 경우가 많습니다. 이는 곧 애플리케이션 내에서 읽기 중심 처리와 쓰기 중심 처리가 요구하는 특성과 처리 방식이 크게 다르다는 것을 의미합니다. 일반적으로 쓰기 중심 처리는 복잡한 비즈니스 규칙의 적용이 필요한 경우가 많아서 도메인 계층의 구현에는 표현력이 풍부한 도메인 모델 패턴이 적합합니다.

반면, 읽기 중심 처리는 데이터베이스 쿼리는 복잡할 수 있지만 애플리케이션의 로직은 그 결과를 DTOdata transfer object(데이터 저장 및 컴포넌트 간 전송을 위한 간단한 구조체)로 정리해 반환하는 등 비교적 단순한 형태로 처리됩니다.

---

18 옮긴이_ 집합 연산은 쿼리 결과를 합치거나 비교할 때 사용하는 SQL 연산으로, UNION, INTERSECT, EXCEPT 등이 있습니다.
19 옮긴이_ 윈도우 함수는 행 간 비교나 순위 계산에 쓰이며, RANK( ), ROW_NUMBER( ) 등이 대표적입니다.

이러한 특성 차이를 고려하면, 읽기와 쓰기를 분리해 각각에 최적화된 모델을 사용하는 것이 합리적인 해결책이 됩니다. 이를 아키텍처 패턴으로 정리한 것이 바로 **CQRS** command query responsibility segregation (명령 쿼리 책임 분리)[20]입니다. CQRS는 이름 그대로 쓰기는 '명령', 읽기는 '쿼리'로 구분하여 각기 다른 책임을 명확히 분리합니다. [그림 4.10]은 이러한 개념을 시각적으로 보여줍니다. 명령과 쿼리 각 작업에 알맞은 모델을 적용하고, 그 처리 흐름 또한 분리됩니다.

명령과 쿼리의 특성에 따라 모델을 구분하게 되면, 각 처리 방식에 적합한 ORM을 병용해 사용하는 방식[21]으로 설계를 구성하게 됩니다.

또한 모델을 분리한다는 것은 자연스럽게 모듈의 분리로 이어집니다. 모듈은 예를 들어, 모듈형 모놀리스 구조(3장 COLUMN 참조)처럼 기능별로 나누는 방식으로 구성할 수 있습니다. 성능이나 처리 특성의 차이를 고려해야 하는 경우에는 서비스를 물리적으로 분리하고 각각을 별도의 노드node에 배포하는 방식도 검토할 수 있습니다.

---

20 https://learn.microsoft.com/ko-kr/azure/architecture/patterns/cqrs
21 마츠오카 코우이치로 「DDD x CQRS 쓰기(갱신형)와 읽기(참조형)에서 서로 다른 ORM을 병용해 성공한 사례담」 일본 Java 사용자 그룹(JJUG), JJUG CCC 2017 Fall 발표 자료

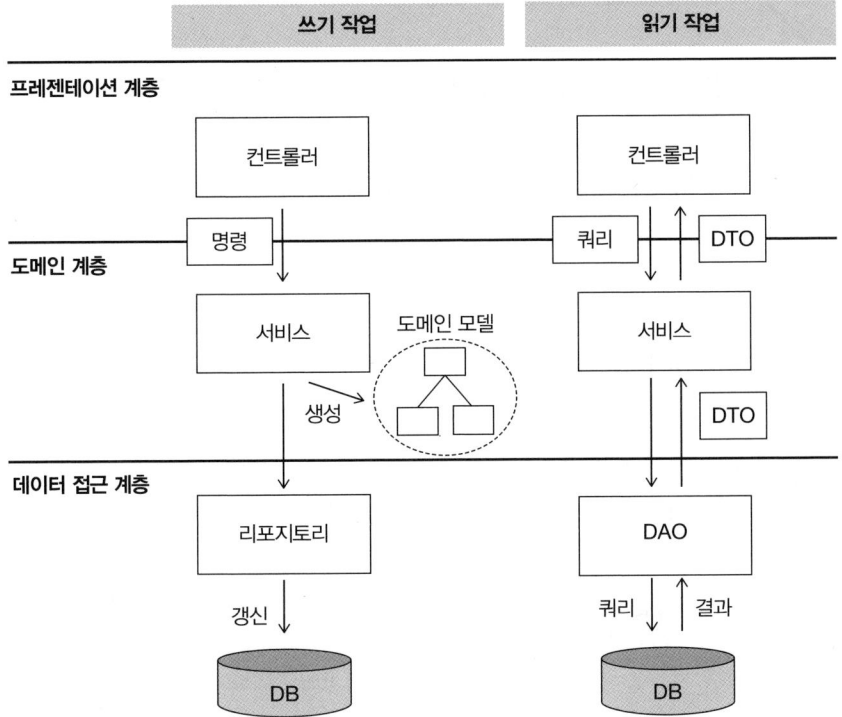

그림 4.10 CQRS

☑ 데이터베이스 접근 공통 기능

애플리케이션에서 데이터베이스 접근을 위해 갖추어야 할 공통 기능은 사용하는 기술과 도구에 맞춰 준비해야 합니다. 특정 ORM 도구를 사용할 때를 대비해 컴포넌트들이 상속할 공통 부모 클래스나 반복적인 처리를 도와주는 유틸리티 기능을 미리 구성해 둘 수 있습니다. 이런 식으로 기술 특성과 사용 환경에 맞춰 필요한 공통 기능을 사전에 준비해 제공하는 것이 중요합니다.

4.5 애플리케이션 개발 준비

4.5.1 개발자용 문서 정비

아키텍처 측면에서 중요한 유스케이스를 활용해 애플리케이션 기반을 구현하고 필요한 공통 기능을 갖추었다면, 이제 본격적으로 애플리케이션 기능 개발을 전개하는 단계에 접어들게 됩니다. 이 시점에서는 개발팀 규모가 확대되고, 새로운 멤버가 팀에 합류하는 일도 잦아집니다.

애플리케이션 기능을 담당하는 개발자가 아키텍처의 원칙을 이해하고, 애플리케이션 기반이 제공하는 공통 기능을 활용한 구현 방법을 빠르게 익혀 합류 초반부터 자기 기량을 충분히 발휘할 수 있도록 하려면 [표 4.10]과 같이 각종 개발 문서를 미리 준비해 둘 필요가 있습니다.

표 4.10 개발 문서 유형

문서 유형	설명	문서 예시
개발 규약	개발자가 구현을 진행할 때 준수해야 할 규칙을 정리한 문서	• 코딩 규약 • 명명 규약 • 구성 관리 규약
절차서	개발 환경 설정 절차 및 구현 도구 사용법 등을 정리한 절차 문서	• 개발 환경 구축 절차서 • 도구 이용 절차서
구현 참고 자료	실제 구현 시 참고할 수 있는 구체적인 자료들	• 구현 가이드라인 • 튜토리얼

4.5.2 개발 규약

개발 규약은 소스 코드를 포함한 소프트웨어 자산의 품질을 유지하기 위해 프로젝트 전반에서 공통적으로 따라야 할 규칙을 정리한 문서입니다. 주요 규약은 다음과 같습니다.

☑ 코딩 규약

코딩 규약coding conventions은 들여쓰기 폭, 괄호 배치 위치 등 소스 코드의 스타일을 정의한 규칙입니다. 예를 들어 '들여쓰기는 탭 문자로 한다'와 같은 소모적인 논쟁을 피하려면, 프로젝트마다 표준을 정하고 모든 개발자가 이에 따르도록 해야 합니다.

코딩 규약을 처음부터 직접 작성하려면 많은 노력이 들기 때문에 조직이나 업계에서 이미 마련한 표준 코딩 규약이 있다면 이를 활용하는 것이 좋습니다. 이러한 표준을 활용하면 정적 분석 도구나 포매터formatter(코드 스타일 자동 정리 도구)용 정의 파일을 쉽게 구할 수 있다는 장점도 있습니다. 예를 들어, Java용 정적 분석 도구로 널리 사용되는 Checkstyle[22]은 Google Java Style Guide[23] 코드 스타일에 대응하는 정의 파일을 기본으로 포함하고 있습니다.

코딩 규약은 보통 프로그래밍 언어(예: TypeScript, Java 등)나 기술 영역(예: 프런트엔드, 백엔드 등)별로 정리합니다.

☑ 명명 규약

명명 규약naming conventions은 소스 코드의 파일명, 네임스페이스명, 클래스명, 메서

---

[22] https://checkstyle.sourceforge.io/
[23] https://google.github.io/styleguide/javaguide.html

드명, 변수명 등의 이름을 정할 때 일관성을 부여하기 위한 규칙으로, 코딩 규약 안에 함께 정리되기도 합니다. 명명 규약에는 '메서드명은 카멜 표기법을 따른다' 와 같은 구문론syntax(형식적 규칙) 뿐만 아니라 어떤 의미의 단어를 사용할 것인 지에 대한 의미론semantics(의미적 규칙)도 포함됩니다.

예를 들어, '아이템 가져오기' 기능의 메서드명이 작성자에 따라 getItem, obtainItem, retrieveItem처럼 제각각이 되지 않도록, 사용하는 영단어에 대한 기준을 명확히 정하는 것도 명명 규약의 중요한 역할입니다.

☑ 기타

이외에도 몇 가지 개발 규약이 더 있습니다.

먼저 소스 코드 구성 관리는 일반적으로 구성 관리 규약으로 정리합니다(4.6절 참조). 애플리케이션에서 메시지 데이터를 속성 파일이나 데이터베이스 테이블 같은 외부 리소스로 관리하는 경우 메시지 식별 코드 체계나 메시지 문구 작성 방식을 메시지 규약으로 정리하는 것이 좋습니다. 또한 테이블이나 뷰 같은 데이터베이스 객체의 명명 규약, 공통 열 정의, 대리키와 복합키 사용 방침 등은 데이터베이스 설계 규약으로 정리합니다.

4.5.3 절차서

절차서는 구현 과정에서 반복적으로 발생하는 작업 절차를 문서로 정리하여 공유함으로써 개발자와 팀의 업무 효율을 높이는 것을 목적으로 합니다.

이 중에서도 반드시 준비해야 할 것이 개발 환경 구축 절차서입니다. 개발자가 로컬 머신에서 작업을 시작하려면 프로그래밍 언어의 런타임, 통합 개발 환경integrated development environment(IDE), 데이터베이스 서버 등 다양한 미들웨어를 설치하고 이에 맞는 환경을 설정해야 합니다. 이러한 일련의 설치 및 설정 과정을 스크린샷과 함께 정리한 개발 환경 구축 절차서는 미리 문서로 작성해 준비해 둡니다.

이외에도 개발 과정에서 사용하는 도구가 있다면, 필요에 따라 도구 사용 절차서를 작성하는 것이 좋습니다. 특히 프로젝트 내부에서 자체 개발한 도구가 있는 경우, 그 사용법 역시 문서화해 두면 유용하게 활용할 수 있습니다.

> **COLUMN**
>
> ### 클라우드 개발 환경
>
> 클라우드 기술의 발전으로, 이제 클라우드에서 개발자를 위한 개발 환경을 손쉽게 구축할 수 있게 되었습니다. 클라우드 개발 환경을 이용하면 로컬 머신에 일일이 개발 환경을 설정하는 수고를 줄일 수 있으며, 개발자마다 환경이 달라 발생하는 문제(OS 종류나 버전, 설치된 소프트웨어, 각종 설정 등)도 방지할 수 있습니다.
>
> 예를 들어, 2022년에 출시된 GitHub Codespaces[24]는 브라우저에서 사용할 수 있는 클라우드 기반 개발 환경을 제공하는 서비스입니다. 통합 개발 환경인 Visual Studio Code가 브라우저에서 그대로 실행되어, 로컬 머신과 거의 동일한 사용 경험으로 개발과 디버깅 작업을 진행할 수 있는 것입니다.
>
> 또한 GitHub의 소스 리포지토리와 완벽하게 통합되어 있어, Git 명령이나 변경 내용을 공유하고 병합을 요청하는 풀 리퀘스트(pull request) 생성 등을 GUI로 간편하게 처리할 수 있습니다. 물론 터미널에서 직접 명령어를 실행하는 것도 가능합니다.
>
> 이처럼 클라우드 개발 환경은 개발자 경험(developer experience)(DX)을 크게 향상시켜 줄 것으로 기대됩니다. 여러분의 프로젝트에도 이런 환경을 도입해 보는 건 어떨까요?

---

[24] https://github.com/features/codespaces

4.5.4 구현 참고 자료

개발 규약이나 절차서 외에도, 개발자가 빠르게 적응하고 안정적으로 구현 작업을 수행할 수 있도록 돕는 문서를 정비해 두면 팀 전체의 개발 생산성을 높일 수 있습니다.

☑ 구현 가이드라인

구현 가이드라인은 개발자를 대상으로 소스 코드의 구체적인 구현 방법을 안내하는 문서입니다. 일반적으로 컴포넌트 유형별로 다음과 같은 항목들을 샘플 코드와 함께 설명하는 방식으로 작성합니다.

- 상속할 부모 클래스 및 구현해야 할 인터페이스 정보
- 부모 클래스나 인터페이스의 추상 메서드 구현 방법
- 애플리케이션 기반의 공통 기능 활용 방법
- 유틸리티 사용 방법
- 외부 라이브러리 사용 방법
- 테스트 코드 작성 방법

☑ 튜토리얼

오픈소스 소프트웨어의 공식 사이트에는 API 사양서 같은 문서 외에 튜토리얼이 함께 제공되는 경우가 있습니다. 예를 들어, JavaScript 프런트엔드 프레임워크인 React의 공식 사이트에는 틱택토[tic-tac-toe] 게임을 주제로 한 튜토리얼[25] 페이지가 있습니다. 이러한 튜토리얼은 직접 코딩해 보며 몇 시간 안에 간단한 프로그램을 완성할 수 있도록 구성되어 있습니다. 초보자는 먼저 문서를 읽고 내용을 익

---

[25] https://ko.react.dev/learn/tutorial-tic-tac-toe

힌 뒤, 튜토리얼 실습을 통해 이해가 더 깊어질 수 있습니다. 순서를 바꾸어, 튜토리얼을 먼저 따라해 보며 전체 흐름을 파악한 후 문서를 읽으며 더 쉽게 이해하는 방식도 가능합니다.

튜토리얼은 개별 개발 프로젝트에서도 효과적으로 활용할 수 있습니다. 새롭게 합류한 개발자는 개발 환경 구축 절차서에 따라 로컬 머신의 환경을 설정한 뒤 튜토리얼을 진행합니다.

튜토리얼의 내용은 반나절에서 하루 정도면 끝낼 수 있는 간단하고 따라 하기 쉬운 수준의 과제를 선택하는 것이 좋습니다. 애플리케이션 기반을 구축할 때는 현실적인 유스케이스를 사용하는 것이 적합하지만, 튜토리얼용이라면 샘플 유스케이스로 충분합니다.

또한 튜토리얼에서 구성 관리 흐름까지 함께 익힐 수 있도록 하면 더욱 효과적입니다. 예를 들어 Git을 사용하는 경우, GitHub에서 로컬로 프로젝트를 복제하고 연습용 브랜치^{branch}를 생성합니다. 각 튜토리얼 단계를 완료할 때마다 커밋하고, 마지막에는 GitHub에 푸시하고 풀 리퀘스트를 생성하는 단계까지 진행해 봅니다.

4.6 구성 관리 및 CI/CD

4.6.1 구성 관리

구성 관리configuration management란 소프트웨어 개발 프로젝트에서 생성되는 다양한 산출물을 관리 대상으로 식별하고, 해당 산출물에 대한 변경 사항을 추적하는 일련의 프로세스를 의미합니다. 구성 관리의 대상은 요구사항 문서(사양서)나 설계서를 포함한 각종 문서부터 소프트웨어 배포를 위한 인프라 환경에 이르기까지 매우 광범위합니다. 다만 이 절에서는 구현 과정에서 생성되는 소스 코드와 관련 자료의 구성 관리를 중점적으로 다룹니다.

☑ 구성 관리 대상 자료

구성 관리의 주요 대상은 다음과 같은 자료들입니다. 이러한 자료들은 일반적으로 Git이나 Subversion 같은 버전 관리 시스템을 통해 관리합니다.

- 소스 코드
- 테스트 코드
- 테스트 데이터
- 설정 파일
- 빌드 스크립트
- 데이터베이스 자료: DDL(데이터 정의 언어), DML(데이터 조작 언어)

모듈 빌드와 배포에 필요한 자료는 모두 구성 관리의 대상입니다.

사양서나 설계서 등의 문서는 대개 소스 코드와는 별도의 리포지토리, 파일 서버, 또는 문서 관리 시스템을 통해 관리합니다. 다만 마크다운처럼 텍스트 기반으로 작성된 문서라면 소스 코드와 같은 리포지토리에 함께 저장하는 것도 하나의 방법입니다. 이렇게 하면 문서와 코드 간 변경을 보다 쉽게 동기화할 수 있다는 장점이 있습니다.

☑ 브랜치 관리 방법

버전 관리 시스템을 활용해 구성 관리를 수행할 때에는 브랜치를 어떻게 생성하고 운영할 것인지가 핵심입니다. **브랜치 모델**은 브랜치 관리 방식과 작업 흐름을 정의한 개념으로, Git에서는 git-flow[26]와 GitHub Flow[27]가 대표적인 예입니다.

git-flow는 master, feature, develop, release, hotfix 등 여러 종류의 브랜치를 구분해 사용하는 방식입니다. 대규모 업무 시스템이나 패키지 제품처럼 릴리스 주기가 길고 엄격한 프로세스를 요구하는 프로젝트에 적합합니다. 반면 GitHub Flow는 메인 브랜치와 작업용 브랜치 두 가지로 구성된 간단한 방식으로, 소비자를 위한 서비스 개발처럼 릴리스 주기가 짧은 프로젝트나 소규모 개발에 적합합니다.

이러한 브랜치 모델을 참고해 프로젝트에 가장 적합한 브랜치 관리 방법을 선택합니다. [그림 4.11]은 git-flow를 기반으로 한 브랜치 관리 방법의 예로, v1.0.0 릴리스 이후 2차 개발이 시작된 상황을 가정하고 있습니다. 그 구체적인 진행 흐름을 살펴보겠습니다.

---

[26] https://nvie.com/posts/a-successful-git-branching-model/
[27] https://docs.github.com/ko/get-started/using-github/github-flow

❶ v1.0.0의 태그에서 파생된 2차 개발용 개발 브랜치를 생성합니다.

❷ 기능 브랜치feature branch는 개발할 기능 단위로 생성하며, 개발 브랜치의 특정 커밋에서 분기하여 만듭니다.

❸ 이 프로젝트에서는 기능을 유저 스토리 단위로 나누어 개발한다고 가정합니다. 유저 스토리 단위의 작업 브랜치를 기능 브랜치에서 분기하여 생성합니다. 참고로, 유저 스토리 단위보다 더 세분화된 작업 단위로 작업 브랜치를 만들어도 무방합니다.

❹ 구현 및 테스트 작업이 완료되어 유저 스토리의 달성 기준을 충족하면, 풀 리퀘스트(PR)를 작성해 브랜치 리뷰어reviewer에게 제출합니다. 리뷰가 완료되면 기능 브랜치에 병합합니다.

❺ 기능 개발은 병렬로 진행되므로, 개발 브랜치는 여러 개발자에 의해 매일 업데이트됩니다. 따라서 기능 브랜치에 개발 브랜치의 변경사항을 주기적으로 반영해야 합니다.

❻~❼ 개발자는 유저 스토리 단위로 앞의 과정을 반복합니다.

❽ 모든 유저 스토리를 구현하고 기능이 완성되면, QA 엔지니어가 기능 단위 테스트를 수행합니다. 테스트 기준을 만족하면 기능 브랜치를 개발 브랜치에 병합합니다.

❾ 릴리스 대상 기능이 모두 구현된 후에는 시스템 테스트, 사용자 수용 테스트user acceptance test(UAT)[28] 등을 수행하고, 릴리스 승인이 나면 개발 브랜치를 메인 브랜치에 병합하면서 v2.0.0 태그를 붙입니다. 이후 메인 브랜치는 새로운 버전으로 전환됩니다.

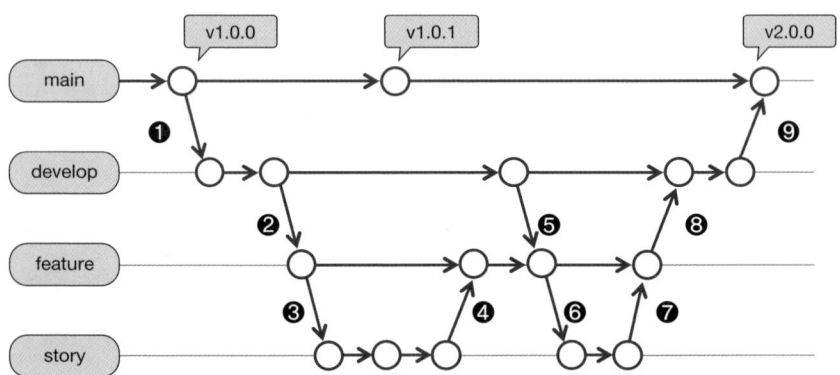

그림 4.11 git-flow 기반 브랜치 관리 방법 예

---

[28] 옮긴이_ 사용자 수용 테스트는 실제 운영 환경을 가정해 시스템이 사용자 요구를 만족하는지 최종 점검하는 테스트입니다. 관련 내용은 5.1절에서 다룹니다.

4.6.2 CI/CD

구성 관리를 통해 소스 코드와 관련 자료를 버전 관리 시스템에 저장한 뒤에는 이를 바탕으로 모듈을 빌드하고 실제 환경에 릴리스하거나 배포합니다. 이 과정을 자동화한 시스템을 CI/CD라고 합니다. 이러한 시스템은 가능한 한 개발 초기부터 갖추는 것이 좋습니다.

☑ CI

CI continuous integration(지속적 통합)는 주로 빌드와 테스트 과정을 자동화하는 개발 방식입니다. 개발 작업이 완료되어 브랜치를 병합할 때는 변경된 소스 코드의 품질에 문제가 없는지, 빌드가 정상적으로 수행되는지, 기존 프로그램과 통합해도 오류 없이 동작하는지 등을 자동으로 점검합니다(표 4.11).

표 4.11 CI에서 수행되는 작업 예시

분류	설명
컴파일	리포지토리에서 소스 코드와 관련 자료를 가져와 컴파일을 수행한다.
정적 분석	정적 분석 도구를 사용해 코딩 표준 준수 여부, 버그, 보안 취약점 등을 점검한다.
단위 테스트	프로그램 단위 수준의 동작을 검증한다.
통합 테스트	여러 컴포넌트를 통합하여 기능 단위 동작을 검증한다.
E2E 테스트	사용자 조작을 시뮬레이션해 애플리케이션 전체 흐름을 처음부터 끝까지 검증한다.
빌드	배포 가능한 모듈을 생성한다.
문서 생성	소스 코드 내 정보를 기반으로 API 문서를 자동 생성한다.

CI를 구현하려면 Jenkins[29], CircleCI[30]와 같은 전용 도구나 서비스를 사용할 수

---

[29] https://www.jenkins.io/
[30] https://circleci.com/

있습니다. GitHub Actions처럼 소스 코드 호스팅 서비스에서 제공하는 기능을 활용하면, 풀 리퀘스트 생성이나 병합 등의 액션을 트리거 삼아 CI 자동화를 보다 손쉽게 구현할 있어 적극적으로 활용해볼 만합니다.

한편, CI에 너무 많은 작업을 포함하면 처리 시간이 늘어나 대기 시간이 길어지고 결과적으로 개발 효율이 저하될 수 있습니다. 따라서 어떤 작업을 언제 실행할지에 대한 기준과 전략이 필요합니다. 예를 들어, 실행 시간이 긴 E2E 테스트는 개발 브랜치나 릴리스 브랜치 병합 시점에만 실행하거나 야간에 스케줄링하는 방식으로 빌드 전략을 수립할 수 있습니다.

☑ CD

Continuous Delivery(지속적 전달) 또는 Continuous Deployment(지속적 배포)을 의미하는 CD는 릴리스 프로세스를 자동화하는 실천 방법입니다. 언제든지 환경에 배포할 수 있는 상태를 유지하는 것이 기본 개념입니다. 지속적 전달은 최종 배포를 수동으로 진행하는 방식이며, 지속적 배포는 배포까지 모두 자동으로 처리하는 방식입니다. 배포의 자동화 여부에 따라 두 방식을 구분해 사용합니다.

CD를 구현하려면 Docker[31], Kubernetes[32]와 같은 컨테이너화 기술이 중요합니다. 테스트를 마친 컨테이너 이미지를 레지스트리에 등록해 두면 컨테이너 환경으로 빠르게 배포할 수 있습니다. 또한 Terraform[33], Ansible[34]과 같은 IaC(Infrastructure as Code) 기술도 배포 자동화를 위한 핵심 도구로 사용됩니다. 이러한 기술을 활용하면 배포 대상 인프라 환경의 구축 과정 전체를 자동화할 수 있습니다.

---

[31] https://www.docker.com/#build
[32] https://kubernetes.io/ko/
[33] https://www.terraform.io/
[34] https://www.ansible.com/

5장

품질 보증과 테스트

chapter 5

5.1 아키텍트와 품질 보증을 위한 작업

5.1.1 품질 보증과 테스트

'품질 보증'이나 '테스트'라고 하면, 보통은 품질 보증 부서나 QA 엔지니어의 업무로 생각하기 쉽습니다. 하지만 실제로는 아키텍트도 품질 보증 활동에 깊이 관여하며, 때로는 주도적인 역할을 맡기도 합니다. 이 장에서는 품질 보증 작업의 전체적인 개요를 살펴보고, 그중에서도 아키텍트와 밀접하게 관련된 주제를 중심으로 설명하겠습니다.

먼저 용어를 정리해 보겠습니다. **품질 보증**quality assurance(QA)는 시스템이 기대되는 품질 기준을 충족시켜 고객과 사용자의 요구를 만족시키기 위해 수행하는 일련의 활동을 의미합니다. **테스트**(소프트웨어 테스트)는 개발한 소프트웨어가 정의된 요구사항에 따라 제대로 동작하는지를 검증하는 행위를 말합니다.

품질 보증은 단순히 테스트 수행만을 의미하지 않습니다. 이는 코드 리뷰를 적절히 수행하고, 코드 품질을 점검할 수 있는 정적 분석 도구 등을 도입하며, 개발 프로세스와 문서를 표준화하는 등 소프트웨어의 품질을 유지하고 개선시키는 데 필요한 다양한 접근 방식을 모두 포괄하는 개념입니다.

5.1.2 시프트 레프트

소프트웨어의 결함은 발견 시점이 늦어질수록 더 많은 수정 비용이 듭니다. 예를 들어, 요구사항 오류를 테스트 단계에서 발견하면 이를 요구사항 정의 단계에서 수정할 때보다 몇 배, 많게는 몇십 배의 비용이 들 수 있습니다. 이는 개발 후반으로 갈수록 사양서나 설계서 같은 문서를 비롯해 소스 코드와 테스트 케이스까지 수정과 재실행이 필요한 작업이 늘어나기 때문입니다. 이렇게 재작업이 많아지면 자연스럽게 전체 비용도 증가하게 됩니다.

따라서 테스트를 포함한 품질 보증 활동을 보다 이른 시점, 즉 소프트웨어 개발 초기 단계부터 수행하면 결함을 조기에 발견하고 수정할 수 있어 이러한 비용 증가를 막을 수 있습니다. 아낀 비용은 더 정밀한 테스트나 기능 고도화 등에 활용할 수 있고, 결과적으로 소프트웨어 품질을 높이고 고객과 사용자 만족도 향상으로 이어질 수 있습니다.

이러한 접근법을 **시프트 레프트**[1]라고 부르며, 2000년대 초반에 등장하기 시작했습니다.[2] 기존의 워터폴 개발 프로세스에서는 테스트 단계에 들어선 후 QA팀에 전체 문서를 전달하고, 그제서야 품질 보증 작업이 시작되는 방식이 일반적이었습니다. 시프트 레프트는 이러한 방식에 문제를 제기하고 QA 엔지니어가 더 이른 단계부터 프로젝트에 참여해야 한다고 강조합니다.

이 개념은 단순히 테스트를 앞당겨 시작하자는 데 그치지 않습니다. 예를 들어, QA 엔지니어가 사양서 검토에 참여하면 극단적인 조건에서의 동작을 확인하는 엣지 케이스edge case나 예외 상황과 같이, 빠뜨리기 쉬운 요소들을 초기에 점검할 수 있습니다. 즉 다양한 품질 보증 활동을 개발 초기부터 함께 수행하자는 접근입니다.

---

1 옮긴이_ 시프트 레프트는 테스트를 개발 프로세스의 '왼쪽', 즉 초기 단계로 앞당겨 적극적으로 수행하는 것을 의미합니다.

2 https://www.drdobbs.com/shift-left-testing/184404768

또한 이 방식은 설계나 구현 중간부터 테스트를 함께 수행하는 것을 의미하기도 합니다. 예를 들어, 각 컴포넌트나 모듈이 구현을 마친 뒤 화면이나 API를 통해 하나의 기능으로 통합되기 전에, 단위별로 테스트 코드를 작성해 개발자가 직접 검증하는 방식입니다.

이렇듯 기술적인 측면에서도 QA 엔지니어와 마찬가지로 아키텍트 역시 개발 초기 단계부터 품질 보증 활동에 깊이 관여합니다.

5.1.3 테스트 유형

앞서 2장에서 사용자의 요구를 충족시키기 위해 시스템이 갖추어야 할 품질을 측정 가능한 특성으로 정의한 품질 속성과 이를 체계적으로 정리한 품질 모델에 대해 설명한 바 있습니다. 이러한 품질 속성에 대해 적절한 테스트를 수행함으로써 개발한 소프트웨어가 해당 품질 기준을 충족하는지 확인할 수 있습니다(표 5.1).

아키텍트가 특히 깊이 관여하는 유형은 5.2절과 5.3절에서 자세히 살펴보겠습니다.

표 5.1 품질 속성별 테스트 유형

품질 속성	테스트 유형
기능 적합성	기능 테스트
수행 효율성	성능 테스트
호환성	시스템 테스트
사용성	사용성 테스트
신뢰도	운영 테스트
보안성	보안 테스트
유지 가능성	정적 분석
이식성	설치 테스트, 버전 업그레이드 테스트

5.1.4 테스트 전략

테스트 전략은 소프트웨어를 고객과 사용자의 요구에 부합하는 품질 수준으로 완성하기 위해 어떤 테스트를 언제, 어떻게 수행할 것인지 그리고 프로젝트 자원을 어떻게 배분할지 등을 정하는 전반적인 정책 수립을 말합니다.

앞서 설명했듯이 소프트웨어 품질 보증은 테스트뿐만 아니라 코드 리뷰 등 다양한 활동을 포함하여 구성되므로 엄밀히 말해 '품질 보증 전략'이라고 부르는 것이 더 적절할 수도 있습니다. 그러나 일반적으로는 '테스트 전략'이라는 용어가 널리 사용되고 있어 이 책에서도 그 표현을 따르기로 합니다.

이제 테스트 전략을 수립할 때, 정책적으로 고려해야 할 주요 항목들을 살펴보겠습니다.

☑ 테스트 레벨

테스트 레벨은 테스트 대상이 되는 소프트웨어 구성 요소의 세분화 정도나 범위, 또는 개발 작업과 프로세스의 관점에서 테스트를 단계별로 나누는 개념입니다. 예를 들어, 단위 테스트 unit testing, 통합 테스트 integration testing, 시스템 테스트 system testing 등으로 나눠볼 수 있습니다. 2장에서 소개한 V 모델도 함께 참고하면 좋습니다. 조직 내 표준 개발 프로세스에 테스트 레벨이 정의되어 있다면 그 기준을 따르는 것을 권장합니다.

또한 같은 테스트 레벨 용어라도 사람마다 해석이 다를 수 있습니다. 예를 들어 '단위 테스트'는 어떤 사람에게는 프로그램 단위로, 또 다른 사람에게는 기능 단위로 이해되기도 합니다. 따라서 각 테스트 레벨의 목적과 범위는 사전에 명확하게 정의해 두는 것이 중요합니다.

☑ 테스트 유형

테스트 유형이란 테스트의 구체적인 목적과 검증 관점을 기준으로 테스트를 분류하는 개념입니다. 크게는 기능 테스트와 비기능 테스트로 나뉘며, 더 세분화하면 [표 5.1]에서 보았듯이 품질 속성별로 다양한 유형으로 나눌 수 있습니다.

물론 이러한 테스트 유형을 모두 동일한 방식으로 적용해야 한다는 의미는 아닙니다. 개발 대상이 되는 소프트웨어의 특성에 따라 중점적으로 수행해야 할 테스트 유형은 달라집니다. 특히 3장에서 아키텍처 드라이버로서 정리한 품질 속성에 대응하는 테스트 유형은 중요도가 더 높아집니다.

테스트 전략을 수립할 때는 테스트 유형별로 어떤 레벨에서 어떤 방식으로 테스트를 수행할지 정의합니다.

☑ 테스트 환경과 테스트 데이터

테스트를 수행하려면 적절한 환경과 데이터가 필요합니다. 이러한 테스트 자원을 준비하는 데는 비용, 시간, 인력 등 다양한 리소스가 발생하므로 한정된 프로젝트 예산 내에서 테스트 효과를 극대화하는 정책을 수립해야 합니다.

일반적으로 V 모델에서 상단에 위치한 테스트 레벨일수록 테스트 환경과 데이터는 더 복잡합니다. 예를 들어, 시스템 테스트나 사용자 수용 테스트(UAT) 단계에서는 프로덕션 환경이나 스테이징 환경staging environment에서 실제 운영 시 사용하는 것과 유사한 데이터를 활용하는 경우가 많습니다.

이때 테스트 데이터로는 이전 시스템에서 이관한 데이터나 이를 기반으로 확장 생성한 데이터를 활용하기도 합니다. 단, 이런 경우 테스트 데이터에 중요한 내부 정보나 개인정보가 포함되지 않도록 데이터 마스킹과 같은 적절한 보호 조치가 필요합니다.

테스트 데이터를 생성하거나 마스킹할 때 어떤 툴을 쓸지, 이를 외부에서 도입할지 자체 개발할지는 상황에 따라 달라집니다. 이와 같은 판단에는 아키텍트가 관여합니다.

☑ 테스트 자동화 정책

기존 기능이 사양 변경이나 결함 수정 이후에도 퇴행regression 없이 정상적으로 동작하는지 검증하는 테스트를 **리그레션 테스트**regression testing라고 합니다. 이러한 테스트를 수작업으로 반복하면 상당한 공수가 발생하므로 테스트 코드나 스크립트를 미리 준비해 가능한 한 자동으로 실행할 수 있도록 해야 합니다.

아키텍트는 각 테스트 레벨에서 어떤 테스트 유형을 자동화할지 정책을 수립하고, 그 실행 방안을 검토하며 적합한 제품이나 툴을 선정하는 등 자동화 과정 전반을 주도합니다.

5.2 기능 테스트 자동화

5.2.1 기능 테스트 자동화에서의 테스트 전략

이번 절에서는 기능 테스트 자동화를 위해 아키텍트가 수행해야 할 작업을 설명합니다. [표 5.1]에서 알 수 있듯이 기능 테스트는 '기능 적합성'이라는 품질 속성에 대응하는 테스트 유형입니다. 즉 애플리케이션의 각 기능이 사양서대로 동작하는지를 검증하는 것이 주목적이며, 아키텍처 자체를 검증하는 테스트는 아닙니다.

그렇다면 아키텍트가 기능 테스트를 다루는 이유는 무엇일까요? 그것은 기능 테스트의 '내용'을 검증하기보다 테스트 자동화 체계의 설계와 구현, 즉 테스트 툴 선정, 테스트 코드 구조 설계, 유지보수 전략 수립 등의 과정에서 아키텍트의 기술적 지식과 경험이 필수적이기 때문입니다.

기능 테스트 자동화 전략으로는 [그림 5.1]의 **테스트 피라미드**Test Pyramid가 널리 알려져 있습니다. 이는 단위 테스트, 통합 테스트, E2E 테스트 순으로 구성되며, 이때 테스트 양을 점차 줄여간다는 원칙을 시각화한 모델입니다.

왜 테스트 양을 이런 비율로 구성하는 것이 적절할까요? 먼저, 피라미드 상위 테스트일수록 비용이 더 많이 들기 때문입니다. 테스트 코드 및 스크립트 작성과 테스트 데이터 준비에 더 많은 리소스가 필요합니다. 또한 데이터베이스 서버를 비롯해 연동할 미들웨어나 서비스도 구축해야 하므로 테스트 실행 시 환경 구성 비용도 늘어납니다.

다음으로는 피라미드 상위 테스트일수록 실행 속도가 느려지기 때문입니다. 위로 갈수록 하나의 테스트 케이스에 통합되는 컴포넌트 수가 증가하고, 데이터베이스 접근 등 프로세스 간 통신과 서버 간 통신이 발생합니다.

이러한 이유로 단위 테스트 비중을 최대한 늘리는 것이 합리적입니다. 다만 단위 테스트만으로는 컴포넌트 통합 후 전체가 제대로 작동한다는 것을 보장할 수 없으므로 통합 테스트와 E2E 테스트도 병행해야 합니다.

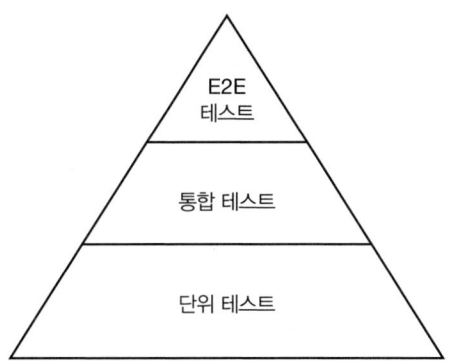

그림 5.1 테스트 피라미드

하지만 이 피라미드는 참조 모델일 뿐, 각 층의 면적 비율이 실제 테스트의 양을 그대로 나타내는 것은 아닙니다. 테스트 양에 대해 정해진 '황금비율'은 없습니다.

이러한 점을 고려해 테스트 피라미드를 기본 가이드로 삼되, 프로젝트 특성에 맞춰 각 자동화 테스트의 유형별 정책과 기준을 수립하는 것이 테스트 전략의 핵심입니다. 이제 각 테스트 유형의 특징을 순서대로 살펴보겠습니다.

5.2.2 단위 테스트

'개별 테스트'라는 용어는 더 포괄적으로 사용됩니다. 자동 테스트 영역에서는 주로 '단위 테스트'라는 용어를 사용합니다. 이 책에서도 이 용어를 사용하겠습니다.

단위 테스트unit testing는 소프트웨어 구성 요소의 최소 단위가 올바르게 동작하는지 검증하는 테스트입니다. 여기서 단위unit가 무엇을 의미하는지는 두 가지 관점에서 정의할 수 있습니다.

☑ 프로그램의 최소 단위로 보기

첫 번째는 프로그램의 최소 단위를 기준으로 단위를 정의하는 방식입니다. 객체 지향 언어에서는 클래스가 이에 해당하며, 클래스마다 하나의 전용 테스트 클래스를 생성합니다(그림 5.2).

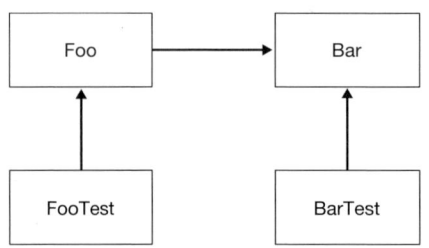

그림 5.2 클래스별 단위 테스트 구성 예시

단위 테스트는 일반적으로 다른 구성 요소에 의존하지 않고 독립적으로 이루어져야 합니다. 만약 의존성이 있다면, 실제 객체 대신 **테스트 더블**test double을 사용하여 해당 동작을 모방합니다(그림 5.3). 예를 들어 BarStub 클래스는 Bar 클래스를 대체하는 테스트 더블 역할을 합니다.

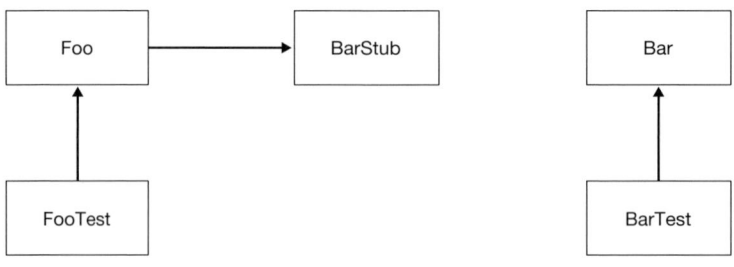

그림 5.3 테스트 더블 적용 예시

이 방식의 장점은 클래스마다 하나의 테스트 클래스를 만들면 되기 때문에 규칙이 단순하고 이해하기 쉽다는 점입니다. 또한 의존 관계 없이 독립적인 테스트가 가능합니다. 예를 들어 Bar 클래스가 아직 구현되지 않았더라도 Foo 클래스를 먼저 작성해 테스트할 수 있습니다.

반면에 테스트가 구조적으로 취약해지기 쉽다는 단점도 있습니다. Foo 클래스와 Bar 클래스가 독립적인 경우에는 문제가 없지만, Bar 클래스가 Foo 클래스의 기능을 보조하는 헬퍼 클래스helper class라면 이야기가 달라집니다. 이 경우 Bar 클래스의 메서드 구성이나 호출 방식은 Foo 클래스의 내부 설계의 일부에 해당합니다. 따라서 Bar 클래스에 사양 변경이나 리팩터링이 생기면 이러한 설계가 쉽게 틀어질 수 있습니다.

[그림 5.4]는 이런 상황을 보여줍니다. 리팩터링 과정에서 Bar 클래스를 폐지하고 Baz 클래스를 새로 도입하게 되면, BarTest 클래스는 삭제되고 BazTest 클래스가 추가되며 FooTest 클래스도 수정이 필요해집니다. 이때 테스트 더블도 바뀌어, BarStub 클래스 대신 BazStub 클래스를 사용해야 합니다. 이렇듯 Foo 클래스의 사양 자체에는 변화가 없더라도 테스트 코드 전반에 수정이 불가피해지는 것입니다.

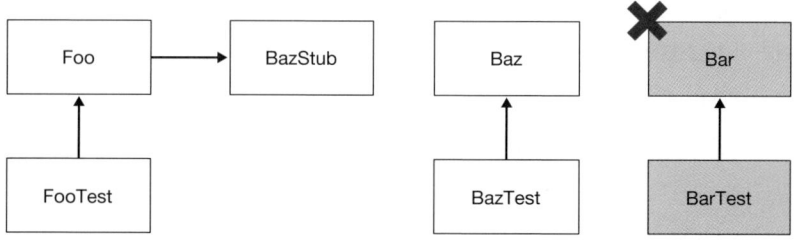

그림 5.4 내부 설계의 변경

> **COLUMN**
>
> ## 테스트 더블
>
> 테스트 더블에는 [표 5.2]와 같이 다양한 유형이 있습니다.[3] 여기서 SUT$^{system\ under\ test}$는 테스트 대상이 되는 단위를, DOC$^{depended-on\ component}$는 SUT가 의존하는 구성 요소를 의미합니다. 테스트 더블은 단위 테스트에서 실제 DOC를 대신해 사용됩니다.
>
> **표 5.2 테스트 더블의 다양한 유형**
>
> | 분류 | 특징 |
> | --- | --- |
> | 스텁(Test Stub) | 실제 DOC 대신 사전에 정의된 응답을 반환. 호출된 메서드에 대해 정해진 결과만 제공한다. |
> | 스파이(Test Spy) | 스텁 기능에 더해, 메서드 호출 내역(호출 횟수, 인자 값 등)을 기록하여 이후 검증에 활용한다. |
> | 목(Mock Object) | SUT와 DOC 간 상호작용에 대한 기대 조건(호출 횟수, 인자 조건 등)을 미리 정의해 두고, 테스트 중 실제 동작이 그 기대에 부합하는지 검증한다. |
> | 페이크(Fake Object) | 실제 DOC와 유사한 동작을 수행하지만, 더 단순하고 가벼운 방식으로 구현된 테스트용 구성 요소이다. (예) 실제 데이터베이스 대신 메모리를 사용하는 임시 저장소 등) |
> | 더미(Dummy Object) | 기능은 없으며, 단지 메서드 인자 전달을 위해서만 사용된다. (엄밀히 말하면, 테스트 더블에 포함되지 않음) |
>
> 이러한 테스트 더블은 직접 구현할 수도 있지만, 테스트 더블 라이브러리(예: Java의 Mockito, JavaScript의 Sinon.js, Python의 unittest.mock 등)를 활용하면 API를 통해 손쉽게 생성하고 설정할 수 있습니다. 또한 Selenium 등 일부 테스트 프레임워크에서는 테스트 더블 생성 기능을 기본으로 지원하기도 합니다.

---

[3] 『xUnit 테스트 패턴』(에이콘출판, 2010)

☑ 동작 단위로 보기

두 번째 방식은 컴포넌트를 단위 테스트의 최소 단위로 간주하는 관점입니다.

『Beyond Legacy Code』(Pragmatic Bookshelf, 2015)에서는 단위 테스트의 '단위'를 다음과 같이 정의합니다.

> 단위란 동작의 단위, 다시 말해 독립적이고 검증 가능한 동작을 의미한다. 이것은 명확한 차별점을 가져야 하며, 시스템의 다른 동작과 밀접하게 연관되어서는 안 된다.

이 정의는 이 책에서 설명한 컴포넌트의 개념, 즉 '특정 동작을 제공할 책임이 있고, 명확한 인터페이스로 정의된 소프트웨어 구성 요소'와 일치합니다.

예를 들어, Foo 클래스가 공개 메서드를 통해 특정 동작을 외부에 제공하고, 그 동작을 Bar 클래스와의 상호작용으로 구현하는 경우(그림 5.5), Foo 클래스와 Bar 클래스로 구성된 Foo 컴포넌트가 하나의 '동작 단위'가 됩니다. 이에 따라 FooTest 라는 단위 테스트 클래스를 생성합니다.

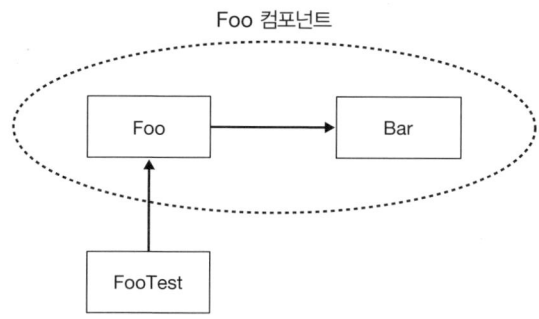

그림 5.5 동작 단위별 단위 테스트

이 방식의 장점은 컴포넌트가 제공하는 공개 동작에 초점을 맞춰 테스트 코드를 작성하므로 사양 변경이나 리팩터링 등 내부 설계가 변경되더라도 테스트 코드의 수정이 최소화된다는 점입니다.

반면, 프로그램의 최소 단위를 기준으로 정의하는 방식에 비해 단위의 정의가 모호해질 수 있고, 개발자마다 그 범위를 다르게 판단할 여지가 있습니다. 그럼에도 컴포넌트를 적절한 단위로 분할하는 일은 좋은 설계의 출발점이 되며, 테스트 코드 작성과 리팩터링을 반복하면서 최적의 '동작 단위'를 찾아가는 과정 자체가 중요합니다.

이러한 이유로 각각의 방식에는 장단점이 존재하며, 트레이드오프 관계에 있습니다. 필자는 이 중에서도 동작 단위별로 단위 테스트를 작성하는 방식을 권장합니다.

☑ 단위 테스트의 특징

앞서 설명한 두 가지 방식에서 그 단위의 범위는 다르지만, 어느 경우든 단위 테스트는 통합 테스트에 비해 실행 대상의 범위가 좁고, 다른 테스트와 독립적으로 수행할 수 있습니다. 단위 테스트의 주요 특징은 다음과 같습니다.

- 테스트 입력값과 의존 객체 준비가 용이함
- 다양한 테스트 케이스를 간편하게 구성 가능
- 테스트 실행 시간이 짧음
- 테스트 실패 시 원인 파악이 빠름

5.2.3 통합 테스트

통합 테스트 integration testing는 여러 단위나 컴포넌트를 결합했을 때, 이들이 집합체로서 정상적으로 동작하는지 검증하는 과정으로, 단위 테스트와 E2E 테스트 사이의 범주 전체를 포괄합니다. 따라서 단위 테스트에서 '단위'를 프로그램의 최소 단위로 본다면, 두 개 이상의 프로그램을 통합해 테스트하는 것이 통합 테스트이고, 동작으로 본다면 두 개 이상의 컴포넌트를 통합하는 것이 통합 테스트가 됩니다.

통합하는 범위에는 몇 가지 유형이 있습니다. [그림 5.6]에서 살펴보면

- ❶은 계층 내 통합으로, 같은 계층 안에서 컴포넌트를 통합합니다.
- ❷는 계층 간 통합으로, 프레젠테이션-도메인-데이터 계층을 가로질러 통합합니다.
- ❸은 외부 시스템 통합으로, 실제 데이터베이스에 접근하는 방식까지 테스트에 포함합니다.

❶을 먼저 테스트하고 ❸을 추가로 테스트하는 등 여러 유형을 병행하는 경우도 있습니다. 단위 테스트나 E2E 테스트와의 범위 중복도 고려하여 통합 테스트의 적용 범위를 결정합니다.

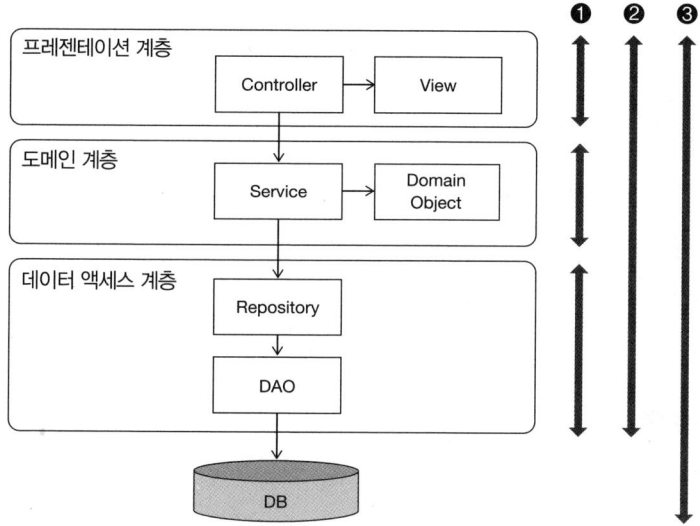

그림 5.6 통합 테스트의 범위

통합 테스트의 주요 특징은 다음과 같습니다.

- 컴포넌트 간 상호작용 검증이 가능함
- 유스케이스 또는 그 일부 단계 등 주요 흐름 테스트에 적합함
- 테스트 준비 비용이 큼(컴포넌트 생성·설정, 테스트 데이터 준비 등)
- 세밀한 테스트 케이스 검증에는 적합하지 않음

- 테스트 실행 시간이 길어지는 경향 있음(특히 데이터베이스 및 파일 등 I/O 작업 포함 시)
- 테스트 실패 시 원인 파악이 어려움

5.2.4 E2E 테스트

E2E 테스트 End-to-End testing 는 사용자 기준으로 시스템 전체를 종합적으로 검증하는 과정입니다. 'End-to-End'는 시스템 구성의 '끝에서 끝까지' 전체 흐름을 확인한다는 의미로, 사용자 인터페이스부터 데이터베이스, 외부 연동 서비스에 이르기까지 시스템의 모든 계층과 구성 요소를 연결해 검증합니다. 또한 기능 측면에서는 관리자 기능부터 일반 사용자 기능까지 시스템이 제공하는 모든 유스케이스를 검증하는 방식으로도 이해됩니다.

한발 더 나아가, 사용자 경험 측면에서는 사용자가 '처음부터 끝까지' 유스케이스를 수행해 목적을 달성하는 전 과정을 시스템이 문제없이 지원하는지를 확인하는 방식이기도 합니다.

☑ E2E 테스트 툴

웹 애플리케이션에서는 사용자의 브라우저 동작을 시뮬레이션하여 테스트 시나리오를 자동 실행할 수 있는 E2E 테스트 툴이 널리 활용됩니다. 이러한 툴은 크게 다음 두 가지 방식으로 나뉩니다.

- 코드로 테스트 스크립트를 작성하는 방식
- 레코드 앤드 리플레이 Record and Replay (RnR) 방식으로 스크립트를 생성하는 노코드 방식

RnR은 테스트 설계자가 실제로 수행한 브라우저 동작을 툴이 기록한 후, 저장된 스크립트를 재생하여 테스트를 실행하는 방식입니다.

코드 기반 툴로는 Selenium[4], Cypress[5] 등 다양한 오픈소스 제품들이 있습니다. 한편, 노코드형 툴로는 유료 제품인 Autify[6], MagicPod[7] 등이 있으며, 기능이 풍부하고 사용자 평가도 높습니다.

개발자가 테스트를 직접 작성할 경우에는 코드형 툴이 세밀한 제어에 유리하고, QA 엔지니어가 작성할 경우에는 노코드형 툴을 도입하는 것이 효율적일 수 있습니다.

☑ E2E 테스트의 특징

E2E 테스트에는 다음과 같은 특징이 있습니다.

- 시스템 전체를 검증할 수 있음
- 테스트 준비(애플리케이션 빌드 및 환경 배포 등)에 시간이 많이 소요됨
- 사용자 이용을 위한 사전 준비(각종 설정, 마스터 데이터 준비 등)에 많은 리소스 필요
- 세밀한 테스트 케이스 검증에는 적합하지 않음
- 테스트 실행 시간이 매우 김
- 테스트 실패 시 원인 파악이 어려움

또한 E2E 테스트에서는 실행 결과가 일관되지 않는 '**불안정한 테스트** flaky test'가 자주 발생할 수 있습니다. 대표적인 원인은 다음과 같습니다.

- 테스트 간 간섭: 하나의 시나리오에서 수행한 데이터베이스 갱신이 다른 시나리오에 영향을 줘서 실행 순서에 따라 실패가 발생할 수 있음
- 응답 대기 실패: Ajax와 같은 비동기 처리를 기다리는 대기 시간이 짧을 경우, 서버 처리 시간이 더 길어 타임아웃이 발생할 수 있음

4　*https://www.selenium.dev*
5　*https://www.cypress.io/*
6　*https://autify.com/kr-nexus*
7　*https://magicpod.com/en/*

> **COLUMN**
>
> ### 행동 주도 개발(BDD)
>
> 단위 테스트에서는 프로덕션 코드를 구현하기 전에 테스트 코드를 먼저 작성하는 **테스트 퍼스트**test first 방식이 일반적인 반면, 통합 테스트나 E2E 테스트는 모든 컴포넌트의 구현을 마친 뒤에 테스트 코드를 작성하는 경우가 많습니다.
>
> 그러나 통합 테스트나 E2E 테스트에서도 테스트 코드를 먼저 작성하는 접근 방식도 있는데, 바로 **행동 주도 개발**behavior-driven development(BDD)[8]입니다. [그림 5.7]은 BDD의 개요를 보여줍니다.
>
> BDD에서는 유저 스토리로 정의된 기능을 구현하기 전에, 해당 기능의 동작(행동)을 요구 조건의 형태로 명확하게 정의합니다.
>
>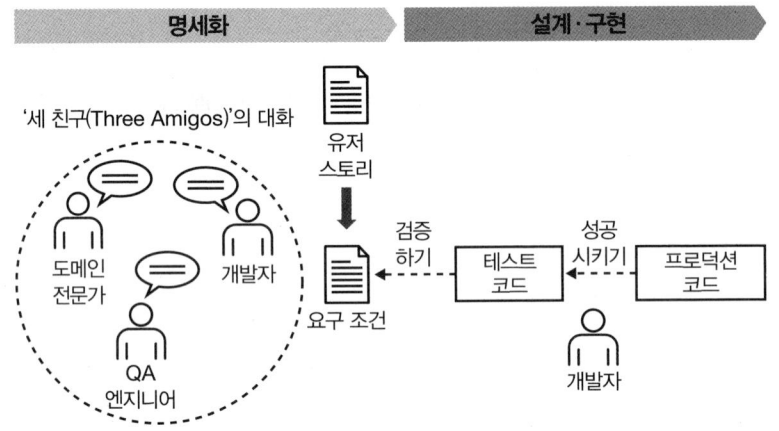
>
> **그림 5.7 행동 주도 개발(BDD)의 개요**
>
> 앞서 4장의 COLUMN에서 언급했듯이, 유저 스토리는 간단한 형식으로 시스템에 요구되는 기능을 사용자 관점에서 개략적으로 기술한 것입니다. 그러나 그것만으로는 사양이 부족하여, 도메인 전문가(또는 해당 업무를 상세히

---

[8] John Ferguson Smart, 『BDD in Action Behavior-Driven Development for the whole software lifecycle』(Manning Publications, 2015)

파악하고 있는 담당자), 개발자, QA 엔지니어가 함께 대화를 통해 사양을 구체화해 나갑니다.

개발자는 도메인 전문가에게 질문을 던지며, 사용자가 목적을 달성하기 위해 시스템이 어떻게 동작해야 하는지를 소스 코드 수준까지 구체화합니다. 이때 추상적인 설명에 그치지 않도록 구체적인 예시를 통해 사양을 명확히 정의하고 QA 엔지니어는 테스트 전문가의 관점에서 예외적인 상황이나 엣지 케이스에 대한 질문을 던지며 대화에 참여합니다. 이렇게 서로 다른 세 역할이 모여 협업하는 방식을 BDD에서는 '세 친구(Three Amigos)'[9]라고 부릅니다.

이러한 대화를 통해 명확해진 사양은 요구 조건으로 정리되어 자연어로 기술됩니다. 도메인 전문가, 개발자, QA 엔지니어 누구라도 같은 의미로 정확하게 이해할 수 있도록, 대화 중에 정리된 도메인 지식을 유비쿼터스 언어로 통일하여 기술합니다. 유비쿼터스 언어는 도메인 주도 설계(DDD)의 핵심 개념 중 하나로, 관계자들이 공유하는 공통된 어휘를 뜻합니다(1장 COLUMN 참조).

요구 조건은 구체적인 예시를 바탕으로 명확히 정의되기 때문에 그대로 테스트 케이스로 활용할 수 있습니다. 개발자는 이러한 요구 조건이 충족되는지를 검증하는 자동 실행 테스트 코드를 프로덕션 코드보다 먼저 작성합니다. 물론 이 시점에는 아직 프로덕션 코드가 존재하지 않으므로, 테스트 코드에서 호출할 컴포넌트의 인터페이스만 먼저 정의하고 이를 기반으로 테스트 코드를 작성합니다. 이후 이 테스트 코드가 성공하도록 대상 컴포넌트와 관련 컴포넌트들을 차례로 구현해 나갑니다. 이 과정에서 각 컴포넌트나 프로그램에 대한 단위 테스트도 작성하게 됩니다.

이처럼 사용자 관점에서 시스템의 동작을 요구 조건으로 정의한 후, 그것을 검증하는 테스트 코드를 먼저 작성하고, 그 테스트를 통과할 수 있도록 프로덕션 코드를 구현해 나가는 방식을 **아웃사이드-인**Outside-In(사용자 관점에서 시스템 외부에서 내부로의 단계적 구현) 접근법이라고 합니다.

---

[9] 옮긴이_ '세 친구'는 1980년대 미국 영화에서 유래한 표현으로, 사양 협의에서 핵심이 되는 세 역할(비즈니스, 개발, 테스트)을 함께 지칭하며 사용되었습니다.

> 이때, 요구 조건을 검증하는 테스트 코드가 프레젠테이션 계층의 컨트롤러나 도메인 계층의 서비스 등을 대상으로 할 경우, 이는 통합 테스트에 해당합니다. 반면 사용자 인터페이스 전체를 대상으로 할 경우에는 E2E 테스트로 분류됩니다.

5.2.5 테스트 전략 검토 시 고려사항

테스트 전략의 기본은 테스트 피라미드를 따르면서 단위 테스트의 비중을 높이는 것입니다. 각 테스트가 지닌 특성을 고려할 때, 단위 테스트가 소프트웨어 구성요소의 품질을 보다 확실하게 보장할 수 있기 때문입니다. 그 다음에 시스템 전체의 동작을 검증하기 위한 통합 테스트나 E2E 테스트를 어떻게 활용할지 고민해야 합니다.

☑ 단위 테스트 핵심 원칙

저비용으로 빠르게 수행할 수 있는 단위 테스트의 비중을 늘리는 것이 기본이지만, 그렇다면 모든 프로그램이나 컴포넌트에 대해 단위 테스트를 작성하고 테스트 커버리지를 100% 달성하는 것이 목표가 되어야 할까요?

필자의 대답은 '아니오'입니다. 물론 커버리지는 높을수록 좋기 때문에 100%를 이상적인 상태로 여길 수도 있습니다. 그러나 이 수준에 도달하려면 상당한 비용이 들고, 이를 계속 유지하는 것도 쉬운 일이 아닙니다. 이것이 부담으로 작용해 개발 속도가 느려질 위험도 존재합니다. 테스트 자동화는 소프트웨어 개발에서 정당한 투자이지만, ROI(return on investment)(투자 대비 수익)를 극대화하려는 사업적 목적도 고려해야만 합니다.

앞서 설명했듯, 단위 테스트의 대상 단위는 '동작 단위'(컴포넌트 단위)로 설정하는 것이 효과적입니다. 여기서는 그 동작을 구성하는 코드의 두 가지 유형, 즉 핵심 로직과 프로세스 로직에 대해 다시 살펴보겠습니다.

핵심 로직은 비즈니스 규칙처럼 일관된 동작을 나타내는 반면, 프로세스 로직은 처리 절차를 기술한 것으로 다른 컴포넌트 간의 조정을 담당합니다. [그림 5.8]은 프로세스 로직에 해당하는 컴포넌트에 대해 단위 테스트를 작성한 예입니다.

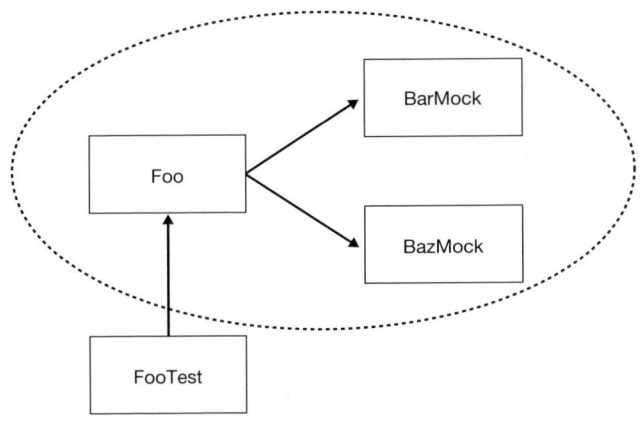

그림 5.8 프로세스 로직의 단위 테스트 예시

Foo 클래스는 프로세스 로직을 구현하며, 다른 컴포넌트(Bar 클래스, Baz 클래스)와의 상호작용을 포함한 처리를 담당합니다. 단위 테스트의 정의에 따라 이들 의존 컴포넌트는 테스트 더블(BarMock 클래스, BazMock 클래스)로 대체하여 Foo 클래스만 독립적으로 테스트합니다.

이때 FooTest 클래스에서 검증하는 테스트 조건은 다음과 같습니다.

- 특정 입력값과 의존 객체의 상태에서 Foo 클래스의 x 메서드를 호출하면 성공 결과가 반환됨
- 이 과정에서 BarMock 클래스의 y 메서드가 한 번 호출됨
- 이 과정에서 BazMock 클래스의 z 메서드는 호출되지 않음

이 예제는 단순화된 형태지만, 실제로는 더 많은 의존 컴포넌트와 복잡한 처리 흐름이 포함되기 때문에 검증 내용이 더욱 복잡해집니다. 또한 메소드 호출 여부를 검증하기 위해 스텁이 아닌 모의 객체(Mock)를 테스트 더블로 사용했습니다.

이렇게 구현된 세부 사항을 단위 테스트로 검증하는 것이 과연 어느 정도의 가치가 있는 일일까요? Foo 클래스는 독립된 컴포넌트지만, 이를 사용하는 클라이언트(FooTest 클래스나 프로덕션 코드에서 실제로 Foo 클래스를 호출하는 컴포넌트)의 관점에서는 그 뒤에서 작동하는 다른 컴포넌트들까지 포함된 하나의 큰 컴포넌트처럼 보일 수 있습니다([그림 5.8]의 점선 영역). 이 시점에서 Foo 클래스가 BarMock 클래스의 x 메서드를 호출하는 행위는 동작을 구현한 세부 사항에 해당합니다. 이러한 구현 세부 사항을 검증하는 테스트는 리팩터링 등 변경에 취약해 자주 실패할 수 있어 피하는 것이 좋고, 검증의 초점은 구현이 아니라 어디까지나 관찰 가능한 동작에 맞춰야 합니다.[10]

Foo 클래스와 관련 컴포넌트들이 제공하는 전체 동작을 검증하려면 테스트 더블이 아닌 실제 클래스(Bar, Baz)를 사용해야 하므로, 이 경우는 단위 테스트가 아닌 통합 테스트에 해당합니다.

이처럼 **프로세스 로직의 정확성은 단위 테스트에서 검증하기보다는 상위 테스트(통합 테스트나 E2E 테스트)에 맡기는 것이 좋다**는 것이 필자의 의견입니다. 프레젠테이션 계층의 컨트롤러나 도메인 계층의 애플리케이션 서비스 등 프로세스 로직에 해당하는 컴포넌트는 단위 테스트 대상에서 제외하고, 핵심 로직에 해당하는 컴포넌트에 대해 집중적인 단위 테스트를 수행하는 것입니다.

그렇다면, 단위 테스트의 대상에 대해서는 어느 정도의 커버리지를 목표로 해야 할까요? 구글의 테스팅 블로그[11]에서는 그 기준을 [표 5.3]과 같이 제시하고 있습니다.

---

[10] 『단위 테스트: 생산성과 품질을 위한 단위 테스트 원칙과 패턴』(에이콘출판, 2021)
[11] https://testing.googleblog.com/2020/08/code-coverage-best-practices.html

커버리지는 높을수록 좋지만 100%라는 높은 수치를 절대적인 목표로 삼으면 본래의 단위 테스트의 취지에서 벗어나 커버리지를 높이기 위한 테스트 코드를 작성하게 될 수 있습니다. 프로젝트마다 적절한 기준을 설정하는 것이 좋습니다. 필자의 경험상, 테스트 주도 개발이나 테스트 퍼스트로 개발을 진행하면 자연스럽게 90% 이상의 커버리지에 도달하게 되므로 90%는 실질적인 기준으로 삼기에 충분히 타당한 수치입니다.

표 5.3 구글의 테스트 커버리지 평가 기준

커버리지 기준	평가
90%	모범적
75%	칭찬할 만한 수준
60%	허용 범위

☑ 통합 테스트 핵심 원칙

앞서 설명했듯이, 통합 테스트에서 컴포넌트의 '통합' 범위는 다양합니다. 이 범위를 설정할 때는 애플리케이션 아키텍처의 특성을 고려해 정책을 수립해야 합니다.

예를 들어, 비즈니스 규칙이나 도메인 로직의 복잡성을 해결하기 위해 클린 아키텍처를 채택했다면 유스케이스 계층과 엔티티 계층에 위치한 컴포넌트를 통합 범위로 설정하는 것이 기본적인 접근입니다(그림 5.9). 이러한 경우 유스케이스를 실제로 호출하는 컨트롤러 대신 통합 테스트 클래스가 유스케이스를 직접 호출하게 됩니다. 또한 유스케이스에서 호출하는 DataAccessor나 Service 구현 클래스는 실제 컴포넌트 대신 테스트 더블로 대체합니다. 유스케이스 계층이나 엔티티 계층의 컴포넌트는 외부 인터페이스 어댑터 계층의 구현 세부 사항을 몰라도 동작하므로, 이러한 컴포넌트들만을 통합한 유스케이스 단위 테스트를 구성하기 쉽다는 점은 클린 아키텍처의 큰 장점 중 하나입니다.

다만 애플리케이션에 따라서는 인터페이스 어댑터 계층의 Repository나 DAO가 생성하는 SQL이 복잡한 경우 이들도 통합 범위에 포함하는 것이 좋을 수도 있습니다. 아키텍처 구조뿐 아니라 실제의 구현 복잡도를 함께 고려해 상황에 맞는 범위를 결정해야 합니다.

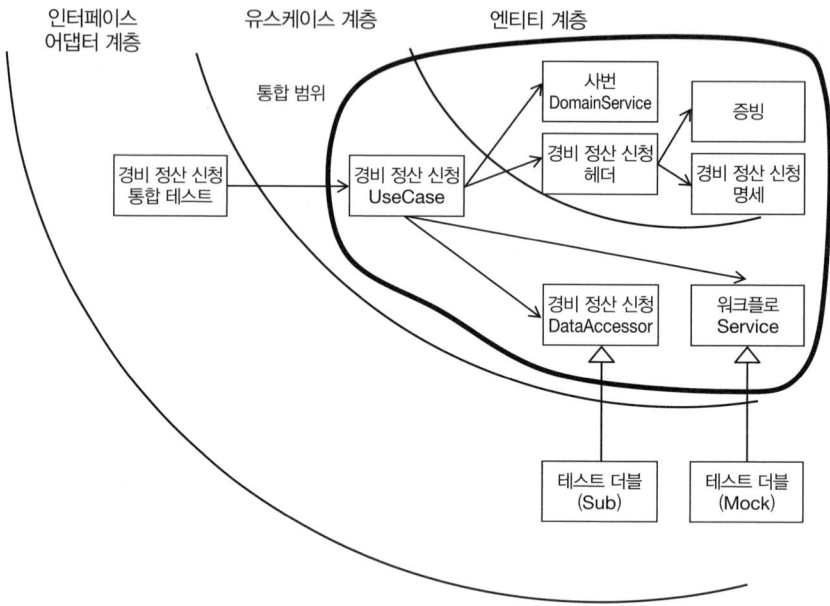

그림 5.9 통합 테스트 범위 설정 예시 (클린 아키텍처 기준)

통합 테스트는 구성과 유지 관리에 상대적으로 비용이 많이 듭니다. 만약 이 비용이 기대 효과에 비해 과도하다고 판단된다면, 통합 테스트를 최소화하고 E2E 테스트로 커버하는 전략도 검토할 수 있습니다.

☑ E2E 테스트 핵심 원칙

E2E 테스트는 작성과 실행에 상당한 비용이 들기 때문에, 품질 보증을 이유로 테스트 수를 무분별하게 늘릴 경우 오히려 개발 생산성과 다른 품질 특성을 저하시

킬 수 있습니다. 따라서 E2E 테스트의 목적과 범위를 명확히 정의해 두는 것이 중요합니다.

일반적으로 단위 테스트와 통합 테스트는 다음 두 가지 역할을 겸합니다. 먼저 새로 개발한 프로그램이 제대로 동작하는지 검증하는 것, 그리고 기존 프로그램이 퇴행 없이 계속 정상적으로 동작하는지 검증(리그레션 테스트)하는 것입니다. 이에 비해 E2E 테스트는 기본적으로 리그레션 테스트의 역할에만 집중합니다 (단, BDD를 적용하는 경우는 예외일 수 있습니다). 따라서 실제 개발 과정에서는 기능을 먼저 구현한 뒤, 테스트 담당자가 직접 동작을 검증하고 나서 E2E 테스트를 작성하는 순서로 진행하는 것이 효과적입니다.

다시 말해, E2E 테스트의 주된 목적은 시스템 기능이 변경이나 오류로 인해 제대로 동작하지 않게 된 경우 이를 감지하는 데 있습니다. 비즈니스 규칙이나 로직의 세부 동작은 단위 테스트나 통합 테스트에서 검증하고, E2E 테스트는 이보다 상위 수준에서 사용자가 유스케이스를 실행해 목적을 달성할 수 있는지를 확인하는 데 집중해야 합니다. 이러한 관점에서 E2E 테스트는 다음과 같은 항목들을 검토합니다.

- 주요 성공 시나리오의 실행 가능 여부
- 대표적 예외 시나리오 및 대체 시나리오의 실행 가능 여부

또한 비즈니스 규칙의 변형 검증은 일반적으로 E2E 테스트 범위에서 제외하지만, 화면 조작과 관련된 다양한 변형은 포함하는 것이 좋습니다. 예를 들어, 거의 사용되지 않는 버튼을 클릭했을 때 시스템 오류가 발생하는 경우도 의외로 많기 때문에, 사용자가 화면에서 수행할 수 있는 가능한 모든 액션을 E2E 테스트 케이스로 확인하는 것이 이상적입니다.

COLUMN
테스트 코드에 대한 투자

테스트 코드는 프로덕션 코드와 마찬가지로 소프트웨어의 중요한 자산으로 여겨야 합니다. 내부 품질을 높이고 유지하는 데 필수적인 요소이기 때문입니다.

그러나 많은 개발자가 테스트 코드의 가독성, 유지보수성 등의 내부 품질을 간과하고, 프로덕션 코드에 비해 품질 기준을 낮게 잡는 경향이 있습니다. 테스트 코드 역시 중요한 자산임을 고려한다면, 프로덕션 코드와 동일한 수준까지는 아니더라도 적절한 투자를 통해 품질을 확보하려는 노력이 필요합니다.

프로덕션 코드는 비즈니스 로직을 일반화한 코드 형태로 작성되어 추상도가 높지만, 테스트 코드는 이를 검증하기 위한 구체적인 값들을 사용해 테스트 케이스의 집합으로 구성되므로 상대적으로 추상도가 낮습니다(그림 5.10).

이러한 특성상 테스트 코드의 분량은 프로덕션 코드보다 많아지는데, 경우에 따라서는 몇 배에 이르기도 합니다. 즉 테스트 코드는 그 구조가 쉽게 비대해지고, 이를 방치하면 정돈되지 않은 상태로 흐트러지기 마련입니다. 제대로 관리되지 않은 테스트 코드는 다음과 같은 문제를 초래하기도 합니다.

- 특정 테스트 케이스의 위치를 파악하기 어려움
- 테스트 범위의 누락 여부를 확인하기 어려움
- 테스트 코드만으로 테스트의 목적이나 의도를 파악하기 어려움

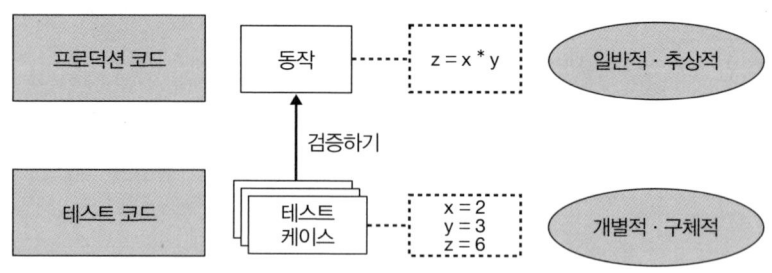

그림 5.10 프로덕션 코드와 테스트 코드

정리되지 않은 테스트 코드는 기술적 부채로 이어져, 결국 프로덕션 코드의 품질 저하와 개발 속도 감소 같은 문제를 야기할 수 있습니다. 이러한 부채화를 막기 위해서라도 테스트 코드에 대한 투자와 관리는 필수적입니다.

그렇다면 테스트 코드를 잘 관리하려면 무엇을 고려해야 할까요? 코드의 가독성과 유지보수성을 높이기 위해 기억해야 할 세 가지 원칙이 있습니다. 필자는 각 머릿글자를 따서 이를 '테스트 코드의 SOS'라 부릅니다.

- **S**tructured (구조화)
- **O**rganized (체계적 정리)
- **S**elf-documenting (자체 문서화)

구조화란 테스트 관점에 따라 테스트 케이스를 분류하고, 그 기준이 코드 구조에 반영된 상태를 의미합니다. 분류 기준은 다양할 수 있으며, 예를 들어 테스트 대상 클래스나 컴포넌트가 수행하는 동작, 또는 정상 흐름과 예외 상황 같은 실행 시나리오 유형이 그 기준이 될 수 있습니다.

이러한 구조화를 코드에 구현하는 방식은 사용하는 언어나 테스트 프레임워크에 따라 다릅니다. 테스트 클래스를 분할하는 것도 하나의 방법이며, 이때 테스트 대상 클래스와 테스트 클래스는 반드시 1:1로 대응될 필요는 없습니다. 테스트 관점에 따라 1:N 구조로 구성해도 좋습니다.

체계적 정리란 테스트 케이스의 커버리지와 적절성을 쉽게 확인하고 검증할 수 있는 상태를 의미합니다. 이를 위해 테스트 코드를 구조화한 뒤 테스트 케이스의 배치 순서와 주석 작성 방식 등을 정리하면 테스트 항목이 누락없이 구성되었는지, 검증이 충분한지를 쉽게 파악할 수 있습니다.

자체 문서화란 별도의 문서나 설명없이, 테스트 코드만으로 테스트의 목적과 조건을 명확히 파악할 수 있는 상태를 말합니다.

[리스트 5.2.1]은 2장에서 SOLID 원칙을 설명할 때 사용한 샘플 코드의 테스트 케이스입니다. Spock[12]이라는 테스트 프레임워크로 작성되었으며, '초과근무수당이 정확하게 계산된다' 라는 테스트 메서드명을 통해 테스트 목적이 분명하게 드러납니다. 또한 given – when – then 구조로 각 블록의 역할도 명확하게 구분되어 있습니다.

- given 블록에서는 테스트의 사전 조건을 준비함
- when 블록에서는 테스트 대상(SUT)의 동작을 호출함
- then 블록에서는 테스트의 기대 결과를 검증함

리스트 5.2.1 자체 문서화된 테스트 코드 예시

```
// src/test/groovy/sample/chap02/solid/before/
// WorkRecordSpec.groovy
def "초과근무수당이 정확하게 계산된다"() {
  given: "근무 시작과 종료 시간"
  def clockIn = LocalDateTime.of(2023,12,1,9,00)
  def clockOut = LocalDateTime.of(2023,12,1,20,00)
  and: "테스트 대상 객체"
  def sut = new WorkRecord(LocalDate.now(), false, clockIn, clockIn,
                           clockOut, Grade.Regular)
  when: "초과근무수당 계산 메서드 호출"
  def pay = sut.calcOvertimePay()
  then: "예상 초과근무수당과 일치"
  pay == 4000
}
```

---

[12] Spock
https://spockframework.org/

5.3 성능 테스트

5.3.1 성능 테스트 개요

성능 테스트는 시스템이 품질 속성 중 하나인 수행 효율성을 만족하는지 검증하는 테스트입니다. 검증 관점에 따라 [표 5.4]와 같이 여러 유형으로 구분됩니다.

표 5.4 성능 테스트 유형

테스트 유형 분류	설명
단일 기능 성능 테스트	개별 온라인 기능이나 배치 기능을 단독으로 실행했을 때, 정해진 시간 내에 처리가 완료되는지 검증
부하 테스트	예상되는 최대 부하 조건에서 시스템의 처리량, 응답 시간, 리소스 사용 효율 등을 검증
장기 실행 테스트	장시간 연속으로 시스템 운영 시 성능이 안정적으로 유지되는지 검증
확장성 테스트	부하 증가에 따라 리소스 확장이나 구성 변경이 가능한지, 시스템이 유연하게 대응하는지 검증

수행 효율성은 아키텍처와 그 위에 구현된 애플리케이션 기능의 전체 조합을 통해 시스템 전체에서 달성되는 특성을 말합니다. 따라서 아키텍트와 애플리케이션 개발자가 협력해 테스트를 설계하고 구현해야 합니다.

필자의 경험상, 성능 테스트는 보통 아키텍트가 전반을 주도합니다. 테스트 계획 수립부터 환경 구성, 실행, 문제 발생 시 해결 방안 모색까지 모든 단계에서 광범위한 기술적 지식이 요구되기 때문에 아키텍트가 리드하는 것이 효과적입니다.

이제 유형별 주요 특징들을 차례로 살펴보겠습니다.

5.3.2 단일 기능 성능 테스트

개별 기능이 성능 요건을 충족하지 못하면, 시스템 전체의 성능도 충족하기 어렵습니다. **단일 기능 성능 테스트**single-function performance testing는 독립적으로 동작하는 개별 기능의 성능 적합성을 검증합니다.

☑ 테스트 대상 기능 선정

단일 기능 성능 테스트를 수행하려면 실제 운영 환경을 가정한 대량의 데이터를 준비해야 하며, 테스트 측정에도 상당한 시간이 소요됩니다. 이러한 이유로 모든 기능을 테스트하는 것은 현실적으로 어려우므로 사전에 정한 기준에 따라 테스트 대상을 선별해 둡니다. 구체적으로는 기능별로 다음 항목들을 평가합니다.

- 업무상 중요도(해당 기능이 비즈니스에 얼마나 핵심적인지)
- 사용 빈도(기능이 실제 얼마나 자주 호출되는지)
- 처리 복잡도(알고리즘의 복잡성이나 처리 로직의 난이도)
- 데이터 처리량(한 번에 처리하는 데이터의 크기)

이 평가 항목을 기반으로 점수를 산정하고, 기준치를 넘은 기능들을 1차 후보로 선정합니다. 이후 아키텍트와 도메인 전문가의 최종 판단을 더해 성능 테스트 대상 기능을 확정합니다.

☑ 성능 목표치 설정

선정한 테스트 대상 기능별로 성능 목표치를 설정합니다. 온라인 처리의 경우, 일반적인 처리 패턴에 따라 기준값을 설정하고 각 기능의 특성을 반영하여 조정하는 방식이 좋습니다. 예를 들어, 등록·갱신 처리는 1초, 목록 조회 처리는 3초를 목표로 설정하는 식입니다. 배치 처리는 처리 건수, 로직의 복잡도 등을 기준으로 기능별 목표치를 개별적으로 설정합니다.

☑ 측정

성능을 측정할 때에는 사전에 측정 방식과 절차를 정해두어야 합니다. 예를 들어, 처리 시간을 애플리케이션 로그에서 수집할지, 성능 측정 툴을 통해 측정할지를 결정합니다. 또한 성능 목표치를 달성하지 못했을 경우를 대비해, 튜닝tuning의 단서가 될 수 있는 정보를 얻을 수 있도록 미리 준비합니다. 로그를 상세 수준으로 출력하여 컴포넌트별 처리 시간을 기록하거나 SQL 실행 횟수 및 실행 시간을 함께 수집할 수 있도록 설정합니다.

SQL 실행 정보는 ORM에서 제공하는 로깅 기능을 활용하거나 데이터베이스 제품 자체의 성능 분석 툴을 통해 확인할 수 있습니다. 또한 클라우드 매니지드 데이터베이스cloud managed database를 이용한다면 Amazon RDS Performance Insights[13]와 같은 성능 분석 서비스를 이용할 수도 있으므로, 이를 활용하는 방안도 고려할 수 있습니다.

☑ 튜닝

단일 기능 성능 테스트에서 성능 목표치를 달성하지 못할 경우, 원인은 대부분 데이터베이스 접근에 있습니다. 특히 다음 두 가지 패턴이 자주 나타납니다. 첫째, SQL 자체의 성능 저하입니다. 이 경우에는 인덱스 추가나 SQL 문 자체의 튜닝을 통해 개선할 수 있습니다. 둘째, 하나의 처리에서 과도하게 많은 SQL이 호출되는 경우입니다. 이때에는 애플리케이션 로직을 재검토하여 호출 횟수를 줄이는 방식

---

[13] https://aws.amazon.com/ko/rds/performance-insights/

으로 개선합니다.

SQL 분석과 개선은 일반적으로 DBA$^{\text{database administrator}}$ 팀의 역할이지만, 전담 DBA가 없거나 인력이 부족한 경우에는 애플리케이션 개발자가 직접 수행해야 할 수도 있습니다. 이를 위해 SQL 실행 계획을 획득하고 해석하는 절차를 시각화한 문서와 인덱스 생성 기준, SQL 작성 가이드 등 내부 규약을 사전에 정비해 두는 것이 좋습니다.

COLUMN

대량 데이터 생성

성능 테스트에 사용할 대량의 데이터를 생성하는 작업은 실제로 상당히 어려운 작업입니다. 데이터의 품질이 테스트의 성패를 좌우하기도 합니다. 이에 대량 데이터 생성에 관한 세 가지 중요한 포인트를 소개합니다.

첫째, 생성하는 데이터의 수량뿐만 아니라 값의 분포도 고려해야 합니다. 테이블의 특정 열이 취할 수 있는 값의 종류와 실제 값의 분포 상태가 실제 운영 데이터와 유사하지 않으면 테스트의 신뢰도가 떨어집니다. 특히 검색 키가 될 수 있는 날짜, 금액, 처리자, 상태 등의 열은 주의가 필요합니다.

둘째, 대량 데이터 입력에는 상당한 시간이 소요되므로 처리 방식을 미리 검토해야 합니다. 일일이 INSERT 문장을 실행하는 것보다 데이터베이스 기능을 활용해 CSV 파일에서 일괄 로드하거나, 저장 프로시저를 이용해 데이터베이스 프로세스 측에서 데이터를 생성하는 등의 방법을 사전에 검증해 둡니다.

셋째, 갑자기 많은 양의 데이터를 생성하여 사용하기보다는 먼저 소량의 데이터를 생성해 데이터에 문제가 없는지 검증을 거치는 것이 좋습니다. 대량 데이터를 입력한 후 성능 테스트 단계에서 문제가 발견되면 데이터를 일괄 수정하거나 재입력하는 데 시간이 많이 소요되어 테스트 일정에 영향을 미칠 수 있습니다. 테스트 데이터라고 해도 시프트 레프트 방식으로 초기 단계부터 점검하는 것이 중요합니다.

5.3.3 부하 테스트

부하 테스트^{load testing}는 업무 피크^{peak}(최대 부하) 시점에 시스템 전체가 정해진 성능 목표를 달성할 수 있는지 검증합니다. 따라서 튜닝을 포함한 단일 기능 성능 테스트가 이미 완료된 상태여야 하며, 최소한 테스트 시나리오에 포함된 기능들도 이에 대한 테스트를 마쳤어야 합니다.

☑ 테스트 시나리오 선정

무엇보다 먼저, 피크 시점의 시스템 부하를 재현할 수 있는 시나리오를 구성해야 합니다. 실제 운영 상황을 완벽하게 재현하는 것은 어려우므로 최대한 유사한 부하 환경을 조성하는 것을 목표로 삼습니다.

예를 들어 3장의 경비 정산 사례연구에서는 월말·월초에 신청과 승인이 집중되는 업무 특성을 반영하여 [표 5.5]와 같이 시나리오를 구성합니다.

표 5.5 부하 테스트의 시나리오 예시

시나리오 분류	사용자	시나리오 개요
경비 정산 신청	신청자	1. 경비 정산 내용을 입력하고 증빙 자료 첨부 2. 내용을 확인한 뒤 신청 실행
상사 승인	상사	1. 승인 대상이 되는 경비 정산 신청서의 전체 목록 확인 2. 특정 신청서 조회 및 승인
회계 담당자 승인	회계 담당자	1. 승인 대상이 되는 경비 정산 신청서의 전체 목록 확인 2. 특정 신청서 조회 및 승인

실제 피크 시점에는 이외의 기능도 함께 사용될 수 있지만, 이들이 시스템에 미치는 부하는 상대적으로 미미하다고 간주해 부하 테스트 대상에서는 제외합니다. 다만, 부하 상태에서 주요 기능의 응답 속도가 허용 범위 내에 있는지 확인하기 위해 일부 기능을 선택해 수동 조작으로 응답 시간을 측정하는 경우도 있습니다.

☑ 성능 목표치 설정

부하 테스트의 성능 목표치는 주로 두 가지 지표를 사용하여 설정합니다.

첫째는 **응답 시간**response time입니다. 클라이언트가 시스템에 요청을 보낸 시점부터 시스템이 처리 후 응답을 반환할 때까지 걸리는 시간을 의미합니다. 이는 시스템이 사용자 요청에 얼마나 신속하게 반응하는지를 보여주는 중요한 지표입니다. 단, 클라이언트 측의 화면 렌더링을 포함한 전체 처리 시간은 **턴 어라운드 타임**turnaround time이라고 하여 별도로 구분합니다. 대부분의 부하 테스트 툴은 브라우저 조작을 재현하지 않고 HTTP 요청을 직접 전송하는 방식이어서 응답 시간이 주요한 측정 대상이 됩니다.

둘째는 **처리량**throughput입니다. 단위 시간당 시스템이 처리할 수 있는 요청이나 트랜잭션의 수를 의미합니다. 이 지표로 시스템의 전반적인 처리 능력을 평가할 수 있습니다.

그렇다면 이러한 지표들의 목표치는 어떻게 설정해야 할까요? 응답 시간은 단일 기능 성능 테스트에서 설정한 기능별 성능 목표치를 기준으로 삼습니다. 다만 업무 피크 시에는 어느 정도의 성능 저하가 발생할 수 있으므로 비기능 요구사항을 반영해 조정하는 것이 좋습니다.

이때 주의할 점은 과부하 상황에서 일부 극소수 요청의 응답 시간이 비정상적으로 길어질 수 있다는 점입니다. 이러한 이상 수치를 배제하고 전체적인 응답 성능을 보다 정확하게 평가하기 위해, 평균값이나 중앙값 대신 **백분위수**percentile를 사용하는 경우가 많습니다. 백분위수는 전체 데이터 중 일정 비율이 특정 값 이내에 위치하는지를 나타내는 통계 지표로, 예를 들어 95 백분위수가 3초라면 전체 요청 중 95%가 3초 이내에 처리되었음을 뜻합니다.

처리량의 목표도 함께 설정합니다. 비기능 요구사항 문서에 '피크 시 최대 동시접속자 수 100'과 같은 조건이 명시된 경우도 있지만, 여기서 말하는 동시접속자 수가 로그인 사용자 수인지, 실제 처리 중인 사용자 수인지, 혹은 단위 시간당 요청 수나 트랜잭션 수를 말하는 것인지 정의가 모호하거나 근거가 불분명한 경우가 많습니다.

이러한 상황에서는 **업무 관점에서 명확히 측정 가능한 트랜잭션 수를 기준으로 목표를 삼는 것**이 효과적입니다. 예를 들어 경비 정산 시스템의 사례에서는 '피크 시 시간당 약 1,000건의 신청 및 승인 처리'와 같이 구체적이고 오해의 여지가 없는 수치를 기준으로 삼을 수 있습니다. 이 경우 [표 5.5]의 부하 테스트 시나리오에 따라 시나리오별로 처리 완료(신청 완료, 승인 완료 등)의 건수를 정확히 측정하여 처리량을 평가하게 됩니다.

☑ 부하 생성

부하 테스트 시나리오에 따라 실제 부하는 Gatling[14]과 같은 부하 테스트 툴을 이용해 생성합니다. 많은 툴이 브라우저의 동작을 캡처하여 스크립트로 변환하는 기능을 제공합니다. 이렇게 생성된 스크립트를 편집하여 원하는 부하 패턴을 재현할 수 있도록 조정합니다. 특히 Gatling의 경우 Java, Kotlin, Scala 등 다양한 언어로 스크립트를 작성할 수 있다는 장점이 있습니다.

☑ 측정

부하 테스트 중 수집되는 응답 시간, 처리량, 오류 발생률 등의 주요 성능 지표는 테스트 툴이 제공하는 보고서 기능을 통해 확인할 수 있습니다(그림 5.11).[15] 그러나 테스트 결과를 제대로 분석하고 평가하려면 서버 측 리소스 상태도 함께 파악해야 합니다. 일부 유료 툴 중에는 서버의 리소스 상태를 자동 수집하고 메트

---

14 https://gatling.io/
15 https://docs.gatling.io/reference/stats/reports/oss/

릭metric(성능 지표)을 통합하는 기능을 제공하기도 하지만, 그렇지 않은 경우에는 메트릭을 수집할 수 있도록 별도의 측정 환경을 준비해 두어야 합니다. 예를 들어 Linux에서는 top, vmstat 등의 명령어를, Windows에서는 성능 모니터를 통해 CPU 사용률, 메모리 사용량, I/O 사용량 등을 OS 또는 프로세스 단위로 수집할 수 있습니다. 또한 애플리케이션 서버나 데이터베이스 서버 등 미들웨어 계층에서도 메트릭을 수집해야 합니다. 활성 스레드 수, 연결 수 등의 지표가 이에 해당합니다.

Stats					Executions				Response Time (ms)					
Requests ▲	Total ≑	OK ≑	KO ≑	% KO ≑	Cnt/s ≑	Min ≑	50th pct ≑	75th pct ≑	95th pct ≑	99th pct ≑	Max ≑	Mean ≑	Std Dev ≑
All Requests	1257	1255	2	0%	10.303	82	87	89	120	164	178	91	16
▸ Search	12	12	0	0%	0.098	422	435	437	439	441	441	433	5
▸ SubGroup	12	12	0	0%	0.098	252	259	261	266	267	267	259	4
Search	12	12	0	0%	0.098	84	86	88	91	92	92	87	2
Select	12	12	0	0%	0.098	83	88	89	90	91	91	87	2
▸ Browse	12	12	0	0%	0.098	8935	9059	9128	9204	9228	9234	9067	91
▸ Edit	2	1	1	50%	0.016	253	420	503	569	583	586	420	167

그림 5.11 Gatling 보고서

☑ 튜닝

부하 테스트 실행 결과, 응답 시간이나 처리량이 성능 목표치에 미치지 못할 경우 튜닝이 필요합니다. 튜닝은 서버나 미들웨어의 설정을 변경하여 해결되는 경우도 있지만, SQL이나 프로그램 로직을 수정해야 하는 등 애플리케이션의 개선이 필요한 경우도 있습니다.

단일 기능 성능 테스트와는 달리, 부하 테스트에서는 일반적인 방법으로 문제 지점을 파악하기 어렵습니다. 이에 각 서버와 미들웨어에서 수집한 메트릭을 나란히 비교하면서, 가설을 세우고 이를 검증하는 과정을 반복하는 '가설 검증형' 접근이 필요합니다.

기본적인 접근 방법은 먼저 서버 단위의 CPU 사용률을 확인해 큰 틀에서 문제 영역을 구분하는 것입니다(표 5.6).

표 5.6 부하 테스트의 병목 사례

AP 서버의 CPU 사용률	DB 서버의 CPU 사용률	병목 예시
낮음	높음	• 특정 SQL 문이 매우 느려 DB 서버에 과부하 발생 • 개별로는 성능 문제가 없는 SQL이 다수 호출되어 DB 서버에 과부하 발생
높음	낮음	• 다중 루프 구조로 인해 불필요한 연산이 반복되어 CPU 사용률 급증
낮음	낮음	• 스레드 풀의 최대치가 낮아 스레드 대기로 인한 처리 지연 발생 • 연결 풀의 제한으로 인해 커넥션 대기 발생 • 애플리케이션의 배타적 처리로 인해 잠금(lock) 대기 발생

DB 서버가 병목인 경우, 단일 기능 성능 테스트와 마찬가지로 SQL 실행 정보를 수집해 분석합니다. 반면 AP 서버가 병목인 경우에는 특히 응답이 느린 요청에 대해 소스 코드 수준에서 구현 방식에 문제가 없는지 확인해야 합니다. 이때, 프로파일링 툴을 활용하면 원인을 파악하는 데 효과적입니다.

한편, AP 서버와 DB 서버 모두 리소스 사용량이 낮아 여유로운 경우에도 방심하지 말고 자세히 살펴봐야 합니다. 이는 어딘가에서 병목이 발생해 리소스를 제대로 활용하지 못하는 상황일 수 있기 때문입니다. 이러한 경우, 클라이언트 입장에서 각 미들웨어의 상한값 설정(예: 웹 서버의 프로세스 수, 웹 애플리케이션 서버의 스레드 수 및 연결 수 등)을 앞단부터 순차적으로 확인해 보는 것이 좋습니다. 만약 이들에 문제가 없다면, 애플리케이션 단에서의 잠금 대기와 같은 병목 가능성을 염두에 두고, 프로파일링 툴을 활용해 상세 분석을 진행해야 합니다.

5.3.4 장기 실행 테스트

장기 실행 테스트long run testing는 시스템이 장시간 연속으로 가동되는 상황에서도 성능을 안정적으로 유지할 수 있는지 검증하는 테스트입니다.

☑ 테스트 시나리오 선정

장기 실행 테스트에서는 실제 서비스 환경에서 사용자 수가 많거나 사용 빈도가 높은 유스케이스를 중심으로 시나리오를 선정하는 것이 바람직합니다. 만약 업무 피크 시점과 일반적인 트래픽 추이가 크게 다르지 않다면, 기존의 부하 테스트 시나리오를 기반으로 부하량과 실행 시간만 조정하여 장기 실행 테스트에 활용할 수 있습니다.

☑ 부하 생성

부하 테스트에 사용한 부하 테스트 툴을 활용해, 장기 실행 테스트용 스크립트를 준비합니다. 이때 부하량은 업무 피크 시점이 아닌 평상시 평균 트래픽 수준으로 설정합니다. 테스트 실행 시간은 실제 운영에 영향을 주지 않도록 고려해야 합니다. 야간에 정기적으로 재부팅되는 시스템이라면 24시간 내외로 충분하지만, 무중단 가동zero downtime deployment 시스템이라면 3일 이상 충분한 테스트 기간을 확보하는 것이 좋습니다.

☑ 측정

측정 항목은 부하 테스트와 유사하게 응답 시간, 처리량 등을 포함하지만, 장기 실행 테스트에서는 다음과 같은 항목들이 특히 중요합니다. 우선 JavaVM과 같은 GCgarbage collection 기반 시스템의 경우, GC 관련 로그 수집이 누락되지 않아야 합니다. 장기 실행 테스트에서 발견되는 대부분의 장애는 메모리 누수memory leak 와 관련이 있어 힙heap(객체가 저장되는 메모리 영역)의 사용 추이를 반드시 확인해야 합니다. GC 기반 시스템에서는 힙 메모리 고갈, GC 시간 증가, OutOfMemoryError 발생 등으로 인해 문제가 나타날 수 있습니다.

☑ 튜닝

GC 로그 분석 결과 메모리 누수가 의심될 경우, 메모리가 해제되지 않는 원인을 파악해야 합니다. 이를 위해 스레드 상태를 기록한 스레드 덤프thread dump 등 상세 로그를 수집해 메모리 사용 현황을 분석하고, 해제되지 않는 객체를 추적하거나 불필요한 캐싱 로직을 점검합니다. 필요하다면 힙 메모리 크기 조정도 포함하여 튜닝을 검토해야 합니다.

5.3.5 확장성 테스트

확장성 테스트scalability testing는 시스템에 부하가 증가했을 때, 시스템을 확장함으로써 이에 잘 적응할 수 있는지를 검증하는 테스트입니다.

☑ 테스트 시나리오 선정과 부하 생성

확장성 테스트는 부하 테스트와 동일한 시나리오를 사용하며, 부하량을 점차 증가시키면서 시스템이 어떻게 동작하는지 확인합니다.

클라우드 환경에서는 부하 상황에 따라 자동으로 시스템을 확장하는 **오토스케일링**auto scaling 구성을 사용하는 경우가 많습니다. 그런 경우에는 오토스케일링이 부하 변동에 맞춰 예상대로 적절하게 동작하는지도 중요한 검증 포인트가 됩니다.

☑ 측정과 튜닝

측정은 부하 테스트와 같은 방식으로 진행합니다. 스케일업scale-up이나 스케일아웃scale-out을 통해 시스템을 확장하더라도, 처리량은 오버헤드overhead로 인해 선형적으로 증가하지는 않습니다. 만약 예상보다 빨리 한계 성능에 도달한다면, 시스템 내부 어딘가에 병목 현상이 발생했을 가능성이 있습니다. 이때는 병목의 원인을 정확히 파악하여 적절한 튜닝을 진행해야 합니다.

일반적으로는 데이터베이스 서버 등의 공유 리소스에서 병목 현상이 가장 먼저 나타납니다. 이런 경우 DB 서버의 파라미터 값을 조정하는 튜닝parameter tuning이나 SQL 쿼리 개선 등을 통해 문제를 해결할 수 있습니다.

COLUMN

스케일업과 스케일아웃

시스템의 구성을 확장하여 처리 능력을 높이는 것을 시스템 스케일링system scaling이라고 합니다. 스케일링 방법은 크게 두 가지로 나눌 수 있습니다(그림 5.12).

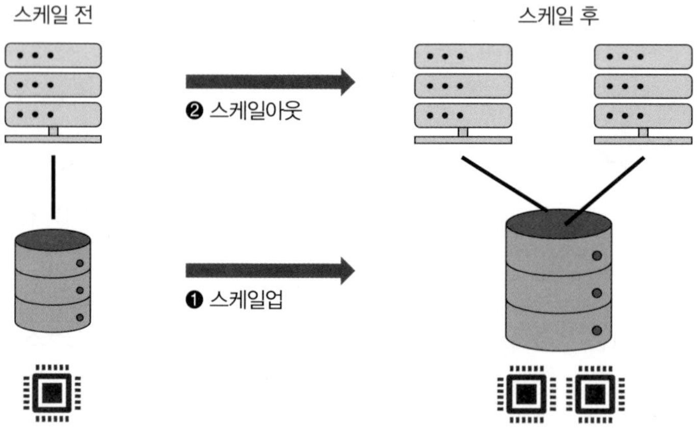

그림 5.12 스케일업과 스케일아웃

스케일업은 서버의 리소스(CPU, 메모리, 디스크 용량 등)를 추가하여 시스템을 확장하는 방식입니다(❶). 수직 스케일링vertical scaling이라고도 부르며, 단일 서버의 성능을 높이는 데 유용합니다. 다만 서버의 물리적 한계나 운영체제의 제약으로 인해 확장 가능한 리소스의 크기에는 한계가 있습니다.

반면, **스케일아웃**은 서버 대수를 늘려 부하를 분산시키는 방식으로, 전체 시스템의 처리 능력을 향상시킵니다(❷). 수평 스케일링horizontal scaling이라고도 합니다. 이처럼 여러 대의 서버를 구성하면 이중화가 가능해져 장애 발생 시에도 서비스를 유지할 수 있고, 이로 인해 시스템의 가용성과 안정성이 함께 향상됩니다.

지금까지 살펴본 바와 같이, 스케일아웃은 일반적으로 확장성이 더 뛰어난 방식으로 평가되지만, 서버의 종류에 따라 스케일아웃이 어려운 경우도 있습니다. 대표적으로 데이터베이스 서버(RDBMS)가 이에 해당합니다. 이 경우에는 읽기 작업을 분산 처리할 수 있는 리드 복제본read replica을 추가하거나 스케일아웃이 가능한 상용 데이터베이스 서버를 사용하는 방법도 고려할 수 있습니다. 그럼에도 불구하고, 기본적으로는 여전히 스케일업 방식이 주로 사용되는 경우가 많습니다.

6장

아키텍트의 학습과 성장

6.1 아키텍트로 성장하려면

6.1.1 아키텍트의 인재상

지금까지는 소프트웨어 개발 각 단계에서 아키텍트의 역할, 수행 업무, 그리고 생성하는 결과물에 대해 살펴보았습니다. 아키텍처를 정의하고 구축해 나가는 일련의 활동, 즉 '아키텍팅'은 아키텍트의 핵심 미션이라 할 수 있습니다. 나아가 실제 프로젝트에서는 개발 프로세스 표준화나 품질 보증 등 다양한 분야에서도 아키텍트가 중심적인 역할을 수행하게 됩니다.

이처럼 아키텍트는 아키텍처를 전문적으로 다루는 스페셜리스트specialist인 동시에, 소프트웨어 엔지니어링 전반에 대한 지식과 경험을 갖춘 제너럴리스트generalist[1]여야 합니다.

특정 분야의 깊은 전문성과 여러 분야에 대한 폭넓은 지식을 함께 갖춘 인재를 알파벳 'T' 모양에 비유해 T형 인재[2]라고 부릅니다. 또한 두 가지 핵심 전문 분야를 보유한 인재는 원주율 기호 'π(파이)' 모양에 빗대어 π형 인재라고 합니다(그림 6.1).

---

[1] 옮긴이_ 제너럴리스트는 여러 분야에 정통한 전문가로, 스페셜리스트와 상호 보완적인 개념입니다.
[2] 『AI時代を生き抜くということ ChatGPTとリスキリング』(日経BP, 2023)

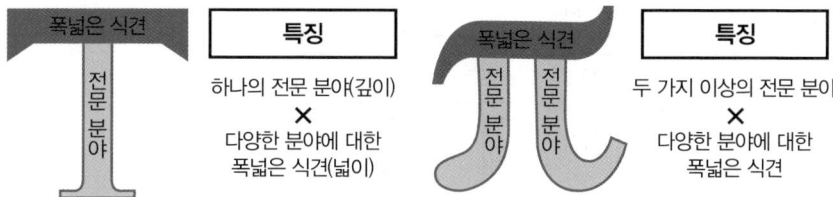

그림 6.1 T형 인재와 π형 인재

아키텍트라는 직업을 선택하여 아키텍팅을 전문 분야로 삼으려면, 먼저 IT 기술과 소프트웨어 엔지니어링 전반에 대한 폭넓은 기반 지식과 실무 경험을 갖추어야 합니다.

다음으로, 아키텍팅 관련 방법론을 학습하고 실제 업무 경험을 통해 해당 역량을 강화해 나갑니다. 또한 다양한 기술 영역에서 지식과 기술을 넓혀가며, 자신만의 전문 분야를 하나 더 갖추는 것도 중요합니다. 이렇게 하면 아키텍처 설계 역량이 더 견고해질 뿐만 아니라 서로 다른 지식들이 유기적으로 연결되면서 더 많이 응용할 수 있게 되고 시너지 효과도 기대할 수 있습니다.

아키텍트가 비즈니스에 실질적으로 기여하려면, 기술적 전문성뿐만 아니라 비즈니스 전반에 대한 이해가 필요합니다. 이는 다양한 이해관계자들과 협력해 공동의 가치를 창출하려는 과정에서 중요한 역할을 하기 때문입니다. 이를 위해서는 도메인 지식뿐만 아니라 커뮤니케이션과 리더십 같은 소프트 스킬 soft skill (대인 관계 역량)을 함께 함양하는 것도 중요합니다.

이러한 아키텍트의 인재상을 시각적으로 정리하면 [그림 6.2]와 같습니다. 고대 그리스 신전과 유사해 '파르테논 신전형'이라고 불러도 어울릴 듯합니다.

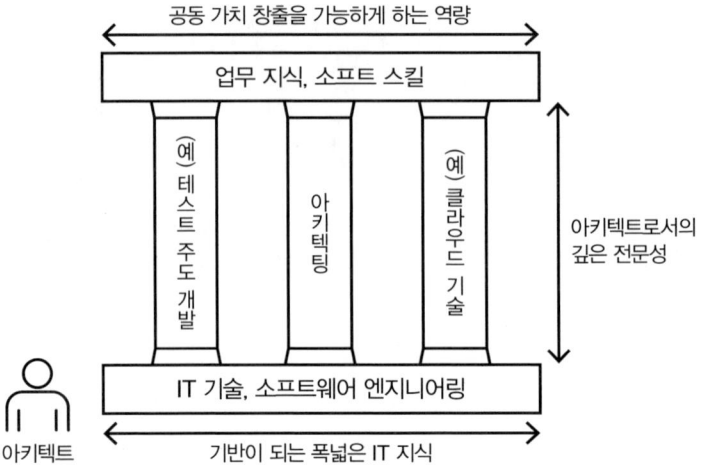

그림 6.2 아키텍트의 인재상

6.1.2 성장의 길

아키텍트로서 폭넓은 지식을 쌓고 전문성을 깊이 다지는 일은 결코 하루아침에 이루어지지 않습니다. 매일 꾸준한 학습과 성실한 자세로 한 걸음씩 나아가는 과정이 필요합니다.

☑ 기본 기술 습득

여러분이 아키텍트라는 직무에 관심을 두고 아키텍팅 업무를 맡고 싶다고 하더라도 IT 기술과 소프트웨어 엔지니어링의 기초 역량이 부족하다면 이 역할이 주어지기는 쉽지 않을 것입니다. 결국 모든 일은 기본이 가장 중요합니다.

[표 6.1]은 아키텍트가 반드시 익혀야 할 주요 기술 분야와 항목별 목표 수준을 정리했습니다. 물론 이 모든 항목에서 완벽한 수준에 도달해야만 아키텍트가 될 수 있다는 말은 아닙니다. 어떤 아키텍트든 강점과 약점이 있기 마련이며, 자신에

게 부족한 부분은 아키텍트로서 성장하는 과정에서 꾸준히 채워나가는 자세가 가장 중요합니다.

표 6.1 주요 기술 분야와 목표 수준

기술 분야	목표 수준
프로그래밍 언어	• 최소 한 가지 언어에 능통하여 타인을 지도할 수 있는 정도의 이해 필요 • 여러 언어를 실무에서 활용 가능한 수준
웹 애플리케이션 설계 및 개발	• 웹 기술의 기본 원리와 웹 애플리케이션 서버 구조 이해 • 특정 웹 프레임워크의 특징을 파악하고, 표준 기능을 활용하거나 확장하여 공통 기능 개발 가능
보안	• 웹 애플리케이션 개발에 필요한 기본적인 보안 지식 보유 • 관련 보안 대책을 적용 가능
데이터베이스	• RDBMS의 구조 이해를 바탕으로 효율적인 SQL문 작성 및 튜닝 가능 • NoSQL 등 비관계형 데이터베이스에 대한 기초 지식 보유
객체지향 설계	• 객체지향 설계의 핵심 원칙과 실무 적용 방법에 대한 이해 • 상황에 따라 적절한 디자인 패턴 적용 가능
프런트엔드	• JavaScript, Dart 등의 언어로 프런트엔드 개발 가능 • 모던 프레임워크 활용 역량 보유 • SPA 개발 경험
개발 프로세스	• 워터폴과 애자일 개발 프로세스의 개요 및 차이점에 대한 이해 • 스크럼^{scrum} 등 애자일 방법론 실무 경험
인프라	• 네트워크 및 운영체제(OS)에 대한 기본 지식 보유 • PowerShell, bash 등을 이용한 쉘 스크립트 작성 가능
클라우드	• 3대 클라우드 서비스(AWS, Azure, GCP) 중 하나 이상의 환경에서 개발 경험 보유 • 주요 서비스에 대한 구조 및 활용 이해

☑ 아키텍팅 습득

숙련자로서 기초를 다지고 프로젝트에서 성과를 내기 시작하면, 점차 아키텍팅과 관련된 기술 업무를 맡게 될 것입니다. 선배 아키텍트의 지시와 조언을 받으며 과제를 수행해 나가면서, 실무를 통해 경험을 하나씩 쌓아갈 수 있습니다. 이 책이나 추천 도서를 통해 학습하는 것도 분명 도움이 되지만, 현장에서 얻는 실전 경험이야말로 아키텍트를 가장 크게 성장시키는 요소입니다.

이렇게 실무 경험이 차곡차곡 쌓이다 보면, 단순한 기술 수행을 넘어 상황에 맞는 설계 판단을 내리는 감각이 생기기 시작합니다. 다양한 이해관계자와 요구사항 속에서 균형 잡힌 의사결정을 내려야 하는 순간들도 점차 늘어나게 됩니다.

이러한 축적된 경험은 아키텍트로서의 직관과 인사이트를 기르는 데 큰 밑거름이 됩니다.

☑ 업무 지식과 소프트 스킬 습득

앞서 [그림 6.2]에서는 업무 지식과 소프트 스킬이 상단에 위치하고 있었지만, 이 능력들은 아키텍처 역량을 모두 습득한 후에 배우는 것이 아닙니다. 이들은 기본 기술 습득과 마찬가지로 초기부터 꾸준히 개발해야 할 필수 역량입니다.

업무 지식은 기술자 입장에서 소홀하기 쉽지만, 자신이 개발하는 시스템이나 프로덕트가 다루는 업무와 비즈니스에 대한 이해는 반드시 갖추어야 할 요소입니다. 이를 위해 시간을 들여 학습하고, 관련 스터디나 사용자 업무 견학 기회가 있다면 적극적으로 참여하는 것이 좋습니다.

소프트 스킬 역시 매우 중요합니다. 아무리 뛰어난 기술력을 갖추었더라도, 그것이 시스템이나 프로덕트의 가치로 이어지지 않는다면 의미를 갖기 어렵습니다. 기술력을 최대한 발휘해 사용자와 고객에게 실질적인 가치를 전달하는 소프트웨어를 개발하고, 비즈니스에 기여하는 역량을 우리는 '기술 기여 역량'이라 부릅니다(그림 6.3). 이는 기술력과 소프트 스킬의 곱으로 이루어지며, 기술력을 제대로 살리기 위해서도 소프트 스킬의 강화는 필수입니다.

그림 6.3 기술 기여 역량

소프트 스킬의 핵심은 리더십leadership입니다. 리더십이란 **자신에게 주어진 역할과 책임을 이해하고 올바른 목표를 설정하여 주도적으로 행동하려는 의지**를 말합니다. 이는 팀장과 같은 공식적인 직책 유무와 상관없이 프로젝트에 참여하는 모든 구성원이 발휘해야 하는 태도입니다.

리더십을 갖춘 사람은 목표 달성을 위해 동료들과 효과적으로 소통하고, 혼자서는 해결하기 어려운 문제도 팀의 힘으로 풀어낼 수 있습니다. 상황에 따라 유연하게 대처하며, 공동의 성과를 이끌어내는 능력이 점차 발휘됩니다.

우선은 일상 업무 속에서 리더십을 실천하는 것이 중요합니다. 그 과정에서 커뮤니케이션 능력이나 문제 해결력 등 부족한 부분이 있다면, 관련 서적이나 교육을 통해 보완하면 됩니다. 특히 논리적 사고logical thinking와 논리적 글쓰기logical witing는 체계적으로 공부해 두면 앞으로도 큰 도움이 될 것입니다.

6.1.3 일을 대하는 방식

아키텍트로서의 커리어 성장과 현재 맡고 있는 업무의 내용이 잘 맞아떨어지는 것이 가장 이상적이지만, 현실은 그렇지 않을 때도 많습니다. 관리자 입장에서는 개인의 커리어 목표와 조직의 목표 사이에서 균형을 맞추며 최적의 인력 배치를 시도하겠지만, 때로는 본인이 희망하지 않았던 업무를 맡게 되는 경우도 생깁니다.

이런 경우에도 주저하지 않고 도전하는 자세가 중요합니다. 아키텍트는 스페셜리스트이자 제너럴리스트이기 때문에 다양한 지식과 경험은 그 자체로 강력한 무기가 됩니다. 어떤 일이든 헛된 경험은 없습니다. 새로운 분야를 배울 수 있는 기회로 삼아, 그 업무를 통해 어떤 인사이트를 얻고 어떤 역량을 기를 수 있을지 고민해 보는 것이 생산적인 접근입니다.

필자의 경험을 하나 소개하겠습니다. 어느 프로젝트에 아키텍트로 참여할 예정이었으나, 여러 사정으로 프로젝트 중반부터 시스템 엔지니어(SE) 역할을 맡게 된 적이 있습니다. 처음에는 동기 부여가 쉽지 않았고 익숙하지 않은 분야였기에 많은 시행착오를 겪었습니다. 하지만 책에서 배운 이론이 아닌 현장에서만 배울 수 있는 생생한 지식을 직접 체득할 수 있는 기회가 되었습니다. 특히 애플리케이션 관점에서 아키텍처와 시스템 기반이 어떻게 설계되어야 하는지를 다시금 깊게 고민해 보는 계기가 되었고, 지금 돌이켜보면 이 시기의 경험은 아키텍트로서의 시야와 인사이트를 넓혀준 소중한 자산이 되었습니다.

물론 궁극적으로 추구하는 커리어에서 너무 벗어나지 않도록 관리자와 정기적인 1:1 미팅 등을 통해 지속적으로 소통할 필요가 있습니다.

6.2 효과적인 학습 방법

6.2.1 인풋

학습은 인풋input과 아웃풋output의 균형을 맞추는 것이 중요합니다.[3] 인풋 방법에는 여러 가지가 있으므로, 각 방식의 특성을 이해하고 목적에 따라 적절히 조합해 활용하는 것이 효과적입니다.

☑ **도서**

책은 가장 풍부한 정보원입니다. 출간까지 시간이 걸리는 만큼 웹 매체에 비해 정보의 최신 대응은 떨어질 수 있지만, 독자 자신의 속도에 맞춰 체계적으로 학습할 수 있다는 점은 큰 장점입니다.

다양한 분야를 폭넓게 접하는 다독도 의미가 있지만, 실제로 활용 가능한 지식을 쌓으려면 **좋은 책을 선택해 반복해서 읽는 것**이 중요합니다. 독서법의 고전인 『생각을 넓혀주는 독서법』(시간과공간사, 2024)에서는 좋은 책은 한 번 읽어서는 온전히 이해하기 어렵기 때문에 분석적으로 여러 번 읽어야 한다고 강조합니다.

> '분석하며 읽기'란 읽은 내용이 온전히 자기의 피와 살이 될 때까지 철저히 읽어내는 것이다.

---

[3] 옮긴이_ 이 절에서는 독서나 강의처럼 외부 정보를 받아들이는 학습 활동을 '인풋', 샘플 코드 작성 등 배운 내용을 실제로 활용하는 활동을 '아웃풋'으로 구분하여 설명합니다.

좋은 책을 찾는 가장 쉬운 방법은 선배나 동료에게 추천을 받는 것입니다. 또한 좋은 책이 참고한 서적 역시 좋은 책일 가능성이 높으니 훌륭한 책의 참고 문헌을 따라가는 방식도 유용합니다.

☑ 교육 및 세미나

짧은 시간 안에 지식과 기술을 집중적으로 습득하고 싶다면, 교육이나 세미나를 활용하는 것이 효과적입니다. 최근에는 인프런, 패스트캠퍼스, 엘리스, 생활코딩 등 국내 개발자들을 위한 온라인 플랫폼도 다양해졌으며, 여유 시간을 활용해 자기 주도적으로 학습하기에 적합한 환경이 조성되고 있습니다.

강의를 듣는 것에 그치지 않고, 수강 후에는 수강자 나름대로 주요 개념을 요약해 두고 복습해 보는 습관을 들이면 기억에 오래 남습니다. 또한 교육이나 세미나에 참가할 때는 강사에게 적극적으로 질문하는 태도도 중요합니다. 예를 들어 '오늘은 질문을 최소 몇 개는 하겠다'는 식으로 질문 할당량을 스스로 정해 두면 더 집중할 수 있습니다.

☑ 자격증 취득

IT 자격증은 지식을 체계적으로 습득하고, 학습 성취도를 확인할 수 있는 효과적인 인풋 방식입니다.

아키텍트에게 필요한 IT 기술과 소프트웨어 엔지니어링의 기반을 탄탄히 다지기 위해서는 먼저 정보처리기사 자격을 통해 기본 지식과 기술 전반을 체계적으로 익히는 것이 좋습니다. 이후 필요에 따라 데이터아키텍처 전문가(DAP), 정보보안기사 등 전문 분야의 고급 자격을 목표로 삼을 수도 있습니다.

최근에는 클라우드 기반 설계 역량이 중요해지면서 AWS, Microsoft Azure, Google Cloud 등 주요 클라우드 공급업체가 발급하는 클라우드 벤더 자격증으로 대체하는 경우도 많아졌습니다. 이들 자격증을 통해 각 플랫폼의 서비스 구조와 운영 방식에 대한 실무 지식을 효과적으로 습득할 수 있습니다. 다만 일부 시험은 세부 서비스에 대한 이해도나 학습 범위가 방대한 경우도 있어, 자신의 직무와 목표에 맞춘 전략적인 접근이 필요합니다.

자격증 학습의 이점은 시험 일정에 맞춰 학습 계획을 세울 수 있다는 점, 그리고 '합격'이라는 명확한 결과물 동기 부여로 이어진다는 점입니다. 목표와 기한이 뚜렷하면 학습의 집중도를 높이기가 더욱 쉬워집니다.

☑ 기술 컨퍼런스와 개발자 행사

기술 컨퍼런스나 개발자 행사는 업계, 업종, 기업의 경계를 넘어 다양한 사람들의 이야기를 들을 수 있는 소중한 기회입니다. 실무 최전선에서 활약하는 아키텍트가 최신 기술을 소개하는 세션은 물론, 비슷한 연차의 개발자가 실무 경험을 공유하는 발표에서도 유용한 정보를 얻을 수 있습니다. 무엇보다 기술자로서의 성장 의지를 북돋는 새로운 자극이 될 수 있습니다.

글로벌 클라우드 벤더인 AWS, MS, Google은 매년 대규모 기술 컨퍼런스를 개최하여 자사 플랫폼의 전략과 최신 기술을 공개합니다. 이러한 행사는 클라우드 생태계의 현재와 미래를 이해하는 데 매우 유용합니다.

- AWS re:Invent: AWS의 연례 최대 행사로, 신규 서비스 발표와 함께 다양한 실전 아키텍처 및 운영 사례가 공유됩니다.
- Microsoft Ignite: Azure Microsoft 365기반 기술 전반을 다루는 행사로, IT관리자부터 개발자, 데이터 분석가까지 폭넓은 타킷을 대상으로 합니다.
- Google Cloud Next: GCP를 중심으로 한 데이터, AI, DevOps기술을 조명하는 행사입니다.

조직 내부의 기술 커뮤니티에서 열리는 스터디에 참여하는 것도 도움이 됩니다. 외부에 공개되지 않는 실무 기술 정보를 접할 수 있는 경우도 있고, 개발자 간 수

평적 유대 관계를 형성하는 기회가 되기도 합니다.

☑ SNS

SNS는 시의성 높은 정보를 빠르게 얻을 수 있는 강력한 도구입니다. 오픈소스의 새 버전 출시, 신규 기능 소개, IT 컨퍼런스 개최 소식, 신간 기술서 정보 등 실용적인 정보가 매일 타임라인에 공유됩니다. 개발자 커뮤니티나 기술 전문가 계정을 팔로우하면 최신 동향을 효과적으로 파악할 수 있습니다.

과도하게 사용하면 주의가 필요하지만, 정보 수집이라는 목적을 분명히 하고 적절히 사용한다면 기술 변화에 대한 민감도를 높이고 네트워크를 넓히는 데 큰 도움이 됩니다.

6.2.2 아웃풋

인풋으로 얻은 정보를 지식으로 전환하여 활용하기 위해서는 아웃풋 과정이 필수적입니다. 예를 들어 읽은 책에 대한 감상을 SNS에 올리거나 동료에게 이야기하는 것도 훌륭한 아웃풋입니다. 하지만 더 질 높은 방식으로 아웃풋을 연습하면, 학습 효과를 훨씬 더 높일 수 있습니다.

☑ 독서 맵

읽은 책의 내용을 자신만의 방식으로 정리하고 핵심 포인트를 요약하면, 이해도와 기억력을 함께 높일 수 있습니다. 마인드맵도 유용하지만, 여기에 간단한 일러스트를 더해 그림으로 표현하면 나중에 다시 볼 때 내용을 더 선명하게 떠올릴 수 있어 추천하는 방법입니다.

필자는 이렇게 손으로 그린 그림을 '책을 탐험하기 위한 나만의 지도'라는 의미를 담아 '독서 맵'이라고 부르고 있습니다. [그림 6.4]는 필자가 『Beyond Legacy Code』를 읽고 작성해 본 독서 맵입니다. 지면상으로는 흑백으로 인쇄되지만, 실제로는 검정·빨강·파랑·초록 4색 볼펜을 사용해 그렸습니다.

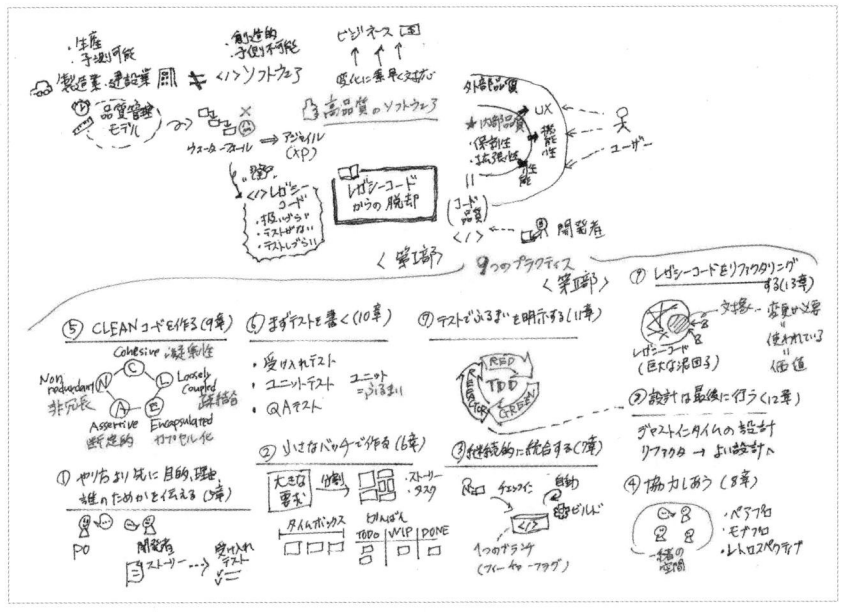

그림 6.4 독서 맵[4]

물론 손이 많이 가는 작업이기 때문에 모든 책을 이렇게 작성하지는 않습니다. 스스로 감명 받은 좋은 책에 한해 만들고 있으며, 완성한 독서 맵은 책 표지 안쪽 빈 공간에 붙여두기도 합니다. 바로 이런 점이 종이책만의 매력이기도 합니다.

---

4 옮긴이_ 필자는 이 독서 맵에서 주요한 주제별로 본인이 이해한 책의 핵심 내용을 자신만의 방식으로 요약하여 7가지 항목으로 정리해 두었습니다. 본문에 소개된 독서 맵 이미지는 저자의 고유한 결과물이므로 별도로 번역하지 않았으며, 해당 이미지는 다음 링크의 제공 파일에서 확인하실 수 있습니다.
https://www.hanbit.co.kr/src/11413

☑ 샘플 코드 작성

프로그래밍 언어나 프레임워크 관련 기술 서적을 학습할 때 가장 효과적인 방법은 직접 샘플 코드를 구현해 보는 것입니다. 최근에는 인프런, 엘리스, 패스트캠퍼스, 코드잇 등 국내 IT교육 플랫폼에서도 실습 중심의 강의가 활발히 제공되고 있으며, 브라우저 기반의 실시간 코드 실습 환경을 지원하는 곳도 늘고 있습니다. 많은 프로그래밍 서적에서 장마다 연습 문제를 제공하는데, 이는 저자가 독자에게 제공하는 소중한 학습의 기회이니 꼭 실습해 보길 권합니다.

짧은 코드 몇 줄을 작성하는 것만으로도 학습 효과는 충분하지만, 작은 애플리케이션 하나를 직접 만들어보면 그 효과는 배가 됩니다.

☑ 기술 글 작성 및 공유

기술 학습의 효과를 극대화하는 또 다른 방법은 학습한 내용을 정리해 기술 글로 작성하여 공유하는 것입니다. 개인 기술 블로그나 회사 기술 블로그, Velog[5], Tistory, Brunch, 깃허브 블로그(GiHub Pages)[6], 그리고 OKKY[7] 등과 같은 국내 개발자 커뮤니티 플랫폼에 글을 게시하는 것도 매우 효과적인 아웃풋 방식입니다.

다른 사람이 이해할 수 있는 수준의 글을 쓰려면, 해당 주제에 대한 깊은 이해가 필요합니다. 또한 글을 공개한다는 긴장감은 학습에 대한 몰입을 한층 높여줍니다. 기술 글쓰기는 단순한 지식 공유를 넘어, 자신의 이해도를 검증하고 더욱 심화하는 효과적인 학습 방식이라 할 수 있습니다.

이와 더불어 글쓰기를 반복하는 과정에서 문장력이 자연스럽게 향상되며, 그 결

---

[5] https://velog.io
[6] https://pages.github.com
[7] https://okky.kr

과 업무 문서 작성이나 발표 등 다양한 실무 활동에도 실질적인 도움이 됩니다.

☑ 발표

기술 컨퍼런스 등에서 발표하는 것은 매우 효과적인 아웃풋 방법 중 하나입니다. 발표 자료를 준비하는 데 많은 시간이 들고, 많은 사람 앞에서 말해야 한다는 점에서 진입 장벽이 높은 방식이기도 합니다. 하지만 발표 경험이 주는 성장은 그 이상의 가치를 지닙니다.

먼저 사내 스터디에서 약 5분 정도로 간단하게 발표하는 라이트닝 토크 lightning talk 부터 시작해 보는 것을 추천합니다. 처음에는 긴장될 수 있지만, 여러 번 경험하다 보면 점차 말하는 것이 즐거워질 것입니다. 익숙해지면 발표 시간을 늘리거나 외부 라이트닝 토크 행사에 참가하는 등 단계적으로 수준을 높여갈 수 있습니다.

주변에 발표 경험이 풍부한 사람이 있다면, 발표 자료를 미리 검토받거나 예행 연습을 함께 해 보는 것도 큰 도움이 됩니다.

6.3 좋은 책에서 배운다

6.3.1 추천 도서

이 장을 마무리하며, 필자가 자신 있게 추천하는 아키텍트에게 도움이 되는 좋은 책 몇 권을 소개하고자 합니다. 모두 훌륭한 책들이지만 초보자에게는 다소 어려울 수 있는 내용도 포함되어 있습니다. 한 번에 완벽히 이해하려고 하지 않고, 여유를 가지고 읽어보기를 권합니다.

이 책에서 모두 소개할 수는 없지만, 본문에서 인용하거나 참고한 모든 도서는 추천할 만한 가치가 있습니다.

6.3.2 애플리케이션 설계[8]

『클린 소프트웨어: 애자일 원칙과 패턴, 그리고 실천 방법』
로버트 C. 마틴 저, 이용원 · 김정민 · 정지호 역

700페이지에 가까운 방대한 분량의 이 책은 처음 접하는 이들에게는 부담스러울 수 있지만, 제대로 설계를 배우고자 한다면 꼭 읽어야 할 필독서입니다.

---

[8] 옮긴이_ 본문에 소개된 도서 외에도, 국내 미출간된 원서 두 권이 추가로 추천되었습니다. 관심 있는 분들은 직접 참고해 보셔도 좋습니다.
『現場で役立つシステム設計の原則』(技術評論社, 2017)
『Beyond Legacy Code: Nine Practices to Extend the Life (and Value) of Your Software』(Pragmatic Bookshelf, 2015)

부제목에 '애자일'이 들어가 있지만, 애자일 개발 프로세스나 관련 실천 방법에 대한 설명은 의외로 간결하고, 오히려 애자일 개발을 가능하게 하는 설계 원칙과 실천 방법, 디자인 패턴 적용 기법 등에 초점을 맞추고 있습니다.

'밥 아저씨'라는 애칭으로 잘 알려진 저자는 객체지향 설계와 애자일 개발 분야에서의 오랜 경험을 바탕으로 여러 권의 책을 저술했습니다. 구체적인 사례를 통해 쉽게 설명하고 있어 설계의 본질을 처음부터 체계적으로 배울 수 있습니다. 특히 6장 '프로그래밍 에피소드'는 두 프로그래머가 볼링 게임 점수 계산 프로그램을 테스트 주도 개발 방식으로 완성해 나가는 과정을 설명합니다. 독자는 마치 현장에 있는 듯한 생생함을 느끼며, 테스트 주도 개발과 리팩터링의 구체적인 진행 방식을 간접 체험할 수 있습니다. 참고로 본문에서 다룬 SOLID 원칙도 바로 이 책에서 제안된 개념입니다.

6.3.3 아키텍처 설계

『개발자에서 아키텍트로: 38가지 팀 활동을 활용한 실전 소프트웨어 아키텍트 훈련법』
마이클 킬링 저, 김영재 역

이 책을 통해 아키텍팅에 관심을 가지게 되어 앞으로 아키텍트를 목표로 삼고자 하는 독자라면 다음 단계로 꼭 추천하고 싶은 책입니다. 아키텍팅 활동과 그 결과물에 대한 이해를 한층 심화시킬 수 있을 것입니다.

이 책의 가장 큰 특징은 **디자인 씽킹**design thinking 접근법을 아키텍팅에 적용한 점입니다. 아키텍처와 관련된 이해관계자의 관점과 요구사항에 초점을 맞추고, 아이디어의 발산과 수렴을 반복하며 최적의 아키텍처를 도출하는 과정을 소개합니다.

특히 3부 '아키텍트의 은빛 도구상자'에서는 실제 업무에서 유용하게 활용할 수 있는 워크숍 기법, 방법론, 실용적인 기술들이 카탈로그 형식으로 정리되어 있어 실무적인 가치를 지닌 참고서로도 매우 유용합니다.

『전략적 모놀리스와 마이크로서비스: 성장하는 기업을 위한 소프트웨어 아키텍처 전략』
반 버논 · 토마스 야스쿨라 저, 강성일 · 이승민 · 정우영 역

저자 중 한 명인 반 버논Vaughn Vernon은 도메인 주도 설계(DDD) 관련 저서로 잘 알려진 아키텍트로, 비즈니스에 대한 깊은 인사이트도 겸비하고 있습니다.

이 책은 소프트웨어의 힘을 최대한 활용해 비즈니스 경쟁력을 강화하고, 진정한 디지털 트랜스포메이션을 실현하는 데 필요한 아키텍처 전략과 의사결정을 주요 주제로 다루고 있습니다.

1부 '실험을 통한 전략적 학습으로 혁신하기'에서는 비즈니스 목표를 달성하기 위한 소프트웨어 및 아키텍처 투자 전략, 그리고 소프트웨어 기업의 조직 문화 설계에 대해 설명합니다.

2부 '비즈니스 혁신 추진'에서는 도메인 주도 설계를 활용한 핵심 도메인 분석과 설계 기법을 소개합니다.

3부 '이벤트 우선 아키텍처'에서는 아키텍처 스타일과 구현 메커니즘 등 기술적 측면을 중점적으로 다루며, 특히 메시지 기반 아키텍처와 이벤트 주도 아키텍처에 대해 자세히 설명합니다.

4부 '목적 지향형 아키텍처로 가는 두 가지 길'에서는 모놀리스와 마이크로서비스를 다룹니다. 어느 한 방식이 옳다는 것이 아니라 각 방식의 특징을 제대로 이해하고 상황에 맞는 선택과 전환 전략을 제시합니다.

이 책은 아키텍처나 설계 판단 자체를 목적으로 삼기보다는 비즈니스에 가치를 가져다주는 아키텍처 전략의 수립과 실행을 강조합니다. 다소 고급 단계의 내용을 다루고 있어 입문자에게는 적합하지 않을 수 있지만, 비즈니스와 기술의 가교 역할을 수행하는 아키텍트를 지향하는 독자라면 반드시 읽어볼 만한 책입니다.

6.3.4 품질 보증과 테스트

『개발자를 위한 시프트 레프트 테스트: 버그와 야근을 줄이기 위한 근거 있는 효율적 테스트 기법 총정리』
다카하시 주이치 저, 김모세 역

이 책은 시프트 레프트 접근법을 적용해, 개발 초기 단계부터 품질을 높여 후반부 테스트 과정의 부담을 줄이고 더 효율적인 소프트웨어 개발을 실현하는 방법을 다룹니다.

제목에서 알 수 있듯이, 개발자 관점에서 시프트 레프트를 어떻게 구현할지에 초점을 맞추고 있습니다. 5장에서 설명했듯이 적절한 테스트 전략에 따라 단위 테스트, 통합 테스트, E2E 테스트를 자동화하는 것은 소프트웨어 품질 향상에 큰 영향을 줍니다. 이러한 테스트가 효과를 발휘하려면, 개발자가 테스트 커버리지, 경계값 분석 등 기본 개념을 이해한 후에 테스트 코드를 작성해야 합니다. 이 책은 이러한 기초 이론을 포함해, 테스트 전반을 짧은 시간 안에 이해할 수 있도록 구성되어 있습니다. 또한 테스트 기법뿐만 아니라 리팩터링을 통해 프로덕션 코드의 복잡도를 줄이고 내부 품질을 높이는 방법도 함께 소개합니다. 개발자 자신이 구현하는 소프트웨어의 품질을 스스로 책임진다는 마인드셋을 기르는 데 유익한 책입니다.

『단위 테스트: 생산성과 품질을 위한 단위 테스트 원칙과 패턴』
블라디미르 코리코프 저, 임준혁 역

단위 테스트를 이렇게 체계적이고 포괄적으로 설명한 책은 흔치 않습니다. 이런 좋은 책이 번역되어 많은 개발자가 쉽게 접할 수 있게 된 것은 반가운 일입니다.

이 책은 단위 테스트뿐만 아니라 통합 테스트에 대해서도 별도의 장을 할애하여 상세히 설명합니다. 앞서 소개한 5.2절 '기능 테스트 자동화'를 더 깊이 있게 이해하고자 한다면 이 책이 훌륭한 참고 자료가 될 것입니다.

6.3.5 독서법[9]

『생각을 넓혀주는 독서법』

모티머 J. 애들러 · 찰스 밴 도렌 저, 독고 앤 역

앞서 6.2절에서도 인용한 바 있는 이 책은 1940년 미국에서 출간된 고전입니다. 그러나 독서라는 지적 활동에 대해 시대를 초월한 인사이트를 제공하고 있어 오늘날에도 여전히 퇴색되지 않은 지침을 제시해 줍니다.

이 책은 독서를 네 가지 수준(기초적 읽기, 살펴보기, 분석하며 읽기, 통합적 읽기)으로 구분합니다. 제1수준인 '기초적 읽기'는 초중등 수준의 기본적인 독해력을 의미하며, 제2수준 '살펴보기'는 예습이나 정독을 통해 책의 구성과 전체 주장을 파악하는 독서입니다. 제3수준인 '분석하며 읽기'는 반복해 읽을 만한 책을 선별하고 깊이 있게 탐독하는 단계이고, 제4수준 '통합적 읽기'는 동일 주제의 여러 책을 비교하며 읽어가는 고급 독서 기법입니다.

필자는 이 책을 무려 열 번 가까이 반복해서 읽었을 정도로 깊은 인상을 받았으며, 반복해서 읽은 횟수로는 이 책이 단연 최고입니다. 책으로 인풋을 극대화하고 싶다면 이 책을 통해 독서법을 익혀보는 것을 추천합니다.

더불어, 이 책에서 제시하는 독서법은 독해력을 강화하여 이것이 글쓰기 능력 향상으로도 이어집니다. 필자가 기술 블로그를 꾸준히 운영하고, 지금 이 기술서를 집필할 수 있었던 것도 추천 도서에서 배운 독서법으로 수많은 좋은 책을 꼼꼼히 읽고 그로부터 많은 것을 배운 덕분입니다.

---

9 옮긴이_ 독서법 외에도 소프트 스킬 향상을 위해, 국내 미출간된 아래 원서가 함께 추천되었습니다.
市谷聡啓(이치타니 토시히로) 저, 『TEAM JOURNEY』(翔永社, 2020)

특별 부록

국내 아키텍트의 이야기

특별 부록: 국내 아키텍트의 이야기

AI 시대, 아키텍트에게 요구되는 역할 변화와 필요한 역량

서준호, Toss Lab, Inc. CTO, JANDI 서비스 개발 총괄

IT 업계에서 22년간 몸담으며 다양한 역할을 수행했습니다. 커리어는 포털 사이트인 엠파스에서 시작되었으며, 이후 SK커뮤니케이션즈 네이트온 팀에서 메신저 개발을 담당했습니다. 2009년, IT 패러다임이 변화하는 중요한 시점에 창업을 결심했고, 5년 후 회사를 성공적으로 매각했습니다. 이후 ST Unitas의 CTO를 거쳐, 현재는 토스랩 잔디의 CTO로서 기술 조직을 이끌고 있다.

최근 몇 년 사이, AI 기술 도입이 전 산업군에서 빠르게 확산되면서 아키텍트의 역할 또한 크게 변화하고 있습니다. 단순히 시스템을 잘 설계하는 것을 넘어, 기술의 흐름을 읽고 이에 유연하게 대응할 수 있는 구조를 얼마나 빠르게 만들 수 있느냐가 더 중요해진 시대입니다.

예전에는 아키텍트의 역할이 서버, 네트워크, 애플리케이션처럼 비교적 뚜렷하게 분리되어 있었지만, 지금은 클라우드 환경으로 전환되면서 그 경계가 점점 모호해지고 통합적으로 바뀌고 있습니다. 이제는 개별 시스템의 전문성보다 전체 아키텍처를 통합적으로 바라보며 설계할 수 있는 역량이 더 중요해졌습니다. 클라우드에서의 아키텍처는 단순히 인프라나 앱을 구성하는 것을 넘어, 비용 최적화, 보안 전략, 자동화, 데이터 흐름까지 아우르는 설계가 필요합

니다. 그래서 앞으로의 아키텍트는 기술 전반을 이해하고 조율할 수 있는 통합형 아키텍트로 성장해 나가야 한다고 생각합니다.

AI를 활용한 자동화와 모니터링은 이제 선택이 아닌 기본 전제가 되었고, 클라우드 기반의 빠른 실험과 검증 과정에서도 AI는 핵심 인프라로 자리 잡았습니다. 더 나아가 전략적인 비용 관리 역시 AI 기술을 통해 가능해지고 있으며, 대표적인 사례로는 Amazon Q Developer와 같은 AI 개발 도구가 있습니다.

실제로 저희 토스랩도 메신저 기반 협업툴 '잔디'를 운영하며, 하루 평균 6억 8천만 건의 서버 요청을 안정적으로 처리하고 있습니다. 이처럼 높은 트래픽 환경에서도 새로운 기능을 빠르게 실험하고 반복할 수 있었던 배경에는 클라우드 인프라를 활용한 빠른 검증과 롤아웃이 가능한 아키텍처가 있었기 때문입니다. 여기에 더해, AI를 활용한 자동화 및 모니터링 체계를 통해 운영 효율 역시 극대화하고 있습니다. 서비스 성능 분석, 이상 탐지, 비용 최적화 등 다양한 영역에서 AI가 실시간 의사결정 파트너로 활약하고 있습니다.

그리고 기술 부채 역시 더 이상 "나중에 해결하자"는 접근이 통하지 않는 시대입니다. 기술 부채는 결국 서비스의 속도를 늦추는 가장 큰 원인이며, AI처럼 빠른 실험과 전개가 요구되는 시대에는 선제적 대응이 곧 운영 효율과 직결됩니다. 결론적으로 아키텍트는 더 이상 '어떤 기술을 선택할지 결정하는 역할'에 머무르지 않습니다.

기술을 통해 문제를 빠르게 해결할 수 있는 구조를 설계하고, 실험과 실행의 속도를 끌어올릴 수 있는 사람이 되어야 합니다. 무엇보다 빠르게 실험하고, 빠르게 검증하며, 빠르게 실행할 수 있는 구조. 그리고 기술을 유기적으로 엮어낼 수 있는 통합적 시야. 지금 AI 시대에 가장 필요한 아키텍트는 바로 이런 환경을 설계할 수 있는 사람이라고 생각합니다.

끝으로, 토스랩처럼 대용량 트래픽을 다루는 구조에서 아키텍처를 처음 설계해 보려는 분들께 개발자로 살아오며 제가 겪었던 이야기를 하고자 합니다. 꼭 정답은 아닐 수 있지만, 이 길을 먼저 지나온 입장에서 작게나마 도움이 되었으면 하는 마음입니다.

가장 먼저 하고 싶은 말은 처음부터 완벽한 설계를 목표로 하지 않아도 된다는 것입니다. 처음부터 모든 것을 완벽한 구조로 만들려고 하면 오히려 속도도 느려지고, 방향도 자주 바뀌게 되는 것 같습니다.

저희도 처음부터 지금의 구조를 갖추고 시작한 것은 아닙니다. 오히려 가능한 한 단순한 형태로 시작하고, 실제 트래픽을 받아보면서 병목을 발견하고, 쪼개고, 개선하는 과정을 반복하며 지금의 구조로 진화해 온 케이스입니다.

"Fail Fast, Learn Faster."

작은 실패를 빠르게 경험하고, 그것을 바탕으로 구조를 탄탄하게 만들어가는 것. 그것이 실무에서 훨씬 더 효과적인 접근이었습니다(교과서적인 듯하지만, 돌이켜보면 정답인 것 같습니다).

한 가지 더 말하자면, 시스템은 결국 전부 연결되어 있다는 관점에서 생각하는 연습이 중요하다는 것입니다. 처음에는 특정 기술이나 컴포넌트만 깊이 파는 데 집중하게 되지만, 운영하다 보면 DB 성능 문제 하나가 네트워크 지연을 야기하고, 그것이 또 사용자 경험으로 곧바로 이어지는 것을 자주 보게 됩니다. 특히 클라우드 환경에서는 서버, 네트워크, 앱, 보안, 비용, 스케일링 all in one입니다. 각 요소를 따로 보기보다 '이것이 서비스 전체 흐름 안에서 어떤 위치에 있고, 어떤 영향을 미칠 수 있을까'라는 관점으로 시스템을 바라보는 습관이 필요합니다.

추가로, 강조하고 싶은 것은 초기부터 관찰 가능성을 고민하는 것입니다. 문제가 생긴 다음에 로그를 붙이고 모니터링을 달기 시작하면 이미 늦습니다. 초기부터 서비스가 '무엇을 보고 있고, 어떤 기준으로 이상을 감지하며, 어떤 데이터를 기반으로 판단할 수 있게 할 것인지'에 대한 설계를 함께 가져가야 합니다.

저희도 운영 초기에 겪었던 큰 장애 중 하나는 사실 시스템 자체의 결함보다도 문제 원인을 제대로 파악할 수 없었던 것이 더 큰 리스크였습니다. 관찰 체계는 곧 신뢰의 기반이고, 운영이 커질수록 그 중요성은 더 커집니다(안정적인 운영은 고객의 신뢰로 이어지고, 그 신뢰가 결국 지속 가능한 서비스의 기반이 됩니다). 그리고 마지막으로 많은 분이 기술 선택 자체에 너무 많은 고민을 하는 경우가 있습니다.

물론 기술 스택은 중요합니다. 하지만 그보다 더 중요한 것은 '무엇을 해결하기 위해 이 시스템을 설계하는가'입니다. 어떤 언어를 쓰느냐, 어떤 프레임워크를 고르느냐보다는 내가 설계하는 구조가 비즈니스와 유저의 문제를 얼마나 잘 해결할 수 있느냐가 본질이라고 생각합니다.

사실 기술은 결국 도구에 불과합니다. 도구 자체보다는 그 도구를 어떤 의도로, 어떤 방향으로 써나가는지가 훨씬 중요하죠. 저는 아키텍트라는 역할이 기술보다 목적에 집중하는 사람이라고 생각합니다. 그리고 그 목적을 이루기 위해 가장 합리적이고 유연한 길을 설계하는 것이 아키텍트의 진짜 역할이라고 봅니다.

저의 이야기가 지금 막 아키텍처를 고민하기 시작한 누군가에게 작게나마 도움이 되기를 바랍니다.

특별 부록: 국내 아키텍트의 이야기

실행력 있는 아키텍트가 되기까지

김영재, LINE 기술 임원

LINE 기술 임원으로, LINE이 인수한 일본 최대의 푸드 딜리버리 서비스 '데마에칸'의 CPO로 3년간 450여 명의 프로덕트 멤버들과 함께 서비스를 만들고 있다. 이전에는 5년간 스타트업 CTO로 일했으며, 해당 스타트업은 AI 기술력을 인정받아 네이버/LINE에 인수되었다.

2021년, 저는 『개발자에서 아키텍트로』(한빛미디어, 2021)라는 책을 번역했습니다. 국내에는 아키텍처와 아키텍트 역할에 대한 신뢰할 만한 책이 드물었기에, 1년에 걸쳐 공들여 번역했던 기억이 납니다. 그 책이 지금도 독자들에게 꾸준히 읽히는 것을 보면, 이 분야의 실용적 지식에 대한 갈증이 분명 존재한다고 느낍니다. 이 글 역시 같은 문제의식을 가지고 시작합니다. 아키텍처의 중요성과 이를 프로덕트와 경영까지 뿌리내리게 할 아키텍트에 대해 더 많은 사람이 이해할 수 있기를 바랍니다.

저는 일본의 No.1 배달서비스인 데마에칸(出前館)의 CPO로서 프로덕트를 담당하고 있습니다. 한국과 일본을 매주 오가며 약 450여 명의 프로덕트 조직을 이끌고 있습니다. 프로덕트 조직에는 기획, 디자인, 개발, 인프라, 보안 등 다양한 기능조직이 있으며, 배달앱 사용자, 가맹점주, 배달원이라는 세 엔드유

저의 이익이 팽팽히 충돌하는 서비스 구조를 다루고 있습니다. 이 과정에서 아키텍트로서 제가 고민하는 핵심은 트레이드오프를 조율하며 비즈니스 성과를 만들어내는 일입니다. 예컨대 배달원에게 더 나은 보상을 제공하려면, 소비자의 배달비나 점주의 수수료 인상이 필요합니다. 하지만 이런 해결책은 누군가의 손해를 전제로 하기에, 더 나은 구조적 해결이 필요합니다. 바로 이럴 때 아키텍처의 가치가 나옵니다.

좋은 아키텍처는 단순한 기술 구조를 넘어, 매출 상승과 비용 절감이라는 비즈니스 목표에 직결됩니다. 그럼에도 기업 내에서 아키텍처 고도화에 투자하게 만드는 일은 결코 쉽지 않습니다. 저 역시 이 설득에만 꼬박 2년이 걸렸습니다. 경영진의 이해를 끌어내는 데 1년, 실제 투자와 우선순위로 이어지는 데 또 1년이 필요했습니다. 이 과정은 단순한 기술 제안이 아니라 아키텍처대로 실행할 수 있는 전담팀을 꾸리는 일을 비롯해 조직의 자원을 밀고 당기는 작은 전쟁에 가까웠습니다.

흔히 아키텍처는 기술적인 소프트웨어 설계라고 생각하지만, 실제 일의 70%는 조직 조율과 사람 설득입니다. 앞으로 AI 시대가 본격화되면, 아키텍처 설계 자체는 AI의 도움으로 더 쉽게 다듬어질지도 모릅니다. 그보다 중요한 건 설계가 실제로 구현되도록 조직을 움직이는 역량입니다. AI는 그림을 그릴 수 있어도, 그 그림을 현실로 바꾸는 건 결국 사람의 몫입니다.

AI가 회사의 현재 상황을 고려하여 최선의 아키텍처를 제안하지만, 그것을 실행하는 과정에서 정답은 없습니다. 성공한 회사가 사용하는 아키텍처라고 해서 우리 회사에 적용 가능할 리도 없고, 실행하는 사람들이 모두 같은 그림을 봤지만 행동은 제각각입니다. 사람이 부족해 의존성 강한 컴포넌트가 도저히 레거시에서 벗어나지 못하는 바람에 모든 컴포넌트가 꼼짝 못하는 경우도 있습니다. 갑자기 급한 비즈니스 대응으로 최우선으로 없애고 싶은 레거시 위에 또 하나의 로직을 쌓는 경우와 그로 인해 전체 아키텍처 개선 일정이 변경되는 일은 전 세계 모든 회사에서 일어나고 있습니다. 그렇게 처음에 생각했던 최선의 아키텍처도 시간에 따라 계속 바뀌고 변경됩니다. 그래서 내가 아키텍트로서 보낸 하루가 진정 회사의 아키텍처를 발전시키는 방향이었는지 회고하고 반성하곤 합니다.

이처럼 아키텍트의 일은 끊임없는 의심과 외로움의 연속입니다. 기술적 판단이 옳더라도, 설득하지 못하면 그 구조는 구현되지 않습니다. 여러 이해관계자를 설득하는 과정에서 오해도 사고, 미움도 받으며, 자신이 회사를 방해하는 건 아닌지 자책하기도 합니다. 컨설팅 회사에서 아키텍트 역할을 맡으면 이러한 감정 소모는 줄일 수 있지만, 실행력은 그만큼 낮아집니다. 제가 실제로 겪은 3년의 컨설팅 경험이 그랬습니다. 외부에서 구조를 제시하고 떠나는 일은 성공 확률이 낮습니다. 제한된 정보와 권한 안에서 설계된 구조는 실전에서 아무것도 해결하지 못한 채 돈만 불태우고 끝납니다.

이런 이유로 아키텍트는 생각보다 감정 소모가 크다는 점을 강조하고 싶습니다. '이렇게 일해야 하나?'라고 생각할 때도 많습니다. 그럼에도 실전에서 느꼈던 가장 큰 교훈은 설계 그 자체의 완성도보다도 설계가 조직에 뿌리내리고 실제로 작동하게 만드는 과정이야말로 아키텍트의 진짜 역할이라는 점이었습니다. 이런 과정에서 아키텍트는 개발자, 기획자, 디자이너, 운영팀 등 다양한 분야의 동료들과 신뢰를 쌓고, 각자의 언어로 핵심 가치를 전달하며, 때로는 갈등을 중재하는 중간자의 위치에 놓이기도 합니다. 결국 아키텍트는 기술 설계자이면서 동시에 조직 내외의 가교 역할을 수행하는 중재자이자 조율자라는 사실을 실감하게 됩니다.

여기까지 보면 현황 분석부터 새로운 아키텍처 수립과 이를 실현하는 조직이 되도록 경영진부터 팀원 하나까지 설득하며 결국 수치적인 결과를 만들기까지 절대적인 시간이 많이 필요합니다. 회사의 규모마다 다르지만 저의 관찰에 의하면 3년 이하로는 아키텍트 한 명의 영향으로 회사가 바뀌었다고 말하기에는 턱없이 짧은 시간입니다. 그러므로 한 회사의 아키텍트로 활약하겠다고 마음 먹으면 5년은 하겠다는 마음가짐으로 시작해야 중간에 지치는 시기가 와도 끈기 있게 관철시킬 수 있습니다.

1년이 지나면 '이 사람 안 나가네'라고 생각하고, 2년이 지나면 '이제는 우리가 좀 들어주자'라는 공감대가 만들어지고, 3년이 지나면 개선 효과가 누가 봐도 차이를 느끼기 시작하며 가장 악마 같은 레거시(조직, 프로덕트, 프로세스 등) 몇 개만 남게 됩니다. 마지막까지 완수하면 비로소 아키텍트 한 명이 회사의 한 시대를 상징하게 됩니다. 즉, 실행력 있는 아키텍트라는 의미를 증명하기까지 호흡이 긴 편입니다. 제 친구는 군함 설계 일을 하는데, 신입으로 입사해 은퇴할 때까지 보통 두 척, 많아야 세 척 정도만 설계한다고 합니다. 이 정도로 긴 호흡으로 일하는 직업도 있으니 위안이 될지도 모릅니다.

한편, 많은 이들이 '개발자의 다음 커리어는 아키텍트'라고 생각하지만, 이는 반만 맞는 말입니다. 아키텍트는 기술과 조직, 설계와 조율, 코드와 장표 사이를 오가며 일해야 하는 사람입니다. 그러므로 개인의 성향이 개발자로서는 뛰어났을지라도 아키텍트로는 적합하지 않을 수 있습니다. 어쩌면 개발자라는 성향의 스펙트럼에서 대부분은 맞지 않을 것 같다고도 생각합니다. 경영진에게는 프로젝트의 가치를 비용 대비 효과의 언어로 말하고, 프로덕트 조직에게는 아키텍처를 구현하는 코드 한 줄까지 상상하면서 설득하는 일까지 하기 때문에 개발자의 역할과는 꽤 다릅니다.

아키텍트가 되기 위해 개발 실력이 필수인지 아닌지 의견은 분분한데, 실행력 있는 아키텍트를 바란다면 저는 필수라고 말하고 싶습니다. 앞서 말한 바와 같이 실제 코드가 상상했던 아키텍처와 다르게 나올 때 조정하는 건 그만큼 실력이 있어야 엔지니어들에게 존중받고 받아들여집니다. 요즘 클라우드나 SaaS 회사에서 '솔루션 아키텍트'라는 직함으로 자사 상품을 고객사에 적용하는 직군이 많아졌습니다. 이때도 개발 경험이 적다면 자사의 샘플을 수정하며 고객사에 설명하는 정도에 그치지만, 개발 경험이 많다면 자사의 프로덕트 코드에 직접 기여하거나, 고객사의 시스템까지 더욱 폭넓은 도움을 줄 수 있습니다. 고객사의 시스템도 일부 변경될 필요가 있는데, 이때 아키텍트가 얼마나 유의미한 도움을 주는지도 개발 경험에 비례하여 차이가 납니다.

마지막으로, 개발자에서 아키텍트로 전향하고 싶은 분들에게 말씀드리고 싶은 말이 있습니다. 개발이라는 땅에 디디고 서 있는 자신의 재능을 아키텍트의 명함을 가지게 될지라도 절대로 놓쳐서는 안 됩니다. 기술 트렌드를 읽고, 손으로 작게나마 적용해 보고, 그 경험을 동료들과 대화하는 경험을 쉬지 않고 계속해야 '실행력 있는 아키텍트'로 의미 있는 성장을 할 수 있습니다.

특별 부록: 국내 아키텍트의 이야기

나의 아키텍트에 대한 고찰

정성권, LG유플러스 CIO

현재 LG유플러스에서 CIO로 일하고 있다. 마이크로서비스와 DevOps를 기반으로 한 대규모 IoT 및 계정 플랫폼의 클라우드 마이그레이션과 앱 모더나이제이션, 그리고 미디어 및 기업 서비스 영역에서 성과를 거두었다.

최근에는 AI 기술을 활용한 고객센터와 워크 에이전트를 통해 고객 경험 개선과 생산성 향상이라는 발빠른 토끼 두 마리를 모두 잡고 싶은 욕심을 품고 있다.

이제 다 큰 아이들이 아빠와 놀아줄 때를 제외하고는, 혼자서 AI를 가지고 놀거나 책 서문 읽기(완독은 늘 숙제다)와 스쿠버 다이빙을 하며 소소한 일상을 보내고 있다.

설계라는 이름의 배움 - 내가 만난 두 명의 아키텍트

2001년 초반, 사회에 첫발을 내딛은 나는 운 좋게도 회사의 전략 과제 중 하나를 맡게 되었다. 캐나다와 한국의 연구업체에서 각각 1년간 개발한 리눅스 기반의 스마트폰 플랫폼 프로젝트였고, 나의 임무는 그 결과물을 파악하고 인수해 양산화 준비를 하는 것이었다. 막 입사해 경험이 부족한 신입에게는 꽤 중대한 역할이라 두려움도 컸지만, 그동안 열정적인 커뮤니티 활동과 꾸준히 쌓아온 개발 프로젝트 실력을 믿고 내심 기대와 근거 없는 자신감이 있었다. 그렇게 캐나다로 날아갔다. 그리고 그곳에서 한 아키텍트를 만났다.

그의 이름은 칩 왕(가명), 중국계 교수 출신으로 프로젝트의 아키텍트를 맡은 사람이었다. 그와의 첫 미팅을 기억한다. 프로젝트 인수 회의 첫날, 그는 나를 회의실로 안내했고, 벽 한쪽을 가득 채운 화이트보드 앞에서 전체 플랫폼 구조를 설명하기 시작했다. 무엇보다 인상적이었던 건 그의 설계 전달 방식이었다. 그는 단순히 소스 코드나 API 목록 위주가 아닌 설계 의도, 구성 요소 간의 인터랙션, 디자인 패턴, 제약 조건, 구현상의 트레이드오프까지 한 장면 한 장면을 그리듯이 설명했다. 한 장의 아키텍처 다이어그램 위에 수많은 고려와 판단이 쌓여 있다는 걸, 그때 처음 실감했다.

처음엔 그저 다이어그램 하나일 뿐이라고 생각했다. 그러나 그의 설명이 시작되면서 나는 그것이 단순한 기능 구성도가 아니라, 고민의 흔적과 선택의 역사가 담긴 작품이라는 걸 느꼈다. 모듈 간의 관계, 추상화된 계층 구조, 데이터 흐름의 방향성, 그리고 예외 상황을 처리하기 위한 백업 로직까지 그의 설명은 단순한 문서가 아니라 이야기였다.

무엇보다 인상 깊었던 것은 그의 태도였다. 그는 친절했고, 전문적이었으며, 무엇보다 유쾌한 사람이었다. 아직 미숙한 나를 배려해 여러 번 설명을 반복해 주었고, 내가 던진 엉뚱한 질문에도 성실히 답해 주었다. 특히 인상 깊었던 건, 그가 설계 설명 중간중간에 말했던 "이건 우리가 꼭 고려해야 하는 실패 조건이야", "여기엔 숨은 병목이 있어, 작은 이슈처럼 보여도 나중에 커진다"는 말들이었다. 그는 단순한 구현이 아니라 상품화와 유지보수 문제까지 내다보는 시야를 가지고 있었다.

그 만남은 단순한 기술 전수가 아니라, 소프트웨어 아키텍트라는 존재가 어떤 사람이어야 하는지를 보여주는 살아 있는 생생한 깨달음의 현장이었다. 몇 주의 시간이 흘러 귀국행 비행기 안에서 처음으로 이런 생각을 했다.

'나도 그 사람처럼 되고 싶다. 그렇게 성장하고 싶다'

그는 단순히 뛰어난 아키텍트가 아니었다. 지식과 경험을 나눌 줄 아는 전문가, 그리고 사람을 대하는 태도에서 따뜻함과 책임감을 가진 진짜 아키텍트였다. 그와의 짧은 만남은 내 커리어의 방향을 바꾸었다. 그 전까지는 '무엇을 만들 것인가'가 내 관심의 전부였다면, 그 이후로는 '어떻게 만들고, 왜 그렇게 만들어야 하며, 그것이 어떤 영향을 주는가'를 생각하게 되었다. 그리고 지금까지도 내가 설계를 문서화할 때, 동료에게 설명할 때 또는 후배를 멘토링할 때마다 나는 무의식 중에 그 사람을 떠올린다.

돌이켜 보면 그것은 단지 한 프로젝트의 인수 과정이 아니라, 내 삶의 방향을 바꾸는 소프트웨어 아키텍트라는 직업에 대한 첫 통찰의 기회였다. 기술은 공유되어야 하고, 설계는 이유를 담아야 하며, 사람을 위한 배려가 기술만큼 중요하다는 걸 그가 가르쳐주었다. 그리고 나는 여전히 그 길 위에 있다. 언젠가 누군가가 나를 보고 "저 사람처럼 되고 싶다."라고 생각해 준다면, 그건 아마 그때 그가 내게 남긴 영향이 다음 세대로 이어지는 순간일 것이다.

다른 만남 – 닫힌 설계, 닫힌 마음

캐나다에서 돌아온 뒤, 나는 곧바로 동일한 임무를 안고 한국의 연구업체를 찾아갔다. 국내 유수 대학의 교수와 연구소 출신들이 그 프로젝트를 주도했다. 겉보기엔 전문성이 높고 조직적이었지만, 며칠 동안 협업하면서 나는 점점 실망했다. 시스템 소프트웨어, 특히 리눅스 커널이나 드라이버 수준의 코드는 수준이 높았지만, 중점을 두었던 애플리케이션 플랫폼 설계는 많이 아쉬웠다.

설계 문서는 단순했고, 설명은 생략되어 있었으며, 설계의 이유나 대안적 접근의 고민이 없었다. "왜 이렇게 설계하셨나요?"라는 질문에 돌아온 답은 대부분 "그게 익숙해서요" 혹은 "그게 맞지 않나요?"였다. 피드백을 주면 "이건 원래 그렇게 하는 겁니다"라는 식의 반응이 많았고, 토론은 방어로 이어졌다. 열린 설계가 아니라, 닫힌 고집이 설계를 지배하고 있었다.

그 경험은 솔직히 유쾌하지 않았다. 단순히 기술 수준의 차이 때문이 아니었다. 언어의 장벽이 있었던 캐나다 아키텍트에게서 느꼈던 공유와 배려, 통찰과 여백 같은 것들이 이곳에서는 느껴지지 않았기 때문이었다. 그들은 코드를 구현하고 있었지만, 프로젝트를 '수행'하고 있을 뿐, 함께 성장하는 '과정'을 만들고 있지는 않았다. 칩 왕은 설계를 사람과의 협업을 위한 언어로 생각했고, 이쪽에서는 설계를 정답처럼 고정된 산출물로 여겼다. 기술 그 자체보다 기술을 대하는 방식의 차이가 조직의 성숙도를 결정짓는다는 사실을 그제야 체감하게 되었다.

그때 처음으로 나는 기술보다 더 중요한 것이 있다는 걸 느꼈다. 그것은 바로 태도와 관점 그리고 설계에 담긴 철학이었다. 한 줄의 코드보다 왜 그 코드를 그렇게 써야 했는지를 설명할 수 있는 힘. 아키텍트란 단지 '잘 만든 것'을 자랑하는 사람이 아니라 '왜 그렇게 만들었는지'를 조용히 말해줄 수 있는 사람이라는 것을 그제야 깨달았다.

돌이켜보면 그 경험은 불편했지만, 나에겐 또 하나의 큰 배움이었다. 그것은 '우수함'과 '성숙함'은 다르다는 것, 그리고 기술적 수준이 같아도 조직과 문화, 태도에서 오는 차이가 어떤 결과를 만드는지에 대한 인식이었다. 그 경험은 내게 불편했고 아쉬웠지만 동시에 아주 강렬한 교훈이었다. 설계란 도면을 만드는 일이 아니라 공동의 목표를 향한 사고를 구조화하는 과정이라는 사실을 나는 두 사람을 통해 배웠다.

'엘리베이터를 타라'는 조언

몇 해 전, 나는 AWS 리인벤트에서 그레고 호페$^{Gregor\ Hohpe}$를 만나 얘기를 나눴다. 그는 한창 『Platform Strategy』라는 책을 탈고하고 있었는데, 아키텍트에 대해 의견을 들었다. 『소프트웨어 아키텍트 엘리베이터』(에이콘, 2022)라는 책에서도 말했지만, 그는 아키텍트를 "엘리베이터를 타고 엔진룸과 펜트하우스 사이를 오가는 사람"이라 정의한다. 위로는 경영진과 비즈니스 전략을 이해하고, 아래로는 개발자들과 기술의 언어로 소통하는 사람, 그게 아키텍트라는 것이다. '좋은 아키텍트는 복잡함을 숨기는 것이 아니라, 복잡함을 관리 가능한 구조로 바꾸는 사람이다.' 단지 기술 스택을 많이 알고 있는 것이 아니라, 조직과 시스템의 '구조'를 이해하고 설계하는 능력이 진짜 아키텍트의 자산이라 말한다.

너무 이상적으로 들릴 수 있다. 특히 아키텍트의 직군 구분이 분명하지 않은 한국의 IT 현실에서 위아래로 소통하는 게 쉬운 일은 아닐 것이다. 게다가 위계적인 조직 문화는 아키텍트의 역할 확대를 제한하는 데 한 몫한다. 그는 아키텍트가 '엘리베이터를 타며' 기술과 비즈니스를 연결해야 한다고 말하지만, 한국에서는 경영진과 개발자 사이의 소통이 중간 관리층에 의해 단절되는 경우가 많고 충분한 권한이 주어지지 않아 어려움이 많다. 이는 아키텍트가 비즈니스 전략을 기술적 결정에 반영하기 어렵게 만든다.

기술, 비즈니스, 사람을 이어주는 역할을 하려면 커뮤니케이션과 팀워크가 중요하다. 경영진에게 클라우드와 오픈소스, 새로운 기술이 주는 효과를 비즈니스 언어로 설명하는 것이 신뢰를 얻는 데 큰 도움이 된 경우를 실제로 본 적이 있다. 이렇게 개발자와 경영진 사이를 오가며 양측의 언어를 번역하고, 전략적 결정을 기술적 실행으로 연결해야 한다. 끊임없이 배우고, 질문하며, 엘리베이터를 타고 엔진룸과 펜트하우스를 오가는 여정을 즐기길 바란다.

그리고 지금, 당신에게 전하고 싶은 말

나는 종종 나와 같은 꿈을 꾸는 후배 개발자들을 만난다. 그들은 나에게 묻는다. "어떻게 하면 아키텍트가 될 수 있나요?" 나는 이렇게 답한다.

"좋은 코드를 넘어서, 좋은 대화를 시작하면 어떨까요? :)"

아키텍트는 폭넓은 경험과 지식, 통찰이 필요하지만 사람과 구조를 연결하는 사람이니, 시스템만 보지 말고 사람을 보라고 말한다. 팀의 흐름, 조직의 제약, 사용자 경험의 본질까지 생각하는 연습을 해 보길 조언한다. 한국에서 아키텍트로 성장하는 길은 쉽지 않다. 정형화된 커리어 트랙도, 명확한 멘토도 부족하다. 하지만 그렇기 때문에 당신의 경험이 바로 길이 될 수 있다.

작은 서비스 하나의 구조를 개선하는 데서 시작해도 좋다. 코드 리뷰를 통해 설계의 목적을 설명하는 연습을 해 보자. 커뮤니티와 문서화를 게을리하지 말고, 기술적 결정을 말로 풀어내 보라. 그리고 내가 틀릴 수 있다는 가정하에 좋은 대화를 해보자. 내가 그때의 그를 닮고 싶었던 것처럼, 이러한 태도는 누군가 당신을 닮고 싶어 하는 아키텍트로 만들어 줄 것이다. 내가 칩 왕을 닮고 싶은 것처럼 당신을 닮고 싶은 아키텍트로 만들어 줄 것이다.

특별 부록: 국내 아키텍트의 이야기

요즘도 아키텍트가 필요한가요?

이동욱, 인프랩 CTO

현재 학습 서비스 '인프런'과 커리어 서비스 '랠릿'을 운영하는 인프랩에서 CTO로 개발 조직을 리드하며 좋은 제품을 만드는 일을 하고 있다.
좋은 시스템과 구조를 만드는 것에 관심이 많았지만, 요즘은 성과를 잘 내는 조직을 만드는 데 더 큰 관심을 갖고 있다.

"요즘 같은 시기에 아키텍트가 되기 위해서는 어떻게 해야 하나요?" "당신은 어떤 과정을 통해 아키텍트가 되셨나요?" 등의 질문을 종종 받곤 합니다.

이런 질문을 받을 때면 제가 항상 하는 역질문이 있습니다. "요즘도 아키텍트가 필요한가요?"라는 것이죠. 이에 대해 한번 이야기해 보고자 합니다.

많은 개발자가 등장하는 소프트웨어 지식 공유 플랫폼 dzone에 2017년 12월 24일, 아주 무서운 의견이 공유되었습니다.

- The Death of the Architect[1]

'아키텍트의 죽음'이란 제목 그대로 요즘 시대에도 아키텍트라는 직함이 필요

---

[1] https://dzone.com/articles/the-death-of-architecture

한 것인가?라는 내용입니다. 이 글에서는 아키텍트의 역할을 크게 네 가지로 분류하는데, 이 직무들이 이미 각각의 개별 직무로서 그 역할을 대체하고 있다고 설명합니다.

- Product Manager: 종종 제품의 CEO로 간주되며 해당 제품이나 제품군에 대한 전략, 로드맵, 기능 정의를 담당합니다.
- Scrum Master: 애자일 개발팀을 지원합니다.
- Business Analyst: 조직이나 비즈니스 영역을 분석하고 해당 조직이나 비즈니스 프로세스, 시스템을 문서화하며, 비즈니스 모델이나 기술과의 통합을 평가합니다.
- Software Development Manager: 전략적 관리 방향을 제공하는 동시에 초기 설계부터 테스트까지 개발 프로젝트를 관리합니다.[2]

이러한 변화는 한 명의 전지전능한 아키텍트가 개발자를 통제하던 시대는 지나갔으며, 제품과 코드의 권력 구조를 분산해서 팀 내 여러 직무에게 그 역할을 나누고, 개발자 개개인이 아키텍처를 이해하는 시대로 전환되었음을 의미합니다. 또한 클라우드의 출현이 '아키텍처의 민주화'를 가져왔다고도 합니다. 클라우드의 등장으로 전 세계의 기업들은 매우 빠르게 혁신을 이룰 수 있게 되었습니다. 예전처럼 데이터 센터에 모든 것을 구축할 때 당연하게 여겨지던 보안, 장애 조치, 확장성 등은 이제 모든 애플리케이션이 갖춰야 할 대상이 되었습니다.

클라우드, 마이크로서비스 아키텍처 등의 확산으로 하나의 서비스를 수십 개의 팀이 다루던 환경에서 수십~수백 개의 작은 서비스들이 유기적으로 연계되는 형태로 구조가 변경되었습니다. 클라우드 환경에서 특정 소수의 인원만이 장애에 대비한 설계, 보안을 위한 설계 등의 역량을 가진 것은 클라우드 환

---

2 Software Development Manager는 요즘은 Engineering Manager로 불리기도 합니다

경의 장점을 100% 살리지 못합니다. 그러다 보니 자연스레 각각의 분산된 애플리케이션을 담당하는 개발팀 모두가 이에 대한 이해도가 필요하게 되었습니다. 모든 개발팀 내에 아키텍트를 배정할 수는 없기에 자연스레 모든 개발자는 아키텍트가 하는 보안, 장애 조치, 확장성에 대한 이해도를 높일 수밖에 없습니다.

저 역시도 최근에 자신을 '어느 회사의 아키텍트'라고 소개하는 분을 거의 만나지 못했습니다. 아마도 일부 회사에서 PM, PO, Scrum Master 등의 직무들을 도입한다는 소식을 듣기 시작할 무렵 아키텍트에 대한 이야기가 점점 줄어든 기억이 나기도 합니다. 그만큼 해외뿐 아니라 국내 역시 '아키텍트'라는 별도의 직함이 호칭되는 시대는 지나갔다는 느낌입니다.

그렇다면 이런 시기에 '아키텍트'가 되기 위한 노력은 필요가 없는 것일까요? 아뇨, 그렇지 않습니다. '아키텍트'라는 별도의 직함이 해야 하던 일들을 이제는 개별 개발자들이 모두 다 그 역할을 해야 하는 것으로 확장되었을 뿐입니다. 즉, **우리 모두는 개발자이자 아키텍트의 역할이 되어야 하는 것**입니다.

소프트웨어 아키텍트는 아키텍처에 대한 이해, 보안, 장애를 대비한 설계 역량 등 여러 책임을 집니다. 특히 계속해서 성장하는 서비스를 만들고 있다면 품질에 영향을 주는 다양한 속성 사이에서 균형을 잡아야 하며 제품의 성공과 기술 부채 사이를 적절하게 조율할 수 있어야 합니다. 가장 중요한 것은 제품 개발자로서 비즈니스, 도메인, 조직, 기술을 엮어서 바라볼 수 있는 설계자로서의 역할을 해야 합니다. 흔히 이야기하는 개념 설계를 통해 이들 사이를 조율할 수 있어야 하는 것이죠. 애자일 팀에서는 이제 이런 요소들을 개발자 스스로 할 수 있어야 합니다.

저 역시 아키텍트라는 직함을 별도로 얻었다기보다는 그 역할을 주니어 때부터 하면서 자연스레 성장하게 되었습니다.

대규모의 환경에서 기술 리더로서의 역할을 맡은 것은 2018년 전 직장의 포인트 시스템 개편 프로젝트부터였습니다. 개인 기여자로서 사내에서 열심히 활동을 하던 중 팀에서는 전사의 핵심 과제 중 하나인 포인트 시스템의 개편을 맡게 되었고, 팀 내 여러 사정으로 인해 팀장님은 저에게 해당 프로젝트의 리더를 맡겼습니다.

다만, 프로젝트는 바로 시작할 수 없었는데요. 사내에서 진행한 건강 검진 결과 저에게 갑상선암이 발견되어 해당 수술과 회복 기간으로 인해 4주 동안 출근을 할 수 없었습니다. 그래서 팀장님과 상위 리더의 배려로 프로젝트는 4주 뒤로 미뤄지게 되었습니다.

수술 후 저는 3주 정도 혼자만의 시간을 가질 수 있게 되었는데요. MAU 1,000만 이상의 서비스에서 아키텍트 혹은 테크 리드 경험이 없었기에 복귀 후 맡게 될 리더 역할에 대한 별도의 준비가 필요했습니다.

그래서 사용한 방법이 '혼자서 미리 포인트 시스템 구축 과정을 한 번 진행해 보는 것'이었습니다. 물론 여러 명의 개발자가 함께 해도 3개월 이상이 필요한 프로젝트를 저 혼자서 3주 만에 할 순 없습니다. 다만 최대한 약식으로 프로젝트 전체 과정을 진행해 본다면 어떤 것이 중요하고, 어떤 것은 포기해도 되고, 어떤 것이 일정을 맞추기에 적절하며, 어떤 것이 팀원들에게도 사용하기 편한지 등등에 대해서 파악할 수 있다고 봤습니다. 일종의 '예습'을 하는 것이죠. 그래서 이 3주의 시간 동안 실제 포인트 프로젝트에서 해야 할 일들을 미리 수행해 봤습니다.

- Java, Spring Boot, Querydsl 등 애플리케이션 환경은 어떻게 구성할 것인지
- Beanstalk vs EC2 & ASG 중 무엇으로 할 것인지
- Spring SQS Listener vs Beanstalk Worker 중 무엇으로 할 것인지
- CI/CD 환경에서는 Jenkins vs AWS Code Pipeline 중 무엇으로 할 것인지
- 복원 가능한 포인트를 위해 도메인 설계는 어떻게 할 것인지
- 메시지 기반 AWS 인프라 시스템 설계
- 단위 테스트와 통합 테스트 환경 구성
- API 문서 자동화 도구는 어떤 것을 선택할 것인지

등등. 이들을 먼저 선행해 보고 어떤 것이 더 나은지 고민하고, 결정한 뒤 실제로 구현까지 해봤습니다. 그리고 각각의 결정과 구현하면서 느낀 점들을 기록으로 남겨두었습니다.

샘플이라도 동일한 프로젝트를 한 번이라도 완결해 본 것은 큰 도움이 되었습니다. 대부분의 결정들은 제가 미리 해온 것들을 토대로 추가적인 논의 없이 바로 결정을 내리고, 해결되지 않은 고민들은 프로젝트 동료들과 의견을 나누면서 의사결정의 속도를 낼 수 있었습니다.

그리고 기존에 예상한 일정보다 30% 이상 단축해서 오픈하였고, 속도만 빨랐던 것이 아닌 안정성, 확장성 역시 갖추었습니다. 실제로 프로젝트가 오픈되자마자 아시아 올림픽 축구 경기가 있었고 당시 높은 트래픽이 발생했지만 전혀 장애나 응답 지연 없이 깔끔하게 이벤트를 대응했습니다.

이 프로젝트 이후 사내의 여러 중요 프로젝트 TF 멤버로 참여하게 되었으니 저에게 있어서는 아키텍트의 시작점이라 할 수 있을 것 같습니다. 이 프로젝트 오픈에 관련해서는 링크[3]에 기재해 두었으니 참고로 같이 봐도 좋을 것 같습니다.

[3] https://techblog.woowahan.com/2587

나만의 아키텍트 역할 수행법

정리해 보면, 제가 아키텍트 역할을 잘 수행할 수 있었던 방법이 두 가지 있었습니다.

1. 본인이 맡을 프로젝트의 '샘플 버전'이라도 직접 전체를 미리 구성해 본다(인프라, 도메인 설계, 테스트 환경, CI/CD, 모니터링 등).
2. 샘플 버전을 구현하면서 했던 고민들, 내린 결정들을 모두 기록해 두고 실제 프로젝트 진입 시 이에 대해 팀원들과 함께 의견을 조율한다.

저는 우연한 기회로 아키텍트 역할을 하게 되었습니다. 그리고 그 역할을 잘하기 위해 저만의 방법을 고안하고 실행해 보았습니다. 물론 이 과정에서 여러 책의 도움도, 주변 선배분들의 도움도 많았기에 어떤 하나의 방법만이 유일하다고 할 순 없습니다. 다만 나에게 가장 잘 맞는 '역할 수행법'이 필요하다고는 생각합니다. 저에겐 그것이 '샘플 버전을 미리 만들어 보기'였고, 다른 누군가에게는 그만의 방법이 있을 것입니다.

이렇게 스스로 자신만의 아키텍트 역할을 할 수 있는 나만의 방법을 찾길 바랍니다.

찾아보기

ㄱ ㄴ

가이드라인	96
개발 문서와 규약	96
개발 뷰	155
개방-폐쇄 원칙	65, 69
객체 관계 매핑	197
객체 지향 언어	43
경계 지어진 컨텍스트	38
관계형 데이터베이스 관리 시스템	44
구성 관리	208
구조 패턴	88
구조화	239
그래프 데이터베이스	44
기능 명세서 표준화	167
기능 요구	52
기술 기여 역량	260
기술 부채	32
기술적 제약	101
기타 영향을 미치는 요소	100
내부 품질	102
논리 뷰	155
느슨한 결합	83

ㄷ ㄹ

단위 테스트	221
단일 기능 성능 테스트	242
단일 책임 원칙	65
단정적	83
대량 데이터 생성	244
더미	224
데이터베이스 스키마	121
도메인 로직	84
도메인 모델 패턴	92
도메인 주도 설계	38
디자인 패턴	88
디지타이제이션	26
디지털라이제이션	26
디지털 전환	26
디지털 트랜스포메이션	26
레이어드 아키텍처	91, 135
로버스트니스 다이어그램	63
리그레션 테스트	219
리버스 엔지니어링	175
리스코프 치환 원칙	65, 73

ㅁ ㅂ

마이크로서비스 아키텍처	43, 119
마이크로커널 아키텍처	91, 142
명령 쿼리 책임 분리	200
명명 규약	203
명세화	52
모놀리스	38
모놀리식 아키텍처	115
모듈	60
모듈 설계	60
모듈형 모놀리스	120
모디피케이션	144
목	224
문서 기반 데이터베이스	44
문서 표준화	166

찾아보기

물리 뷰	156
배치 뷰	156
벤더	27
보안	193
보안성	105
부하 테스트	245
분산형 아키텍처	115
뷰	154
뷰포인트	154
뷰포인트 세트	154
브랜치 모델	209
비중복	83
비즈니스적 제약	101

ㅅ

사가	124
사용자 수용 테스트	174
사용자 요구	52
사전 조건	170
사후 조건	170
생성 패턴	88
서브 도메인	38
서비스 기반 아키텍처	118
서비스 분할	122
선언적 트랜잭션	195
설계	52
설계 능력	45
설계 원칙	64
설계 판단	95
설계 패턴	87

성능 저하	34
소프트 스킬	257
소프트웨어 개발 프로세스	50
소프트웨어 아키텍처 기술서	152
소프트웨어 요구사항 명세서	52
소프트웨어 테스트	214
수행 효율성	103
스케일링	43
스케일아웃	252
스케일업	252
스텁	224
스파이	224
스페셜리스트	256
승인	185
시민 개발	27, 29
시스템 구성도	96
시스템 아키텍처 선정	113
시스템 컨텍스트 다이어그램	153
시프트 레프트	56, 215
신뢰도	104

ㅇ

아웃풋	266
아키텍처	94
아키텍처 드라이버	100
아키텍처로 달성해야 할 것	95
아키텍처 문서	152
아키텍처 문서화	97
아키텍처 선정	97
아키텍처 설계	60, 271

아키텍처 스타일	90
아키텍처 의사 결정 기록	150
아키텍처 패턴	91
아키텍처 프로토타이핑	149
아키텍트	36
아키텍팅	256
안티패턴	34
애자일	50
애플리케이션 기반	164
애플리케이션 서비스 로직	84
애플리케이션 설계	270
애플리케이션 아키텍처	37
어질리티	30
업무 요구	52
엔티티 관계도	175
역할 기반 접근 제어	185
열 기반 데이터베이스	44
영향력 있는 기능 요구사항	100, 109
예외 처리	189
오류 처리	189
오케스트레이션	127
오토스케일링	251
외부 품질	102
요건	52
요구	52
요망	52
워터폴	50
유비쿼터스 언어	38
유스케이스	50
유스케이스 기술서	169
유스케이스 다이어그램	167
유저 스토리	173
유지 가능성	105
응답 시간	246
응집성	82
의존성 역전 원칙	65
이식성	106
인증	183
인터럽트	168
인터페이스 분리 원칙	65, 76
인풋	263
인프라 아키텍처	37
일반화 관계	167

ㅈ ㅊ

자체 문서화	239
장기 실행 테스트	250
전략적 설계	38
전술적 설계	38
정적 분석	165
제너럴리스트	256
제약	100, 101
제품 시장 적합성	31
지속적 통합	211
책임	54
처리량	246
체계적 정리	239
총소유비용	106
추상화 능력	46
추상화 레벨	57

찾아보기

ㅋ ㅌ

캡슐화	83
커스터마이징	144
컨테이너	158
컨텍스트	158
컴포넌트	58, 60, 158
컴포넌트 설계	58
코드	158
코딩 규약	203
코딩 실력	45
코레오그래피	127
크로스 사이트 스크립팅	194
크로스 사이트 요청 위조	194
클라우드 개발 환경	205
클라우드 네이티브	42
클라우드 퍼스트	42
클래스	54
클래스 설계	57
클린 아키텍처	81, 137
클린 코드	82
턴 어라운드 타임	246
테스트	214, 273
테스트 더블	224
테스트 레벨	217
테스트 자동화 정책	219
테스트 전략	217
테스트 피라미드	220
통합 아키텍처	37
통합 테스트	226
통합 테스트 핵심 원칙	235
트랜잭션 경계	195
트랜잭션 스크립트 패턴	92

ㅍ ㅎ

파르테논 신전형	257
파이프라인 아키텍처	140
퍼사드 패턴	89
페이크	224
포함 관계	167
품질 보증	214, 273
품질 속성	100, 102
품질 속성 시나리오	108
프랙탈 구조	85
프로세스 뷰	155
플러그인 아키텍처	142
핵심 도메인	38
핵심 아키텍처 요구사항 도출	97
행동 주도 개발	230
행동 패턴	88
헥사고날 아키텍처	81
협력할 다른 클래스	54
호환성	103
확장 관계	168
확장성 테스트	251

A B

ADR	150
agile	50
agility	31
anti-pattern	34
API 게이트웨이	119
applications architecture	37
architectural driver	100
Architecture	94
architecture prototyping	149
As-Is	51
Assertive	83
authentication	183
authorization	185
AWS re:Invent	265
backends for frontends	132
BDD	230
behavior-driven development	230
BFF 패턴	132
bounded context	38

C

C4 모델	157
CD	212
choreography	127
CI	211
citizen development	27
clean architecture	81
cloud first	42
cloud native	42
coding conventions	203
Cohesive	82
column-oriented database	44
command query responsibility segregation(CQRS)	200
compatibility	103
configuration management	208
constraint	100
Continuous Delivery	212
Continuous Deployment	212
continuous integration	211
core domain	38
CQRS 패턴	199
CRC 카드	54
customizing	144

D

database schema	121
DDD	38
declarative transaction	195
degrade	34
Dependency Inversion Principle	65
deployment view	156
design, stactical	38
Digitalization	26
digital transformation	26
Digital Transformation	26
Digitization	26
DIP	79
document-oriented database	44

301

찾아보기

domain-driven design	38
domain logic	84
domain model pattern	92
DX	26

E F

E2E 테스트	228
E2E 테스트 핵심 원칙	236
employee experience	28
Encapsulated	83
End-to-End testing	228
end user computing	29
enterprise resource planning	28
entity-relationship diagram	175
ER 다이어그램	175
ERP	28
error handling	189
EUC	29
EX	28
exception handling	189
extend relationship	168
Facade 패턴	89
Factory Method 패턴	89
Fit to Standard	28
fractal structure	85
functional requirements	100

G H

gateway	119
generalist	256

generalization relationship	167
Google Cloud Next	265
graph database	44
hexagonal architecture	81

I L

implementation view	155
include relationship	167
infra architecture	37
input	263
integration architecture	37
integration testing	226
Interface Segregation Principle	65
interrupt	168
ISP	76
layered architecture	91
Liskov Substitution Principle	65
load testing	245
logical view	155
long run testing	250
Loosely coupled	83
ls *.java	141
LSP	73

M N

maintainability	105
microkernel architecture	91, 142
microservice architecture	43
Microsoft Ignite	265
minimum viable product	30

modification	144
modular monolith	120
monolith	38
MVP	30
naming conventions	203
Nonredundant	83

O P

object-oriented programming	43
object-relational mapping	197
OCP	69
Open-Closed Principle	65
orchestration	127
ORM	197
performance effeciency	103
pipeline architecture	140
plug-in architecture	142
PMF	31
portability	106
postcondition	170
precondition	170
process view	155
product market fit	31

Q R

QA	214
quality assurance	214
quality attribute	100, 102
RBAC	185
regression testing	219

relational database management system	44
reliability	104
REpresentational State Transfer	43
REST	43
REST API	43
reverse engineering	175
robustness diagram	63
Role-Based Access Control	185

S

SaaS	28
SAD	152
Saga 패턴	124
SBA	118
scalability testing	251
scaling	43
security	105
service-based architecture	118
service oriented architecture	41
simple object access protocol	41
single-function performance testing	242
single page application	44
Single Responsibility Principle	65
SOA	41
SOAP	41
SoE	27
SoE 영역	28
soft skill	257

찾아보기

software as a service	28
software requirements specification	52
SOLID 원칙	64
SoR	27
SoR 영역	28
sort -nr	141
SPA	44
specialist	256
specification	52
Spring Framework	42
SQL 인젝션	194
SRP	65
SRS	52
stactical design	38
static analysis	165
strategic design	38
Strategy 패턴	89
system context diagram	153
system of engagement	27
system of record	27

T

T형 인재	256
TCO	106
technical debt	32
Test Pyramid	220
To-Be	51
total cost of ownership	106
transaction demarcation	195
transaction script pattern	92

U V

UAT	174
ubiquitous language	38
UML	33
unified modeling language	33
use case	50
use case description	169
user acceptance test	174
user story	173
V 모델	55
vendor	27
view	154
viewpoint	154

W X

waterfall	50
xargs wc -l	141

기호

π형 인재	256

숫자

3계층 아키텍처	135
4+1 뷰	154